实践应用型学前教育专业规划教材

幼儿健康教育活动与指导

主　　编　艾桃桃　赵　聪　覃湘荔
副 主 编　赵一璇　覃小珊　梁　焱　杲红霞
　　　　　王燕归　陆英明　张　瑜　何彩云
参　　编　梁梦琳　黄妙兰　刘琼凤　秦冬梅
　　　　　王美实　韦枘妮　刘宪伟　张　筠

中国人民大学出版社
·北京·

前 言

幼儿教育是基础教育的奠基阶段，是国民教育体系的重要组成部分，它不仅对个体身心健康与全面发展意义重大，而且对义务教育质量、国民素质整体提高和社会发展均具有极其重要的奠基性作用。近年来，在党中央、国务院的高度重视下，各省（自治区、直辖市）纷纷把学前教育作为本地教育工作和改善民生的重要内容，大力发展学前教育，有力地促进了各地学前教育事业的发展。

随着经济社会的快速发展，广大人民群众对学前教育规模和质量的要求越来越高，直接推动着我国学前教师教育的迅速发展。进入21世纪以来，包括幼儿师范学校和中职幼师班在内的中专层次的学前教师教育规模不断扩大，专科层次的初中起点五年制和高中起点三年制学前教师教育也迅速发展起来。

然而，与此形势发展及其需求很不相适应的是，我国学前教师教育的教材建设却相对滞后，与学前教师教育规模、层次的发展速度与趋势很不相称。例如，初中起点五年制高专和高中起点三年制高专的教材还没有形成完善的体系；当前幼儿园教师在岗培训、转岗培训、提升培训等的速度和规模迅速扩大，国家级培训已经覆盖全国，但其课程与教材建设却滞后，已经严重制约和影响培训的质量和效果。可见，要保障学前师资培养与培训的质量，必须对学前教师教育的课程与教材体系进行新的系统建设。教育部先后颁布了《教师教育课程标准（试行）》《幼儿园教师专业标准（试行）》，对幼儿园教师的专业素养与能力以及学前教师教育的课程与教学等提出了明确的新要求，而这些新要求也急需通过建立一套新的、更加完善的课程和教材才能更好地得到贯彻和落实。

为适应学前教育事业发展的迫切需要，更好地贯彻落实《国家中长期教育改革和发展规划纲要（2010—2020年）》，促进学前教育大普及、大发展的同时有质量地发展，并有力推动我国学前教育事业的健康、可持续发展，我们编写了本书。总体而言，本教材及其编写过程具有如下三个特点：

一是设计全面，体系比较完整。在编写具体内容之前，作者们系统研究了人才培养方案和教学大纲，以此作为纲领，使其在人才培养目标与课程设置、课时安排、教学内容选取、教学考核要求等方面形成一个比较完整的体系。

二是体例新颖，能力导向。本书设置了学习目标、学习重点、本章导读、情景导入、案例、拓展阅读、实践与训练、思考与实训等栏目，注意问题的提出和解决过程，贯彻能力导向的职业教育理念。

三是教考一体，助力考证。针对幼儿园教师资格证考试制度，在书中融入了考点讲解和介绍，并设置了考点聚焦、真题再现等栏目，为学生顺利通过幼儿园教师资格证考试奠定了良好的基础。

总之，本教材将促进学前教师教育工作的开展和质量的提高，促进学前教育事业高质量、健康、可持续地发展。本书由艾桃桃、赵聪、覃湘荔主编和统稿，赵一璇、覃小珊、梁焱、王燕归、陆英明、张瑜任副主编并协助完成书稿，同时感谢参与编写的梁梦琳、王美实、韦枘妮、刘宪伟、张筠等老师们的付出，也感谢中国人民大学出版社的编辑们。

目录

第一章　幼儿健康教育概述

【学习目标】

- 知识目标：理解并掌握健康与健康教育的概念；熟悉健康教育的发展趋势；理解并掌握幼儿健康教育的含义及功能；熟悉幼儿健康教育的理念和分类。
- 技能目标：能独立判断幼儿健康与否，能判断实际生活中幼儿健康存在的问题。
- 情感目标：在实习或实际工作中，能正确关注幼儿健康。

【学习重点】

- 掌握健康与健康教育的概念和幼儿健康教育的含义及功能。

【本章导读】

- 健康是人类生存和发展的基础，是人类永远追求的目标之一，也是人类的基本需要和权利。马克思把健康称为人的第一权利，是一切人类生存的第一前提。没有健康的人生，一切就会黯然失色，这要求人们重视健康、维护健康，而这一切必须从正确认识健康做起。
- 《幼儿园教育指导纲要（试行）》中明确指出："幼儿园必须把保护幼儿的生命和促进幼儿健康放在工作的首位。"幼儿正处于人的一生发展的关键时期，这一时期，幼儿获得的健康教育，对日后的发展极其重要。

【情景导入】

- 洋洋长得白白胖胖，但适应能力差，不爱参加体育活动，性格孤僻又任性，与小伙伴交往相处也不是很融洽。洋洋动作发展不协调，在体育活动中既畏缩又胆怯。在一次跑步活动中，洋洋慢吞吞地跟在小朋友后面，刚好被妈妈看见了，妈妈着急地催促：“快跑啊！快跑啊！看人家多棒！”结果，洋洋非常沮丧，干脆停下来不跑了。
- 在这个案例中，你觉得洋洋存在什么问题？该进行什么样的教育？

第一节　健康与健康教育

人们对于健康的认识，是随着社会的发展、科学技术的不断进步，以及人类对客观世界和自身的认识不断深化，而不断被赋予新的内容。

一、健康的概念

（一）生物人——传统健康概念

传统健康概念是：“健康就是没有疾病”，这是从人作为生物人的角度对健康的定义。人类对疾病的认识比对健康的认识要早。在古代，受生产力和认识水平限制，人类对健康的要求与生命延续等同，认为没有疾病就是健康，生命是神所赐，健康由神主宰，疾病和灾祸是天谴神罚。随着生产力的发展，人类对生命的认识有了提高，开始把人和自然联系起来。我国最早的中医典籍《黄帝内经》中有阴阳五行的病理学说：外因（风、寒、湿、燥、火）、内因（喜、怒、忧、思、悲、恐、惊）等病因学说，奠定了中医理论体系，说明机体内因与外因的对立与统一对维持人体健康具有重要作用。古希腊医生希波克拉底认为健康是指身体内四种体液血液、黏液、黑胆汁、黄胆汁的平衡。疾病的病因不是鬼神，而是这四种体液的不平衡。当人体发病时，可以采用调节饮食、使用药物及其他非巫术的方法来恢复平衡、治疗疾病。希波克拉底被誉为“现代医学之父”，开创了西医的新纪元。此后相当长的一个时期内，人们对健康的评价用是否患病来衡量。

随着医学从中世纪神学中解放出来，以及自然科学的发展，许多专业工作者都强调疾病是机体对致病因子有害作用的一种反应，是机体功能的紊乱，这就形成了自然科学的疾病观和健康观。

到了现代，很多人对健康的认识仍然是“无病、无伤、无残、不虚弱就是健康”，这依然是基于人作为生物有机体的角度来确定。如美国医学哲学家鲍斯说：“什么是疾病？凡是与健康不一致的都是疾病……健康是正常的功能活动，这里的正常状态是统计学的，功能是生物学的。”《辞海》中健康的概念是：“人体各器官系统发育良好、功能正常、体质健壮、精力充沛并具有良好劳动效能的状态。通常用人体测量、体格检查和各种生理指标来衡量。”这种提法比“健康就是没有病”要完善些，但仍然是从人作为生物有机体的角度来确定的。

（二）社会人——现代健康概念

随着社会经济、科学技术的发展和生活水平的提高，人们对健康内涵的认识不断深化。人们逐渐认识到，人不仅是生物机体，也是社会个体，对人的健康的考量就不能仅从生物机体的角度进行。心理问题越来越影响人的生存状态和生活质量，于是人类开始关注心理健康，将健康分为身体健康和心理健康，这就是二维健康观。1948 年世界卫生组织（World Health Organization，WHO）在宪章中指出：“健康不仅是没有疾病或虚弱，而是身体上、精神上和社会适应方面的完美状态。”至此，健康观已从二维健康观扩展到三维健康观。三维健康观形成之后，世界卫生组织又数次修改健康定义。修改的具体定义见表 1-1。[①]

表 1-1 世界卫生组织对健康的定义

提出时间	健康定义	强调
1948 年	健康不仅仅是没有疾病或不虚弱，而是指身体、心理和社会适应方面的完好状态。	身体、心理和社会适应
1986 年	健康是每天生活的资源，并非生活的目标；健康是一种积极的概念，强调社会和个人的资源以及个人躯体的能力。	健康是一种资源
1989 年	健康不仅是没有疾病，而且包括躯体健康、心理健康、社会适应良好和道德健康。	身体、心理、社会适应和道德

近年来，由于人们深受环境污染之苦，“生态系统健康”成为研究热点。“生态系统健康”的中心思想：有健康的生态系统才会有健康的人类。这一研究标志着人类关注的焦点已经从个体、公众、环境扩展到了整个生物圈，说明健康观已经从三维拓展到四维甚至更多维。

从以上健康观的转变中可以发现如下规律：（1）从关注身体健康这种单维健康发展到关注心理健康、社会适应良好、道德健康的多维健康；（2）从关注静态健康发展到关注动态健康，从关注生病与否发展到不断追求完满生活；（3）从关注个体健康扩

① 叶平枝．徐宝良．学前儿童健康教育与活动指导．长沙：湖南大学出版社，2015.

大到重视群体健康乃至生态健康；（4）从纯医学领域的关注发展到心理学家、社会学家乃至全社会的共同参与。健康观一次次飞跃，生存环境却在一步步恶化，这使得健康越来越成为全社会关注的热点问题。

现在要给健康下一个定义是比较困难的，世界卫生组织 1948 年下的定义依然没有过时，只是要从多维、动态、群体、生态的视角把握健康的概念。健康不是非此即彼的简单问题，而是从健康到死亡的一个序列，最佳健康是人们不断追求的一个理想状态。

世界卫生组织曾为成人健康提出如下标准：（1）精力充沛，能从容不迫地应付日常生活和工作的压力而不感到过分紧张。（2）处事乐观，态度积极，乐于承担责任，事无巨细不挑剔。（3）善于休息，睡眠良好。（4）应变能力强，能适应环境的各种变化。（5）能够抵抗一般性感冒和传染病。（6）体重得当，身材均匀，站立时头、肩、臂位置协调。（7）眼睛明亮，反应敏锐，眼睑不发炎。（8）牙齿清洁，无空洞，无痛感；齿龈颜色正常，不出血。（9）头发有光泽，无头屑。（10）肌肉、皮肤富有弹性，走路轻松有力。

如何理解幼儿健康的概念？结合幼儿的特点，参考世界卫生组织 1948 年给出的定义，可以这样理解：幼儿健康就是生长发育良好，身体、心理和社会适应的完好状态。换言之，身体、心理、社会适应是评价幼儿健康的三大要素。

【想一想】 用这样的定义去评价前文中的洋洋小朋友，你觉得他健康吗？他的妈妈觉得他是健康的，因为他不虚弱，没得病，长得白白胖胖。但这就是健康吗？过胖对身体发育极为不利，隐患多多，所以洋洋的身体健康要打折扣；他的心理和社会适应方面明显存在问题更是不容置疑的。

二、健康教育的概念及发展趋势

【案例 1–1】 儿童需要什么样的健康教育？

乖巧的小红今天回家特别高兴，她告诉妈妈今天老师在幼儿园教怎样预防龋齿了，最主要的是刷牙和漱口。小红很高兴，从此每天都刷牙，可半年后小红还是产生了一颗龋齿。医生说是小红刷牙的时间不够，刷牙的方法也有些问题。小红的妈妈很沮丧：幼儿园不是进行了相关的健康教育吗？为什么没有效果呢？

这里我们可以看到：健康教育要产生最佳教育效果，教育内容的选择和完善固然重要，健康行为的训练与监督也是不可或缺的，可以说，健康教育更强调健康行为的实效性，而非仅仅是健康观念的教育。

（一）健康教育的发展

健康教育概念的产生是与人们对于健康的认识和需要密切联系的。健康教育的出现最早源于与学校有关的卫生教育。作为一个正式的名词，“健康教育”一词最早采用在 1919 年的美国儿童健康协会的会议上。此后一些直接从事卫生和教育的专家们也逐渐更明确地把健康与教育联系起来，指出要通过健康教育指导人们预防疾病。不同的学者从不同的角度对健康教育进行了界定。

1973 年，美国健康教育总统委员会提出：健康教育是连接健康信息和健康实践的桥梁。健康教育激发人们接受并利用健康信息，形成有益的习惯，避免有害的行为，从而使自己健康。

世界卫生组织健康教育处穆·沃勒飞博士于 1981 年对健康教育提出的定义：“健康教育帮助并鼓励人们建立达到健康状态的愿望，知道怎样做才能达到这样的目的。每个人都应尽量做好本身或集体应做的努力，并知道在必要时如何寻求适当的帮助。”

美国健康教育家大卫·布尔克曼提出了“K（Knowledge）— A（Attitude）— B（Behavior）”模式。健康教育和一般的教育一样，关系人们的健康知识、健康态度和健康行为的改变。他致力于引导人们养成有益于健康的行为，使之达到最佳的健康状态。

我国有关专家认为，1988 年第 13 次世界健康教育大会提出的关于健康教育的定义比较贴切，即健康教育是一门研究传播健康知识和技术、影响个体和群体行为、预防疾病、消除危险因素、促进健康的科学。

综合以上对健康的认识，我们认为，健康教育是一种有目的、有计划、有组织地对人们传播健康知识和技术、树立人们正确的健康观念的教育活动。它的最终目的就是促使人们自觉地采取有利于健康的行为，养成健康的生活方式，创造健康的环境，消除或降低影响健康的危害因素，以便预防疾病，提高生活质量。

健康教育要有组织地加以实施，要贯穿在人的整个学习生活中，要在他们的意识形态、生活理念和独立生活习惯形成的过程中自然地渗透健康的行为准则，以便使受教育者在接受其他知识、认识问题、解决问题的同时，也接受正确的健康知识，学会认识和处理自身的、周围的健康问题。[①]

【拓展阅读】

《3~6 岁儿童学习与发展指南》指出：健康包括身体和心理两个方面，是一种在身体上和精神上的完满状态及良好的适应能力。幼儿阶段是儿童身体发育和机能发展极为迅速的时期，也是形成安全感和乐观态度的重要阶段。发育良好的身体、愉快的情绪、强健的体质、协调的动作、良好的生活习惯和基本生活能力是幼儿身心健康的重

① 许铁梅，赵永利 . 学前儿童健康教育 . 南京：南京大学出版社，2015.

要标志，也是其他领域学习与发展的基础。

为有效促进幼儿身心健康发展，成人应为幼儿提供合理均衡的营养，保证充足的睡眠和适宜的锻炼，满足幼儿生长发育的需要；创设温馨的人际环境，让幼儿充分感受到亲情和关爱，形成积极稳定的情绪情感；帮助幼儿养成良好的生活与卫生习惯，提高自我保护能力，形成使其终身受益的生活能力和文明生活方式。

（二）健康教育的发展趋势

早在远古，人类就认识到人体的健康与周围环境因素有着密切的联系，在与疾病的斗争中创造了许多改善环境因素和保障人体健康的保健措施，并在人群中进行传播。这就是健康教育的萌芽。在四五千年前，对人类文明做出重大贡献的古埃及人、苏美尔人、米诺朗人、亚述人、巴比伦人、犹太人，向往“圣洁”，追求健美，重视体育锻炼，预防疾病，注意保持环境、饮水、食物和身体清洁。古埃及在卫生保健方面已有很大的进步，制定一系列的卫生条规，对于清洁居室、正常饮食均有严格的规定。如很注意婴儿卫生，新生儿要裹以白麻布，但不要缠紧，5 岁前不穿衣服，做各种合乎卫生的游戏（球类、铁环等），大一些的儿童参加各种身体运动。在古罗马时代，罗马人制定了一系列的公共卫生法规，他们根据当时古巴比伦、埃及、希腊以及东方民族的卫生保健法规，建立了一个完善的公共卫生法体系。罗马人的这一创举，不仅给罗马带来繁荣和健康，而且为日后所有的卫生保健领域内制定措施提供了范例。

19 世纪初叶在英国、法国、美国等地出现了一些卫生改革，其中包含现代健康教育的萌芽。现代健康教育最先是从学校教育中的单项内容开始的，如 1840 年美国部分学校开始设立“急救”课。英国几个大城市于 1844 年联合成立市镇卫生联合会，开始向市民传播有关环境卫生、居住卫生和上下水道的常识，1927 年的英国成立了全国健康教育委员会。此后，健康教育逐渐受到重视，陆续在许多国家中开展起来。

美国霍特博士 1916 年主张在儿童中普遍实施健康教育，从幼儿园到中学进行系统的健康教育。学校健康教育由教育部门主管。1918 年，美国儿童健康教育协会成立，提出了由卫生教育向健康教育全面转变的新的健康发展教育模式，对构建学校健康教育体系起到了重要的奠基作用。为满足学校健康教育发展的需求，从 20 世纪 20 年代起，首先在医学院开设健康教育课程，培养专门人才从事健康教育。1985 年，美国有 200 余所高等院校开设健康教育学，培养了大批健康教育硕士、公共卫生硕士、博士等高级专业人才，为学校健康教育的发展奠定了人才基础。

20 世纪 70 年代起，美国政府对健康教育给予了足够的重视，建立了相对完整的管理体系。1973 年，美国健康教育总统委员会提议，在卫生、教育、福利部内设立健康教育局，下设两个中心，即：国家健康促进中心和国家健康教育中心。这两个中心在推进全民和学校的健康教育中发挥着重要的领导作用。1974 年，美国国会通过了《国家健康教育规划和资源发展法案》，将健康教育作为国家优先发展的项目之一。此外，在健康教育界还建立了许多全国性的学术组织和团体，如：健康教育学会、学校健康教育学会、美国学校卫生协会、美国健康教育促进会等。这些专业学术团体的活动为学校健康教育的实施和发展做出了巨大贡献。1984 年，全国有 34 个州的 2 000 所学校开设健康教育课程；24 个州将健康教育的成绩作为高中毕业的必需条件。

20 世纪末，美国的学校健康教育进入一个重要的发展时期。国家提出了《健康公民 2000 年计划》。即：2000 年的教育战略是人人享有健康、全国健康促进与疾病预防。为了实现新世纪人人享有健康的目标，美国健康教育联合委员会，包括有关的支持组织机构：健康教育管理协会，美国公共卫生协会，美国学校卫生协会，国家健康、体育与娱乐理事学会等，制定并颁发了国家健康教育标准，要求各州的学校必须按照统一的国家标准开设健康教育课程，并纳入学校的核心课程之列。国家健康教育标准成为学校健康教育课程设计、开发，以及健康教育计划制订与实施的依据。①

日本在 1958 年公布了《学校保健法》，在第一章总则第一条中规定了学校保健管理及安全管理的必要事项，就学校健康检查、健康教育、传染病预防、环境卫生等方面的工作做了明确的规定，《学校保健法》对休学、停课也有详尽的规定，以便于管理的实行。1964 年颁布了《学校环境卫生标准》，后来又多次进行修订。日本各级学校都有详尽的健康教育计划，文部省规定小学五六年级和初高中学生每周都上一节保健体育课，把保健与体育活动紧密结合起来，强调培养学生对健康和体力的自我理解和自我管理能力，这对学生的身体正常发育起到重要的作用。近年来日本青少年身体形态各项指标均明显提高。养护教育是日本的一种特殊制度，在中小学设立，担任健康教育与卫生指导的老师，需经过专业培养后才可担任，比教学教师要求高，但与校内的医生、护士工作不同。当今日本学校保健工作，除强调提高医疗服务质量外，更注重卫生管理与健康教育。

苏联把向广大人民进行系统的健康教育当作保卫劳动人民健康最根本的措施，1920 年设立第一所健康教育馆以来，各加盟共和国、自治州、市、区等都设立健康教育馆，负责对所有医疗保健部门健康教育工作的组织、规划、实施、质量等进行监督指导。1929 年成立了中央健康教育研究所，是国家健康教育事业的领导和学术中心，拥有健康教育学、卫生学、心理学、教育学、传播学等方面的专业人员共约 400 人，其职责除对上述各方面进行调查研究外，还负责汇集编制专业文献和技术资料，设计试用各种教材、教具，实施专业人员培训、进修，指派专家到各地指导，协助健康教育工作开展。在学校健康教育方面，实行八年义务教育制，在义务教育之前，绝大部

① 苏立增．当代学校健康教育课程发展．广州：广州高等教育出版社，2005.

分儿童接受 3 ～ 4 年的幼儿园教育。在儿童教育中接受卫生知识和养成卫生习惯的教育，使这一教育再在八年义务教育中理解、系统化、深入化和扩展。学校健康教育由教育部领导，由卫计委给予技术协助。在中学十分重视生理卫生课程，并作为义务教育的必修课，教材由教育部和卫计委联合设立的"健康教育联合委员会"审订。学校健康教育教师需要从五年制的师范学院毕业。1983 年 5 月开始，苏联教育委员会决定对中学生进行生理教育和性教育，在八年级增加 17 课时，并且和解剖学、生理学、卫生学等课程内容相结合，同时出版了大量《生理与健康》活页材料以补充八年级的生理卫生教科书内容。学校还通过晨检、布置班组卫生角、小小卫生员、红十字少年、少先队卫生宣传队、急救演习、卫生运动、卫生夏令营等课外活动，为新一代公民的身心健康、建立正确的卫生意识和价值观打下牢固的基础。

菲律宾把健康教育作为国家政策，以法律形式颁布。健康教育、营养卫生服务和有关健康计划得到了负责小学、初中、高中和非正规教学四个主管局以及学校卫生与营养中心的支持，学校有完整的综合健康教育计划。卫生服务内容包括医疗服务、口腔卫生服务以及学校卫生护理，通过受过培训的教师监测学生的身体健康状况，提供学校卫生监护服务。学校营养计划包括营养教育、自助餐、学校食物供给，加强学校食物供给的创收项目监管，对学校副食店的监督与管理、增补食物供给以及检验儿童营养和健康状况等。在小学一二年级，每周分别安排 100 分钟和 150 分钟用于自然科学和卫生课的教学。三到四年级自然科学和卫生课开始作为独立学科，每周安排 200 分钟用于它们的教学。在初中继续开设卫生课。从高一到高三年级,卫生知识融入体育、卫生和音乐课中。体育课、卫生课和音乐课每周安排 200 分钟的教学时间。人口教育制度化使初中学生能够在卫生知识、家政学、自然科学、生物学、社会知识等方面获得最基础的知识。

韩国从小学到大学的健康教育制度也很健全。韩国小学 6 个学年与初中高中各 3 个学年的健康教育课程都有明确规定。健康教育的师资由全国 11 所教育大学和 27 所师范大学培养。健康教育已是国家教育计划的重要组成部分。

目前，各国学校的健康教育发展的共同特点是重视健康教育的全面性和系统性，注重专业人才培养和素质的提高，强调管理是手段，最终达到教育学生、保护学生健康、提高学生健康水平的目的。[1]

第二节　幼儿健康教育

幼儿早期生长发育迅速，求知欲强，好奇、好问、好模仿，是人的一生中身心发育的关键时期，也是进行健康教育的最佳年龄阶段。从这个时期开始对幼儿进行健康

① 李姗泽 . 学前儿童健康教育 . 北京：中央广播电视大学出版社，2014.

教育，不但可以获得良好的近期效果，而且将使他们获益终生。

【案例 1–2】 小明的状态

小明是一个长相帅气的 5 岁小男孩，几乎没有进过医院，家长一直认为他很健康。可近半年来，小明常常控制不住自己的情绪，经常发脾气，有时还不自觉地咬手指甲，与班上的小朋友也不怎么说话和交往，在幼儿园的表现有些孤僻。

小明的妈妈有些担心，这些表现对于小明所处的年龄阶段来说是否正常？小明是一个健康的孩子吗？下面的内容将为你解答相关问题。

一、幼儿健康教育的含义及功能

（一）幼儿健康教育的含义

学前期儿童处于一个人生命的早期，生长发育十分迅速，新陈代谢极为旺盛，但身体各部分机能发展尚未完善，心灵稚嫩、纯洁但容易受到伤害，活泼好动但自我保护能力欠缺。如果成人能够为儿童提供适宜的健康教育，则有利于他们形成有益终身的健康行为方式与行为习惯。

《幼儿园教育指导纲要（试行）》指出：“幼儿不是被动的‘被保护者’。教师要尊重幼儿不断增长的独立需要，在保育幼儿的同时，帮助他们学习生活自理技能，锻炼自我保护能力。”在以往的保健中，人们一直把幼儿视为被动的接受者，着重从成人的角度来研究幼儿的保健。随着对健康的深入认识，人们发现，幼儿应该也有一定的能力为自己的健康负责。

幼儿健康教育是根据幼儿身心发展的特点，以提高幼儿的健康认识、改善幼儿的健康态度、培养幼儿的健康行为、维护和促进幼儿的健康为核心目标而开展的有组织、有计划、有目的的一系列教育活动。它的关键是使儿童形成健康的行为。①

（二）幼儿健康教育的功能

1. 儿童身体良好的发育

幼儿健康教育的目的首先指向儿童身体的健康。保护幼儿身体器官、组织的正常构造，各个生理系统主要功能的发挥良好，能够有效抵抗疾病。幼儿生理组织和构造的完整是身心良好发育的物质基础。生理上的严重缺陷极有可能导致幼儿某些方面的

① 许铁梅，赵永利．学前儿童健康教育．南京：南京大学出版社，2015.

发育障碍，有时还会带来生活、学习中的不便。而通过健康教育的过程，增强儿童机体的抵抗力，则有助于随时对付变化多样的外界致病因子的侵袭。同时在幼儿期，儿童活泼好动但自我保护能力欠缺，需要通过健康教育予以保护。因此，幼儿健康的获得有赖于身体的健康，而身体的健康离不开健康教育的实施。

2. 儿童智力良好的发展

幼儿健康教育的目的还指向儿童智力的发展。幼儿健康的重要前提是智力发展正常。这是因为正常的智力水平是幼儿生活、学习、交往的基本条件。学前期是儿童智力发展极为迅速的时期，但若由于各种原因造成早期脑损伤或环境剥夺，都将严重阻碍幼儿的智力发展，进而影响他们的健康。所以，对幼儿实施健康教育，将在很大程度上保证和促进儿童智力的发展和提高。

3. 儿童情绪良好的适应

幼儿健康教育的目的最后指向儿童心理的发展。17 世纪英国伟大的哲学家和启蒙思想家约翰·洛克认为:“人生幸福有一个简短而充分的描述：健全的心智寓于健康的身体。凡身体和心智都健全的人就不必再有什么别的奢望了；身体或心智如果有一方面不健全，那么即使得到了种种别的东西也是枉然。人的幸福或苦难，大部分是自己造成的。心智不明的人做事情找不到正确的途径；身体衰弱的人即使有了正确的途径也无法取得进展。”这个观点有一定的启发。健康是幼儿幸福快乐的源泉。通过健康教育的实施，让儿童情绪反应适度、社会适应良好，能较快适应陌生的环境，没有过多的消极情绪体验，不断提高自我调节情绪的能力。①

二、幼儿健康教育的理念②

（一）幼儿健康的个体价值

生活中，我们常常发现，一个头疼发热或严重腹泻的儿童，无法正常饮食或安然入睡；一个脑伤患儿有可能失去记忆；一个心理过分紧张的儿童无法较快适应新环境；而一个骨折患儿，很可能连如厕都无法独立解决；而几乎所有儿童都存在着患病期间脾气暴躁的现象。正因为如此，英国哲学家和教育家斯宾塞认为，消化良好，脉搏有力，情绪高涨，是任何身外利益无法胜过的幸福因素。长期的身体疾病使最光明的前途蒙上阴影，而强健的活力。即使在不幸的境遇中也能放金光。毫无疑义，健康是儿童幸福快乐的源泉。

健康是儿童身体充分发展的前提。我们常常发现，儿童患急性疾病后体重减轻，明显消瘦；儿童胃肠道吸收功能不良以及内脏器官的慢性疾病对体格发育的影响较大。

---

① 庞建萍 . 学前儿童健康教育 . 上海：华东师范大学出版社，2008.

② 顾荣芳 . 学前儿童体育与健康教育 . 苏州：苏州大学出版社，2010.

儿童内分泌系统调节功能的欠缺也将对儿童的生长产生不利影响。例如，儿童期甲状腺功能低下可致克汀病，因其主要症状表现为身材矮小且上部量明显短于下部量、有不同程度的听力和言语障碍，又被称为“呆小症”。因此，儿童少生病、尽量不生病，保持良好的健康状态，是身体充分发展的前提。

健康是儿童尽情游戏的动力。虽然游戏对于成人和儿童具有普遍意义，但成人游戏只是满足他们的娱乐需要，而儿童游戏却是儿童的基本活动。游戏有益于儿童开展对自然界最初的认识活动；游戏提供了儿童与人进行接触的机会；游戏促使儿童自我意识的形成；游戏水平反映了儿童在智力、情绪社会化发展等众多方面的发展状况。一个健康的儿童，在游戏活动中的想象力丰富，创造性思维的火花不断点燃；而一个身患疾病的儿童，则难以使自己专注于游戏过程，更不能充分享受因尽情游戏带来的快慰，对平日最喜欢的游戏活动感到索然寡味。游戏价值无法在健康缺失的儿童身上得以体现。

健康是儿童有效学习的保证。近年来，随着人类对大脑结构和功能不断深入的了解，大脑潜能的开发成为人类 20 世纪末的热门话题。或许因为神经系统动力定型的建立尚未牢固因而可塑性极强之缘故，儿童期又被视为最具智能开发价值的年龄段。为此，人们一直在探讨儿童学什么、怎么学及为什么学的问题。然而，无论儿童应该怎样学习人类科学文化的结晶，他们都必须首先具备健全的身心，因为我们不可能期望所有的儿童都能像张海迪幼小时那样具有常人难以想象的毅力；反之，倘若那些有口皆碑的人物不仅有超人的毅力，而且有健康的身体，那么，他们的成就会更大。事实上，一个健康的儿童，比起一个有生理病痛的儿童，学习时的注意力更为集中，因而能较快地记住学习内容；一个健康的儿童，比起一个心理调适不佳的儿童，学习时的情绪更为愉快，因而有可能更积极主动，创造欲望更强。可见，健康是儿童有效学习的保证。

（二）幼儿健康的人类价值

儿童健康是人类生命质量得以提高的基石。根据《儿童的生存、保护和发展世界宣言》披露，全世界每年仍然有大量 5 岁以下的儿童死亡，其中绝大部分死亡儿童以及其他残疾儿童，主要是由那些可预防的儿童疾病导致的，如已有有效预防疫苗的麻疹、小儿麻痹症、破伤风、结核病、百日咳和白喉，以及那些可预防的或通过相对低成本疗法就可有效治疗的腹泻、肺炎和其他急性呼吸道传染病。为此，关心和重视儿童的健康，切实预防各种儿童疾病的发生，是降低儿童死亡率，提高儿童的生存质量，促进儿童健康发展的前提。现代医学研究表明，那些危害成年人健康的疾病，其实在儿童期已经埋下隐患。例如，20 世纪 70 年代以来，国内外都进行了儿童血压流行病学的纵向研究，并摸索到一定规律，发现原发性高血压大多起源于儿童时期（其中最小年龄为 3 岁），同时提出应在儿童期进行早期干预，如将儿童期每厘米身高体重控制在正常范围内，儿童每天食盐摄入量不超过 2g~2.5g，以预防和推迟高血压的发生。又如，肥胖是世界性的健康问题，它不仅是高血压的诱发因素，而且是高脂血症、动脉粥样硬化、糖尿病的诱发因素，而儿童肥胖者到成年时有 60%~80% 仍为肥胖。因此，关心儿童，增强儿童健康，不仅能造福儿童，而且能促进成年后的健康，进而改良世代的遗传因素，最终提高人类生命质量。

儿童健康水平的提高体现了人类社会的进步。当古希腊人让幼小孩童接受成人式的军训、恪守“孩子就是小大人”的观念时；当中世纪的“原罪说”大行其道，孩子自然成为有罪之人之时，根植于成人大脑中的只是如何使儿童驯服、如何对儿童实施调教，殊不知违背儿童身心特点的任何举措都有碍儿童的健康发展。随着人类社会对儿童认识的提高，相关法制的健全，儿童的生存与发展获得了良机。1989 年 12 月 20 日联合国大会通过的《儿童权利公约》赋予全世界的儿童三项基本人权，即生存权、发展权和受保护权。其中第六条规定：“缔约国确认每个儿童均有固有的生命权。缔约国应最大限度地确保儿童的存活与发展。”第二十四条规定：“儿童有权享有可达到的最高标准的健康，并享有医疗和康复设施。国家应努力确保没有任何儿童被剥夺获得这种保健服务的权利。”我国的《未成年人保护法》《母婴保健法》《食品安全法》等法律条文进一步使儿童健康权益的保障有法可依，有章可循，人们越来越将关心和促进儿童的健康视为不可推卸的重任，这一方面对儿童的健康发展起到坚强保障之效，另一方面也充分体现了人类社会自身的进步与发展。

儿童健康是人类的财富，是对社会的贡献。人类的进步和发展，从根本上来说是人口素质的提高。当前，国际上将人口平均期望寿命作为评价一个国家政治、经济、文化、教育的综合指标，而婴幼儿死亡率又直接影响着人口的平均寿命，婴幼儿疾病或疾病后遗症不仅对患者本身造成危害，而且将来还会对患者后代产生不利影响。正如《儿童的生存、保护和发展世界宣言》第 25 条所声明的那样：“我们这样做（指给予儿童生存、受保护及发展等各种权利）不仅为了当前的一代人，而且为了后世各代。使每一位儿童享有更美好的未来，是一项最崇高的任务”。儿童身心疾病发生率的降低、体质的增强，将大大减轻家长或他人的经济负担、体力负担和心理负担，是对社会的巨大贡献。正因为如此，许多国家都非常重视儿童保健工作和儿童健康教育，以期切实提高儿童的健康水平。

三、幼儿健康教育的分类

（一）身体健康

1. 生长发育良好

身高、体重、胸围、头围等各项体格发育指标、生理机能指标和生化指标符合该年龄组儿童发展的健康标准。食欲良好、睡眠好、精力充沛等。

2. 适应能力增强

具有一定抵抗疾病的能力，较少得病；对冷热等环境因素的变化具有适应能力；能适应多种体位的变化，如摆动、旋转、身居高处等。

3. 体能发展良好

幼儿的活动能力发展正常，身体的各种基本动作适时产生，如抬头、翻身、坐爬、站立、走、跑等；肌肉较有力，身体动作较平稳、准确、灵敏和协调；手、眼的协调能力发展良好等。

（二）心理健康

1. 动作发展正常

动作发展与脑的形态及功能的发育密切相关，幼儿躯体大动作和手指精细动作的发展水平处于正常范围是心理健康的基本要求。

2. 认知发展正常

良好的认知能力是幼儿生活和学习的重要条件。学前期是儿童认知发展的重要时期，所以应避免因各种原因造成的脑损伤或不适宜的环境刺激，防止幼儿产生不健康的心理。

3. 情绪稳定，反应适度

情绪是一个人对客观事物的内心体验，情绪健康是心理健康的重要组成部分。积极的情绪状态可以提高儿童活动的效率。同时，积极的情绪状态反映了中枢系统功能的协调性，亦表明个体的身心处于良好的平衡状态。幼儿的情绪具有很大的冲动性和易变性，但随着年龄的增长，情绪的稳定性逐渐增强，自我调节能力逐步提高，并开始学会合理地发泄消极的情绪。

4. 性格特征良好

性格是个性中最核心、最本质的表现，它反映在对客观现实的稳定态度和习惯化了的行为方式中。心理健康的幼儿一般具有热情、勇敢、自信、主动、合作等性格特征，而心理不健康的幼儿常常具有冷漠、胆怯、自卑、被动、孤僻等性格特征。

5. 人际交往和谐

幼儿的人际交往是维持心理健康的重要条件，同时，也反映出儿童的心理健康状态。心理健康的幼儿乐于与人交往，能与同伴合作，在游戏中能够谦让待人，乐于帮助别人。心理不健康的幼儿人际关系失调，常表现为远离同伴，或成为群体中不受欢迎的人，最终形成较强的自卑、孤僻等不健康的心理问题。

6. 没有严重的心理卫生问题

儿童期不仅是长身体、长知识期，也是心理发展和个性形成的关键时期，家庭与幼儿园的教养方式与教育模式若有不当，会造成儿童出现各种心理问题。幼儿的心理卫生问题常通过特定的行为表现出来，如多动、口吃、遗尿、吮吸手指等，必须充分重视这些心理卫生问题，否则极易在后续发展中引起严重的心理障碍。心理健康的儿童应没有严重或复杂的心理卫生问题。

（三）良好的社会适应能力

著名幼教专家陈鹤琴先生非常强调对幼儿进行做人的教育，即对儿童进行社会适应能力教育。良好的社会适应能力是幼儿获得发展的必要条件，也是儿童智力发展的基础。在社会生活中，每个人都有人际交往、合作、友情、尊重等愿望和需求，这些需求的满足，都依赖于自己对社会的适应，同时，它们又能促进个体社会适应能力的发展。如幼儿需要一定时间的睡眠和休息，需要合理的营养，需要适当的运动；需要一定的安全感，需要依赖于成人的保护；需要被同伴接受，需要独立，需要自己动手去解决一定的社会问题等。对幼儿来说，良好的社会适应能力主要表现在以下三个方面：

（1）能较快地融入集体生活；

（2）乐于与人交往合作，有良好的人际关系；

（3）能主动积极地应付各种压力，以保持他们与环境之间及自身内在的平衡。①

【案例 1–3】 胡康康的行为

胡康康是这个学期新来的小朋友，今年四岁，是一个聪明的孩子。开学时他的妈妈向老师抱怨，说孩子淘气任性，不听话，想要的东西哭闹着要，不到手不罢休；经常和大人闹独立，总是力图摆脱大人的约束，不按照大人的要求去做，抗拒、不服从大人管教，你让他去做的事，他偏不去做，你不让他去做的事，他偏去做，或者表面上答应，内心不服，当大人不在旁边时，就由着自己的性子来。家长担心，孩子如此任性，将会严重影响其个人健康成长，可是又不知采取什么方法来引导他，让他改掉身上的坏毛病。

【想一想】 根据家长的叙述以及康康的行为表现，分析一下康康任性性格形成的原因，谈谈解决的方法。

【拓展阅读】

对健康的认识

人们对健康的认识随着历史的发展、社会的进步，大致经历了从神灵自然医学模式、

① 何淑艳，代军，包海英．学前儿童健康教育．北京：北京理工大学出版社，2017.

生物医学模式到现在的生物心理社会医学模式三个阶段。

神灵自然医学模式：早期的人类社会，由于生产力水平和认识水平低下，对于生命现象和疾病的认识甚少，健康被认为是神灵赋予的礼物。如古希腊人认为：血液、黏液、黄疸、黑胆四种液体平衡便会健康，否则就会生病。人有了疾病无法医治，应求神问卜。这就是早期的神灵自然医学模式。

生物医学模式：随着医学研究的不断发展，生产力水平的提高，人们认识事物的能力和水平也得到了极大的提高，并因此建立了以生物机体和机体的生物性为研究对象的生物医学模式，开始从生物学的角度认识疾病。随着社会的发展，生物医学模式也暴露出许多局限性，它不但不能全面反映健康的内涵，而且束缚了医学研究的进一步深化。

生物心理社会医学模式：20世纪后半叶，人们发现，由理化、生物刺激所导致的死亡率已退居次要地位，而与心理、社会因素密切相关的高血压、冠心病、癌症、溃疡和精神疾病的发病率和死亡率则明显提高。据统计，上述这些身心疾患的死亡率已进入人类疾病死亡谱的前几位。另外，政治、经济、战争、教育、居住、职业等社会因素以及冲动、孤独、紧张、恐惧、忧虑等心理因素对健康的威胁也日趋严重。这种现象说明仅从生物医学的角度来描述健康是不够的，应该充分考虑社会心理和行为因素对疾病和健康的影响。

（选自麦少美，孙树珍．学前儿童健康教育活动指导．上海：复旦大学出版社，2008.）

【考点聚焦】

本章在历年教师资格证考试中涉及较少，却是其他知识点的基础，因此在学习过程中要注意理解和掌握健康、健康教育和幼儿健康教育的概念。教师资格证考试中涉及本章的知识点可参见图1–1所示。

【实践与训练】

利用实习或见习机会，观察你所在的幼儿园中幼儿的健康情况，并有针对性地提出该从哪些方面进行全面的健康教育。

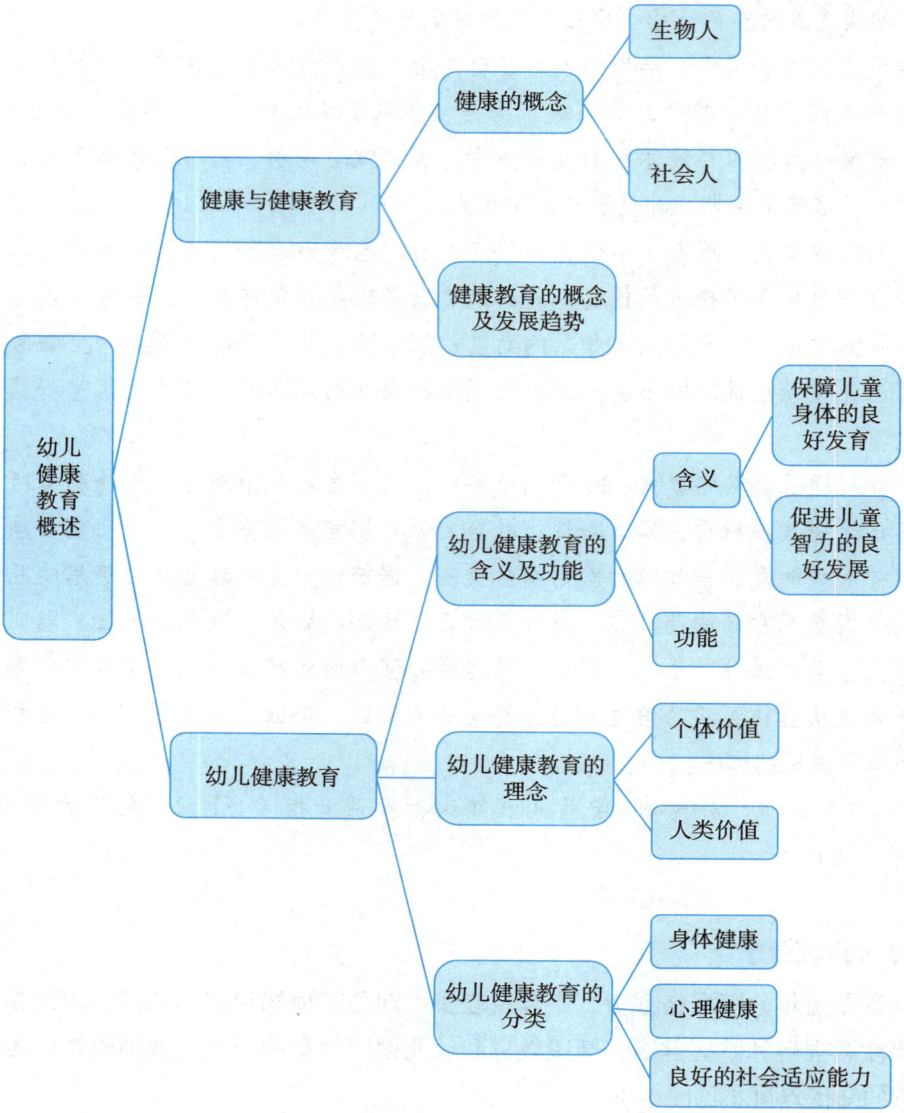

图 1–1　幼儿健康教育概述知识点

【思考与实训】

1. 什么是健康？调查一下你周围的同学、老师对健康有什么看法，对照教材，看看他们的看法与教材有什么异同？

2. 什么是健康教育？谈谈你对健康教育的看法。

第二章　幼儿健康教育目标与内容

【学习目标】

- 知识目标：掌握幼儿健康教育内容；了解幼儿健康教育活动内容的主要来源；理解幼儿健康教育内容选择的依据和幼儿健康教育内容编排的原则；理解幼儿健康教育的分类目标及年龄阶段目标。
- 技能目标：掌握幼儿健康教育活动目标的表述要求，能合理地选择幼儿健康教育内容，能科学地制定幼儿健康教育活动目标。
- 情感目标：明确幼儿健康教育总目标及价值取向。

【学习重点】

- 明确幼儿健康教育总目标及价值取向；理解幼儿健康教育内容选择的依据与幼儿健康教育内容编排的原则；掌握幼儿健康教育活动目标的表述要求。

【本章导读】

- 幼儿健康教育是学前教育活动的重要组成部分，对幼儿个人养成良好卫生习惯、体育锻炼习惯具有重要意义。为了更好地认识幼儿健康教育，本章将详细分析幼儿健康教育的总目标及其价值取向，阶段目标及目标制订的依据，幼儿健康教育内容及内容选择依据，帮助学习者对幼儿健康教育形成全面的认识。

【情景导入】

- 实习前，一个学生说："我不知道健康教育活动要给小朋友教些什么，你有实习教案吗？"另一个学生说："有啊，找幼儿园老师拿的，幼儿园有现成的教案可以直接用"。

问题：学习本章内容后，你就有答案了。作为未来的幼儿教师，你了解幼儿园健康教育的目标和内容吗？幼儿园不同年龄班的健康教育的目标和内容有什么不同？带着这些问题，让我们进入本章的学习。

第一节　幼儿健康教育的目标

幼儿健康教育目标，是指幼儿教师通过健康教育活动，使幼儿的身心发展达到预期的健康水平或教育结果。它是幼儿健康教育的出发点和归宿，对幼儿身心健康的发展具有导向和调节作用，也是衡量幼儿健康教育成效的评价依据。

幼儿健康教育目标体系主要包含三个层次：幼儿健康教育总目标、年龄阶段目标和活动目标。有时还从幼儿健康教育的目标领域或幼儿健康教育所涉及的内容等角度来进行分类。

一、幼儿健康教育的总目标及价值取向

幼儿健康教育总目标是指幼儿通过幼儿园健康教育在身心发展方面预期达到的健康水平。

（一）幼儿健康教育总目标

幼儿健康教育总目标是幼儿健康教育的最终目的，是确定幼儿年龄阶段目标和具体活动目标的依据。

2001年颁布并实施的《幼儿园教育指导纲要（试行）》明确提出了幼儿健康领域的总目标：

（1）身体健康，在集体生活中情绪安定、愉快；

（2）生活、卫生习惯良好，有基本的生活自理能力；

（3）知道必要的安全保健常识，学会保护自己；

（4）喜欢参加体育活动，动作协调、灵活。

（二）幼儿健康教育总目标的价值取向

幼儿健康教育总目标主要表明了这样的价值取向：

第一，身心并重。目标强调幼儿健康应包括身体健康和心理健康两个方面。幼儿身体健康以发育健全、具备基本生活自理能力为主要特征，幼儿心理健康以情绪愉快、适应集体生活为主要特征；身体健康是基础，心理健康是关键。由于幼儿的身体健康与心理健康是密不可分的两个方面，因此有的目标如“生活、卫生习惯良好”，既包括日常生活中良好的饮食、睡眠、盥洗、排泄等生理意义的卫生习惯，也包含不乱发脾气、不吮吸手指等心理意义的行为表现。只有身心和谐发展，才能既保证身体健康又保证心理健康。

第二，保护与锻炼并重。《幼儿园教育指导纲要（试行）》明确要求，幼儿教育工作者“既要高度重视和满足幼儿受保护、受照顾的需要，又要尊重和满足他们不断增长的独立需要，避免过度保护和包办代替，鼓励并指导幼儿自理、自立的尝试”。这体现了幼儿健康教育的总目标既重视掌握必要的保健知识，提高保护自身的能力，又强调通过体育活动提高身体素质，培养幼儿对体育活动的兴趣，增强动作的协调性和灵活性是体育锻炼的主要目标。实际上隐含了幼儿健康教育包含幼儿体育这一思想，所以，幼儿教师应遵循保护与锻炼并重原则。

第三，健康态度与行为并重。虽然提高幼儿的健康认识，改善幼儿的健康态度，培养幼儿的健康行为都是幼儿健康教育的目标，但幼儿健康行为的形成是幼儿健康教育的核心目标。

在对幼儿进行健康教育时需注意三个方面：

（1）帮助幼儿逐步树立起对健康的正确态度，知道健康的重要性，使幼儿逐步学会关心自己的健康。

（2）帮助幼儿获得有关维护和促进健康的基本知识。

（3）帮助幼儿形成健康的行为习惯。

幼儿健康教育总目标的价值取向如图 2–1 所示。

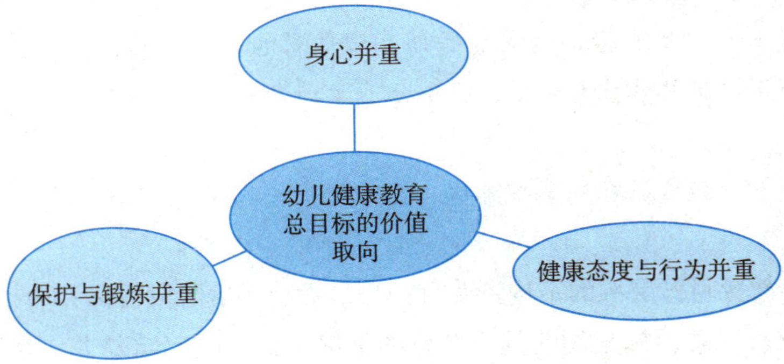

图 2–1　幼儿健康教育总目标的价值取向

【想一想】

在幼儿健康教育活动中，如何体现幼儿健康教育总目标的价值取向？

【拓展阅读】

为了实现幼儿健康教育总目标，《幼儿园教育指导纲要（试行）》提出幼儿园健康教育的内容和要求及指导要点：

1. 内容和要求

（1）建立良好的师生、同伴关系，让幼儿在集体生活中感到温暖，心情愉快，形成安全感、信赖感。

（2）与家长配合，根据幼儿的需要建立科学的生活常规。培养幼儿良好的饮食、睡眠、盥洗、排泄等生活习惯和生活自理能力。

（3）教育幼儿爱清洁、讲卫生，注意保持个人和生活场所的整洁和卫生。

（4）密切结合幼儿的生活进行安全、营养和保健教育，提高幼儿的自我保护意识和能力。

（5）开展丰富多彩的户外游戏和体育活动，培养幼儿参加体育活动的兴趣和习惯，增强体质，提高对环境的适应能力。

（6）用幼儿感兴趣的方式发展基本动作，提高动作的协调性、灵活性。

（7）在体育活动中，培养幼儿坚强、勇敢、不怕困难的意志品质和主动、乐观、合作的态度。

2. 指导要点

（1）幼儿园必须把保护幼儿的生命和促进幼儿的健康放在工作的首位。树立正确的健康观念，在重视幼儿身体健康的同时，要高度重视幼儿的心理健康。

（2）既要高度重视和满足幼儿受保护、受照顾的需要，又要尊重和满足他们不断增长的独立要求，避免过度保护和包办代替，鼓励并指导幼儿自理、自立的尝试。

（3）健康领域的活动要充分尊重幼儿生长发育的规律，严禁以任何名义进行有损幼儿健康的比赛、表演或训练等。

（4）培养幼儿对体育活动的兴趣是幼儿园体育的重要目标，要根据幼儿的特点组织生动有趣、形式多样的体育活动，吸引幼儿主动参与。

二、幼儿健康教育目标的层次结构

幼儿健康教育目标层次的结构主要有：总目标、年龄阶段目标和活动目标。

幼儿健康教育总目标是幼儿健康教育的最终目的，是确定幼儿年龄阶段目标和具体活动目标的依据，前文已有过阐释。

（一）幼儿健康教育年龄阶段目标

幼儿健康教育的年龄阶段目标，是指根据幼儿健康教育总目标确立的、按幼儿年龄阶段划分，以3~6岁幼儿年龄特征为依据而确定的教育目标，它对3~6岁幼儿提出了不同层次的要求，也是针对同年龄幼儿的一般要求，为具体活动目标的制订指明了方向。

（二）幼儿健康教育活动目标

幼儿健康教育活动目标是指教师对幼儿通过健康教育活动将达到的某种预期效果。它是开展幼儿健康教育活动的出发点和归宿。幼儿健康教育活动目标为幼儿健康教育活动的设计与安排、组织与开展提供了基本依据，也为幼儿健康教育活动效果评价提供了基本标准。

每一个具体的健康教育活动在实施前一般都有确定的目标，健康教育活动目标在内容上一般包含认知、情感态度和能力三个方面，但并不意味着每一个活动都需要在上述三个方面确定目标。

确定幼儿健康教育活动目标的基本要求：目标要全面；目标要有重点；目标要适宜；目标要准确、具体和具有可操作性；目标表述要体现行为结果。

1. 目标要全面

幼儿健康教育活动的目标应从认知、情感态度和能力等三个方面全面考虑，在表述时，每一方面尽量分别阐述，但并不意味着每个活动都必须面面俱到。

【案例 2–1】

中班身体锻炼教育活动“我会拿筷子”的活动目标可表述为：

（1）了解手眼协调，手指、手腕动作准确性和灵活性的意义。

（2）学会用筷子的方法，锻炼手部小肌肉群。

（3）养成做事认真、耐心的态度。

大班身体保健教育活动“宝宝换牙记”的活动目标可表述为：

（1）知道换牙是一种正常生理现象。

（2）了解换牙时应注意的卫生，学会保护牙齿。

（3）养成正确面对生理变化的良好习惯。

2. 目标要有重点

强调目标要全面，同时，也应考虑突出重点目标。在具体的健康教育活动中有几个目标，但是，会有重点目标和次要目标之分，这就体现教育活动的重点问题。

【案例 2–2】

中班身体锻炼教育活动“勇敢的小兔”的活动目标可以表述为：

（1）学会双脚向前行进跳及从 25 厘米高处自然跳下。

（2）掌握动作的协调性，增强节奏感。

（3）体验跳跃的乐趣，培养战胜困难的勇气。

如果将其活动目标表述为：

（1）了解兔子的外形特征及生活习性。

（2）养成热爱动物的情感。

（3）学会双脚向前行进跳及从 25~30 厘米高处自然跳下。

（4）体验跳跃的乐趣，培养战胜困难的勇气。

后一种表述就不可能凸显健康领域的核心目标和本次活动的重点，将直接导致活动实施过程中核心价值的偏离，使健康教育活动的领域特征不明显，活动效果不好。

3. 目标要适宜

幼儿健康教育活动目标的制订必须适合幼儿的年龄特征及认知水平，目标难度适宜，避免目标定得过高或过低而导致幼儿缺乏兴趣，参与程度不高。

例如，将“学会正确的擦嘴方法，初步养成吃完东西后擦嘴的习惯”作为大班健康教育目标显然目标要求过低；而小班“自己的秘密（我们为什么不一样）”活动目标定为“初步了解男孩、女孩外生殖器官的差异”，这样的目标显然超过了小班幼儿的认知能力，是不适宜的。

4. 目标要准确、具体，具有可操作性

幼儿健康教育活动目标的目标表述应准确、具体，具有可操作性，避免过于笼统、抽象。

【案例 2–3】

小班身体保健教育活动“我有一双干净的手”活动目标表述为：

（1）初步懂得洗手的重要性，学习正确的洗手方法。

（2）能在成人的提醒下愉快地去洗手。

（3）初步养成勤洗手的良好习惯。

中班身体保健教育活动“圆溜溜的蛋真可爱”的活动目标可表述为：

（1）初步了解蛋类的营养价值。

（2）知道鸡蛋有益于身体健康，愿意蛋黄、蛋白一起吃。

大班身体锻炼教育活动“勇敢的小战士”的活动目标可表述为：

（1）学会匍匐前进，掌握正确的方法。

（2）养成乐意合作、不怕困难，勇敢自信参与活动的品质。

（3）体验成功的乐趣。

5．目标表述要体现幼儿的行为结果

幼儿健康教育目标可以从不同的角度来表述。根据现代教育理念，人们更倾向于以幼儿行为结果来表述，即表述幼儿通过活动后应该达到的行为结果。如“能……”“会……”“知道……”“懂得……”“感受……”“喜欢……”“理解……”“愿意……”“体验……”“养成……”等句式。

【案例 2–4】

小班身体保健教育活动“我知道大小便”。

（1）会定时大小便。

（2）知道在成人提示或有大小便时，主动去大小便，不弄脏衣服。

（3）养成勇敢、自信的品质。

中班身体保健教育活动“我爱吃蔬菜”的活动目标可表述为：

（1）了解几种常见蔬菜的营养价值，懂得常吃蔬菜有益健康。

（2）初步学会几种常见蔬菜的食用方法。

（3）喜欢并愿意主动吃多种蔬菜。

大班身体保健教育活动“我不玩火”的目标可表述为：

（1）了解火灾给人类带来的危害，知道不能玩火。

（2）学会发生火灾时简单的自救方法，增强自我保护意识。

【练一练】

“对于中班的幼儿来说，对自己身体各方面都有所关注了，对自己的身体，对自己与别人产生许多的好奇和兴趣。在幼儿的谈话中，有意无意说到了自己的身高，自己与别人的性别等，而且对这些非常感兴趣。”根据这一材料，给中班的《身体的秘密》为主题的活动确定目标。

（三）幼儿健康教育各层次目标的相互关系

幼儿健康教育的总目标是确定其他层面目标的依据，是幼儿健康教育的最终目的。

年龄目标是对总目标的细化，又是制定具体活动目标的直接依据。总目标和年龄目标都必须转化为一个个具体活动的目标，才能落实到幼儿的发展中，真正得到实现。从理论上讲，若干个活动目标的积累，便构成了年龄目标和终极目标，每一个活动目标的实现，都是向年龄目标和总目标迈进一步。

如“良好生活卫生习惯的培养”，由小班的“了解基本的生活常规，学习洗手、排便，用正确的方法刷牙”等，到中班的“会穿脱、整理衣服，学习整理各种用具，保持玩具清洁，有初步的生活自理能力”等，再到大班的“保持个人卫生，关心环境卫生，提高独立生活能力”等，其目标的实现就体现出连续统一、不断递进和提高的特点。

【想一想】 如何理解幼儿健康教育总目标、年龄目标和具体活动目标的关系？

三、幼儿健康教育目标制定的依据

（一）社会发展的客观要求

幼儿教育具有社会属性。教育是把人类历史积累的知识、经验技能等有计划、有组织、有目的地传播到下一代，培养为社会服务的人。同时，不同的社会，不同的阶级或社会集团，总是根据自身的利益和需要来规定培养新一代人的方向。这些阶层所制定的教育任务必须适应社会发展的需求。

（二）幼儿身心发展规律及其需求

全面促进幼儿素质和谐发展是幼儿教育的中心任务。发展包括身体和心理两个方面。两者必须协调发展。这种身心发展的规律性既是连续性的，又是阶段性的。任何违背幼儿身心发展规律，提出过高、过难或过低、过易的教育要求，都不会达到发展潜能的目的。幼儿身心发展的特点和规律是确定幼儿园健康教育总目标的根本依据。

四、各年龄阶段健康教育的目标及达成途径

（一）幼儿健康教育的各年龄阶段目标

幼儿健康教育的年龄阶段目标是以3~6岁幼儿的身心发展特征为依据而确定的教育目标，它对3~6岁的幼儿提出了不同层次的要求，这也是针对同年龄幼儿的一般要求，为具体活动目标的制订指明方向。幼儿健康教育的年龄阶段目标如下：

1. 小班健康教育目标

（1）身心保健目标。

1）了解盥洗的顺序，初步掌握洗手、刷牙的基本方法；学习穿脱衣服、鞋袜；会使用手帕或纸巾；养成坐、站、行、睡的正确姿势；能及时排便；有良好的作息习惯，

在提醒下，按时睡觉和起床，并能坚持午睡。

2）进餐时保持愉快的情绪，愿意独立进餐；认识最常见的食物，爱吃各种食物，不偏食、挑食；主动饮水，不贪喝饮料。

3）了解自己身体各种感官及功能；认识并学习保护五官；能积极配合疾病预防与治疗。

4）了解日常生活中的安全常识，在成人提醒下能注意安全，不做危险的事；避开危险因素；能说出自己和家长的名字、电话号码等简单信息。

5）日常生活中情绪比较稳定，在帮助下能较快适应新环境和集体生活。

6）乐意与人交往，初步体验与老师、小朋友相处、共同游戏的乐趣。

（2）身体锻炼目标。

1）能姿势正确、自然协调地走和跑；分散跑时能躲避他人的碰撞，能单脚连续向前跳 2 米左右；能行走 1 千米左右（途中可适当停歇），能快跑 15 米左右。

2）能双脚灵活交替上下楼梯，能身体平稳地用双脚同时向前跳、向上跳；能单脚连续向前跳 2 米左右，能从 25 厘米高处自然地跳下。

3）能用笔涂涂画画，熟练地用勺子吃饭，用剪刀沿直线剪，边线基本吻合；能双手抓杠悬空吊起 10 秒左右；能单手将沙包等轻物向前投掷 2 米左右，能双手向上抛球。

4）能沿地面直线或在较窄的低矮物体上走一段距离。

2. 中班健康教育目标

（1）身心保健目标。

1）每天早晚刷牙、饭前便后洗手 + 方法基本正确；初步学会穿脱衣服、鞋袜、扣纽扣，整理自己的物品；学习整理活动用具，能保持玩具清洁；有初步的生活自理能力。

2）结合品尝经验，进一步认识各类常见食物，不偏食、挑食，不暴饮暴食；喜欢吃瓜果、蔬菜等新鲜食品；常喝白开水，不贪喝饮料，逐步形成良好的饮食习惯。

3）进一步认识身体的主要器官，并懂得初步的保护方法，知道保护眼睛，不在光线过强或过暗的地方看书，连续看电视等不超过 20 分钟；逐步形成接受疾病预防与治疗的积极态度和行为；在成人帮助下学习处理常见外伤的最简单的方法，知道快乐有益于健康。

4）认识常见的安全标志，能够遵守交通规则；知道在公共场合不远离家长的视线单独活动；不接触危险物品；遇到危险时能告诉成人，有初步的自我保护意识，知道简单的求助方式。

5）主动与人交往，能较快适应人际环境中发生的变化，如换了新老师能较快适应。

6）能在较热或较冷的户外环境中连续活动半小时左右；换新环境后较少出现身体不适。

7）经常保持愉快的情绪，不高兴时能较快缓解；有比较强烈情绪反应时，能在成人提醒下逐渐平静下来；愿意把自己的情绪告诉亲近的人，一起分享快乐或求得安慰。

（2）身体锻炼目标。

1）在提醒下能保持正确的站、坐和行走姿势。能快跑 20 米左右；能连续行走 1.5 千米左右（途中可适当停歇）。

2）能双手抓杠悬空吊起 15 秒左右；能单手将沙包向前投掷 4 米左右，能连续自抛自接球；能滚球击物；能左右手拍球。

3）能沿边线较直地画出简单图形，或能边线基本对齐地折纸；会用筷子吃饭；能沿轮廓线剪出由直线构成的简单图形，边线吻合。

4）能在较窄的低矮物体上平稳地走一段距离；能以匍匐、膝盖悬空等多种方式钻爬；能助跑跨跳过一定距离，或助跑跨跳过一定高度的物体；能与他人玩追逐、躲闪跑的游戏。

3. 大班健康教育目标

（1）身心保健目标。

1）每天早晚主动刷牙，饭前便后主动洗手，方法正确；能知道根据冷热增减衣服；会自己系鞋带；能按类别整理好自己的物品；养成每天按时睡觉和起床的习惯。

2）进一步养成良好的饮食习惯，吃东西时细嚼慢咽，主动饮用白开水，不贪喝饮料；初步理解不同的食物有不完全相同的营养素，身体需要各种营养素；知道有些食物儿童不宜吃。

3）进一步认识身体的主要器官及重要功能，并懂得简单的保护方法；主动保护眼睛，不在光线过强或过暗的地方看书，连续看电视等不超过 30 分钟。

4）能自觉遵守基本的安全规则和交通规则；运动时能注意避危，注意安全，不给他人造成危险；未经大人允许不给陌生人开门，有初步的自我保护能力；知道一些基本的防灾知识。

5）经常保持愉快的情绪，知道引起自己某种情绪的原因，并努力缓解；表达情绪的方式比较适度，不乱发脾气；能随着活动的需要转换情绪和注意力。

6）能在较热或较冷的户外环境中连续活动半小时以上；天气变化时较少感冒，能适应车、船等交通工具造成的轻微颠簸；能较快融入新的人际关系环境，如换了新的幼儿园或班级能较快适应。

（2）身体锻炼目标。

1）保持正确的站、坐和行走姿势。能快跑 25 米左右；能连续行走 1.5 千米以上（途中可适当停歇）。

2）能双手抓杠悬空吊起 20 秒左右；能单手将沙包向前投掷 5 米左右；能单脚连续向前跳 8 米左右。

3）能根据需要画出图形，线条基本平滑；能熟练使用筷子；能沿轮廓线剪出由曲线构成的简单图形，边线吻合且平滑；能使用简单的劳动工具或用具。

4）能在斜坡、荡桥和有一定间隔的物体上较平稳地行走；能以手脚并用的方式安全地爬攀登架、网等；能连续跳绳；能躲避他人滚过来的球或扔过来的沙包；能连续拍球。

【想一想】在具体的幼儿健康教育活动中，如何把握和落实幼儿健康教育的各年龄阶段目标？

【拓展阅读】

《3~6岁儿童学习与发展指南》中健康的目标及教育建议

健康是指人在身体、心理和社会适应方面的良好状态。幼儿阶段是儿童身体发育和机能发展极为迅速的时期，也是形成安全感和乐观态度的重要阶段。发育良好的身体、愉快的情绪、强健的体质、协调的动作、良好的生活习惯和基本生活能力是幼儿身心健康的重要标志，也是其他领域学习与发展的基础。

为有效促进幼儿身心健康发展，成人应为幼儿提供合理均衡的营养，保证充足的睡眠和适宜的锻炼，满足幼儿生长发育的需要；创设温馨的人际环境，让幼儿充分感受到亲情和关爱，形成积极稳定的情绪情感；帮助幼儿养成良好的生活与卫生习惯，提高自我保护能力，形成使其终身受益的生活能力和文明生活方式。

幼儿身心发育尚未成熟，需要成人的精心呵护和照顾，但不宜过度保护和包办代替，以免剥夺幼儿自主学习的机会，养成过于依赖的不良习惯，影响其主动性、独立性的发展。

一、身心状况

目标1　具有健康的体态（见表2–1）

表2–1　具有健康的体态

3~4岁	4~5岁	5~6岁
1. 身高和体重适宜。参考标准：男孩：身高：94.9~111.7厘米，体重：12.7~21.2千克；女孩：身高：94.1~111.3厘米，体重：12.3~21.5千克。 2. 在提醒下能自然坐直、站直。	1. 身高和体重适宜。参考标准：男孩：身高：100.7~119.2厘米，体重：14.1~24.2千克；女孩：身高：99.9~118.9厘米，体重：13.7~24.9千克。 2. 在提醒下能保持正确的站、坐和行走姿势。	1. 身高和体重适宜。参考标准：男孩：身高：106.1~125.5厘米，体重：15.9~27.1千克；女孩：身高：104.9~125.4厘米，体重：15.3~27.8千克。 2. 经常保持正确的站、坐和行走姿势 。

注：身高和体重数据来源：《2006年世界卫生组织儿童生长标准》中关于4、5、6周岁儿童身高和体重的参考数据。

教育建议：

（1）为幼儿提供营养丰富、健康的饮食。如：参照《中国孕期、哺乳期妇女和0~6岁儿童膳食指南》，为幼儿提供谷物、蔬菜、水果、肉、奶、蛋、豆制品等多样化的食物，均衡搭配。烹调方式要科学，尽量少煎炸、烧烤、腌制。

（2）保证幼儿每天睡11~12小时，其中午睡一般应达到2小时左右。午睡时间可根据幼儿的年龄、季节的变化和个体差异适当减少。

（3）注意幼儿的体态，帮助他们形成正确的姿势。如：提醒幼儿保持正确的站、坐、走姿势；发现有八字脚、罗圈腿、驼背等骨骼发育异常的情况，应及时告知家长就医矫治。桌、椅和床要合适。椅子的高度以幼儿写画时双脚能自然着地、大腿基本保持水平状为宜；桌子的高度以写画时身体能坐直，不驼背、不耸肩为宜；床不宜过软。

（4）每年为幼儿进行健康检查。

目标2　情绪安定愉快（见表2–2）

表2–2　情绪安定愉快

3~4岁	4~5岁	5~6岁
1. 情绪比较稳定，很少因一点小事哭闹不止。 2. 有比较强烈的情绪反应时，能在成人的安抚下逐渐平静下来。	1. 经常保持愉快的情绪，不高兴时能较快缓解。 2. 有比较强烈情绪反应时，能在成人提醒下逐渐平静下来。 3. 愿意把自己的情绪告诉亲近的人，一起分享快乐或求得安慰。	1. 经常保持愉快的情绪。知道引起自己某种情绪的原因，并努力缓解。 2. 表达情绪的方式比较适度，不乱发脾气。 3. 能随着活动的需要转换情绪和注意。

教育建议：

（1）营造温暖、轻松的心理环境，让幼儿形成安全感和信赖感。如：保持良好的情绪状态，以积极、愉快的情绪影响幼儿。以欣赏的态度对待幼儿。注意发现幼儿的优点，接纳他们的个体差异，不简单与同伴做横向比较。幼儿做错事时要冷静处理，不厉声斥责，更不能打骂。

（2）帮助幼儿学会恰当表达和调控情绪。如：成人用恰当的方式表达情绪，为幼儿做出榜样。如生气时不乱发脾气，不迁怒于人。成人和幼儿一起谈论自己高兴或生气的事，鼓励幼儿与人分享自己的情绪。允许幼儿表达自己的情绪，并给予适当的引导。如幼儿发脾气时不硬性压制，等其平静后告诉他什么行为是可以接受的。发现幼儿不高兴时，主动询问情况，帮助他们化解消极情绪。

目标 3 具有一定的适应能力（见表 2–3）

表 2–3 具有一定的适应能力

3~4 岁	4~5 岁	5~6 岁
1. 能在较热或较冷的户外环境中活动。 2. 换新环境时情绪能较快稳定，睡眠、饮食基本正常。 3. 在帮助下能较快适应集体生活。	1. 能在较热或较冷的户外环境中连续活动半小时左右。 2. 换新环境时较少出现身体不适。 3. 能较快适应人际环境中发生的变化。如换了新老师能较快适应。	1. 能在较热或较冷的户外环境中连续活动半小时以上。 2. 天气变化时较少感冒，能适应车、船等交通工具造成的轻微颠簸。 3. 能较快融入新的人际关系环境。如换了新的幼儿园或班级能较快适应。

教育建议：

（1）保证幼儿的户外活动时间，提高幼儿适应季节变化的能力。

幼儿每天的户外活动时间一般不少于两小时，其中体育活动时间不少于 1 小时，季节交替时要坚持。

气温过热或过冷的季节或地区应因地制宜，选择温度适当的时间段开展户外活动，也可根据气温的变化和幼儿的个体差异，适当减少活动的时间。

（2）经常与幼儿玩拉手转圈、秋千、转椅等游戏活动，让幼儿适应轻微的摆动、颠簸、旋转，促进其平衡机能的发展。

（3）锻炼幼儿适应生活环境变化的能力。如：注意观察幼儿在新环境中的饮食、睡眠、游戏等方面的情况，采取相应的措施帮助他们尽快适应新环境。

经常带幼儿接触不同的人际环境，如参加亲戚朋友聚会，多和不熟悉的小朋友玩，使幼儿较快适应新的人际关系。

二、动作发展

目标 1 具有一定的平衡能力，动作协调、灵敏（见表 2–4）

表 2–4 具有一定的平衡能力，动作协调、灵敏

3~4 岁	4~5 岁	5~6 岁
1. 能沿地面直线或在较窄的低矮物体上走一段距离。 2. 能双脚灵活交替上下楼梯。 3. 能身体平稳地双脚连续向前跳。 4. 分散跑时能躲避他人的碰撞。 5. 能双手向上抛球。	1. 能在较窄的低矮物体上平稳地走一段距离。 2. 能以匍匐、膝盖悬空等多种方式钻爬。 3. 能助跑跨跳过一定距离，或助跑跨跳过一定高度的物体。 4. 能与他人玩追逐、躲闪跑的游戏。 5. 能连续自抛自接球。	1. 能在斜坡、荡桥和有一定间隔的物体上较平稳地行走。 2. 能以手脚并用的方法安全地爬攀登架、网等。 3. 能连续跳绳。 4. 能躲避他人滚过来的球或扔过来的沙包。 5. 能连续拍球。

教育建议：

（1）利用多种活动发展身体平衡和协调能力。如：走平衡木，或沿着地面直线、田埂行走。玩跳房子、踢毽子、蒙眼走路、踩小高跷等游戏活动。

（2）发展幼儿动作的协调性和灵活性。如：鼓励幼儿进行跑跳、钻爬、攀登、投掷、拍球等活动。玩跳竹竿、滚铁环等传统体育游戏。

（3）对于拍球、跳绳等技能性活动，不要过于要求数量，更不能机械训练。

（4）结合活动内容对幼儿进行安全教育，注重在活动中培养幼儿的自我保护能力。

目标 2　具有一定的力量和耐力（见表 2–5）

表 2–5　具有一定的力量和耐力

3~4 岁	4~5 岁	5~6 岁
1. 能双手抓杠悬空吊起 10 秒左右。 2. 能单手将沙包向前投掷 2 米左右。 3. 能单脚连续向前跳 2 米左右。 4. 能快跑 15 米左右。 5. 能行走 1 公里左右（途中可适当停歇）。	1. 能双手抓杠悬空吊起 15 秒左右。 2. 能单手将沙包向前投掷 4 米左右。 3. 能单脚连续向前跳 5 米左右。 4. 能快跑 20 米左右。 5. 能连续行走 1.5 公里左右（途中可适当停歇）。	1. 能双手抓杠悬空吊起 20 秒左右。 2. 能单手将沙包向前投掷 5 米左右。 3. 能单脚连续向前跳 3 米左右。 4. 能快跑 25 米左右。 5. 能连续行走 1.5 公里以上（途中可适当停歇）。

教育建议：

（1）开展丰富多样、适合幼儿年龄特点的各种身体活动，如走、跑、跳、攀、爬等，鼓励幼儿坚持下来，不怕累。

（2）日常生活中鼓励幼儿多走路、少坐车；自己上下楼梯、自己背包。

目标 3　手的动作灵活协调（见表 2–6）

表 2–6　手的动作灵活协调

3~4 岁	4~5 岁	5~6 岁
1. 能用笔涂涂画画。 2. 能熟练地用勺子吃饭。 3. 能用剪刀沿直线剪，边线基本吻合。	1. 能沿边线较直地画出简单图形，或能边线基本对齐地折纸。 2. 会用筷子吃饭。 3. 能沿轮廓线剪出由直线构成的简单图形，边线吻合。	1. 能根据需要画出图形，线条基本平滑。 2. 能熟练使用筷子。 3. 能沿轮廓线剪出由曲线构成的简单图形，边线吻合且平滑。 4. 能使用简单的劳动工具或用具。

教育建议：

（1）创造条件和机会，促进幼儿手的动作灵活协调。如：提供画笔、剪刀、纸张、泥团等工具和材料，或充分利用各种自然、废旧材料和常见物品，让幼儿进行画、剪、折、粘等美工活动。引导幼儿生活自理或参与家务劳动，发展其手的动作。如练习自己用筷子吃饭、扣扣子，帮助家人择菜叶、做面食等。幼儿园在布置娃娃家、商店等活动区时，多提供原材料和半成品，让幼儿有更多机会参与制作活动。

（2）引导幼儿注意活动安全。如：为幼儿提供的塑料粒、珠子等活动材料要足够大，材质要安全，以免造成异物进入气管、铅中毒等伤害。提供幼儿用安全剪刀。为幼儿示范拿筷子、握笔的正确姿势以及使用剪刀、锤子等工具的方法。提醒幼儿不要拿剪刀等锋利工具玩耍，用完后要放回原处。

三、生活习惯与生活能力

目标1　具有良好的生活与卫生习惯（见表2–7）

表2–7　具有良好的生活与卫生习惯

3~4岁	4~5岁	5~6岁
1. 在提醒下，按时睡觉和起床，并能坚持午睡。 2. 喜欢参加体育活动。 3. 在引导下，不偏食、挑食。喜欢吃瓜果、蔬菜等新鲜食品。 4. 愿意饮用白开水，不贪喝饮料。 5. 不用脏手揉眼睛，连续看电视等不超过15分钟。 6. 在提醒下，每天早晚刷牙、饭前便后洗手。	1. 每天按时睡觉和起床，并能坚持午睡。 2. 喜欢参加体育活动。 3. 不偏食、挑食，不暴饮暴食。喜欢吃瓜果、蔬菜等新鲜食品。 4. 常喝白开水，不贪喝饮料。 5. 知道保护眼睛，不在光线过强或过暗的地方看书，连续看电视等不超过20分钟。 6. 每天早晚刷牙、饭前便后洗手，方法基本正确。	1. 养成每天按时睡觉和起床的习惯。 2. 能主动参加体育活动。 3. 吃东西时细嚼慢咽。 4. 主动饮用白开水，不贪喝饮料。 5. 主动保护眼睛。不在光线过强或过暗的地方看书，连续看电视等不超过30分钟。 6. 每天早晚主动刷牙，饭前便后主动洗手，方法正确。

教育建议：

（1）让幼儿保持有规律的生活，养成良好的作息习惯。如：早睡早起、每天午睡、按时进餐、吃好早餐等。

（2）帮助幼儿养成良好的饮食习惯。如：合理安排餐点，帮助幼儿养成定点、定时、定量进餐的习惯。帮助幼儿了解食物的营养价值，引导他们不偏食不挑食、少吃或不吃不利于健康的食品；多喝白开水，少喝饮料。吃饭时不过分催促，提醒幼儿细嚼慢咽，不要边吃边玩。

（3）帮助幼儿养成良好的个人卫生习惯。如：早晚刷牙、饭后漱口。勤为幼儿洗澡、换衣服、剪指甲。提醒幼儿保护五官，如不乱挖耳朵、鼻孔，看电视时保持3米左右的距离等。

（4）激发幼儿参加体育活动的兴趣，养成锻炼的习惯。如：为幼儿准备多种体育活动材料，鼓励他们选择自己喜欢的材料开展活动。经常和幼儿一起在户外运动和游戏，鼓励幼儿和同伴一起开展体育活动。和幼儿一起观看体育比赛或有关体育赛事的电视节目，培养他们对体育活动的兴趣。

目标2 具有基本的生活自理能力（见表2–8）

表2–8 具有基本的生活自理能力

3~4岁	4~5岁	5~6岁
1. 在帮助下能穿脱衣服或鞋袜。 2. 能将玩具和图书放回原处。	1. 能自己穿脱衣服、鞋袜、扣纽扣。 2. 能整理自己的物品。	1. 能知道根据冷热增减衣服。 2. 会自己系鞋带。 3. 能按类别整理好自己的物品。

教育建议：

（1）鼓励幼儿做力所能及的事情，对幼儿的尝试与努力给予肯定，不因做不好或做得慢而包办代替。

（2）指导幼儿学习和掌握生活自理的基本方法，如穿脱衣服和鞋袜、洗手洗脸、擦鼻涕、擦屁股的正确方法。

（3）提供有利于幼儿生活自理的条件。如：提供一些纸箱、盒子，供幼儿收拾和存放自己的玩具、图书或生活用品等。幼儿的衣服、鞋子等要简单实用，便于自己穿脱。

目标3 具备基本的安全知识和自我保护能力（见表2–9）

教育建议：

（1）创设安全的生活环境，提供必要的保护措施。如：要把热水瓶、药品、火柴、刀具等物品放到幼儿够不到的地方；阳台或窗台要有安全保护措施；要使用安全的电源插座等。在公共场所要注意照看好幼儿；幼儿乘车、乘电梯时要有成人陪伴；不把幼儿单独留在家里或汽车里等。

表2–9 具备基本的安全知识和自我保护能力

3~4岁	4~5岁	5~6岁
1. 不吃陌生人给的东西，不跟陌生人走。 2. 在提醒下能注意安全，不做危险的事。 3. 在公共场所走失时，能向警察或有关人员说出自己和家长的名字、电话号码等简单信息。	1. 知道在公共场合不远离成人的视线单独活动。 2. 认识常见的安全标志，能遵守安全规则。 3. 运动时能主动躲避危险。 4. 知道简单的求助方式。	1. 未经大人允许不给陌生人开门。 2. 能自觉遵守基本的安全规则和交通规则。 3. 运动时能注意安全，不给他人造成危险。 4. 知道一些基本的防灾知识。

（2）结合生活实际对幼儿进行安全教育。如：外出时，提醒幼儿要紧跟成人，不远离成人的视线，不跟陌生人走，不吃陌生人给的东西；不在河边和马路边玩耍；要遵守交通规则等。帮助幼儿了解周围环境中不安全的事物，不做危险的事。如不动热水壶，不玩火柴或打火机，不摸电源插座，不攀爬窗户或阳台等。帮助幼儿认识常见的安全标识，如：小心触电、小心有毒、禁止下河游泳、紧急出口等。告诉幼儿不允

许别人触摸自己的隐私部位。

（3）教给幼儿简单的自救和求救的方法。如：记住自己家庭的住址、电话号码、父母的姓名和单位，一旦走失时知道向成人求助，并能提供必要信息。遇到火灾或其他紧急情况时，知道要拨打 110、120、119 等求救电话。可利用图书、音像等材料对幼儿进行逃生和求救方面的教育，并运用游戏方式模拟练习。幼儿园应定期进行火灾、地震等自然灾害的逃生演习。

（二）幼儿健康教育的目标达成途径

1. 幼儿园生活中实施健康教育

幼儿健康教育可以利用幼儿园一日生活各环节渗透健康教育。例如，在盥洗时，让幼儿了解讲卫生的重要性；在进餐时，让幼儿养成生活自理能力和良好习惯；在户外活动（如走平衡木、坐碰碰车）时，知道保护自己。所以，在幼儿园一日生活中，学前教育教师要充分利用各种机会渗透健康教育，通过一日生活活动让幼儿养成良好的健康习惯。

2. 家庭生活中实施健康教育

家庭生活是幼儿生活的重要组成部分，也是幼儿教育活动的组成部分。在幼儿的成长过程中需要家庭和幼儿园双方来进行教育，需要双方紧密协作。幼儿教师必须与家长建立紧密联系，做好家园沟通，发挥家长在幼儿健康教育中的作用。例如，一些生活习惯的培养，如盥洗的顺序、方法和技能，穿脱衣服鞋袜、进餐、如厕的知识和技能等，可以结合幼儿的日常生活来进行，使幼儿养成生活自理能力和习惯；饭后与幼儿的散步活动，是幼儿身体锻炼的一种方式；幼儿的很多不良饮食习惯可能来源于父母，不良的饮食习惯可能导致幼儿偏食、挑食。因此，帮助家长树立正确的健康教育理念，创造良好的家庭健康教育生活习惯很重要。

3. 幼儿园中实施健康教育

幼儿园中健康教育活动是幼儿教师有目的、有计划、有组织地对幼儿进行的健康教育活动。幼儿教师可以根据幼儿健康教育目标和幼儿的身心特点及幼儿实际生活需要灵活开展主题健康教育活动。如：为培养刚入园幼儿的如厕习惯，幼儿教师可以开展以“怎样如厕”的主题健康教育活动，教给幼儿正确的如厕方法，提醒幼儿如厕前将裤腿卷好，男孩在小便器小便，如厕时不急、不乱跑、懂得谦让，便后要将裤子整理好，冲大小便，便后洗手并及时离开厕所。

4. 其他领域教育活动中渗透健康教育

幼儿建康教育可以结合幼儿园语言、艺术、科学、社会等领域的活动来进行。例如，将枯燥单调的健康知识编成幼儿喜欢的儿歌；让幼儿到菜园去认识蔬菜，培养他们爱吃蔬菜的习惯等；在绘画活动中，除了学习绘画技巧，也能够锻炼幼儿的小肌肉，塑造良好的体形；幼儿身体保健的教育结合语言、科学等方面来进行，同样可以达到健康教育活动的目标；而音乐活动中的舞蹈、律动等，也是幼儿身体锻炼的良好途径。因此，开展幼儿健康教育活动，幼儿教师应结合其他领域，融合幼儿的经验渗透健康教育。

【练一练】 请依据上述四种幼儿健康教育活动开展途径，为幼儿良好进餐习惯的养成选择适宜的途径并设计相应的活动。

第二节 幼儿健康教育的内容

幼儿健康教育的内容是幼儿健康教育目标的具体体现，其效果如何对于能否实现幼儿健康教育目标至关重要。它解决的是“教什么”的问题，是教育理念和教育实践之间的桥梁。如何选择适合幼儿发展的健康教育内容，也是幼儿教师教育观念和教育技巧的具体体现。

一、幼儿健康教育内容简介

幼儿健康教育内容是为实现一定幼儿健康教育目标，经选择而纳入幼儿健康教育活动过程的各种知识材料及其组织方式，是幼儿学习并获得健康知识、态度、习惯的材料及其组织方式的总和。

《幼儿园教育指导纲要（试行）》明确提出了幼儿健康教育的内容：

（1）建立良好的师生、同伴关系，让幼儿在集体生活中感到温暖，心情愉快，形成安全感、信赖感。

（2）与家长配合，根据幼儿的需要建立科学的生活常规。培养幼儿良好的饮食、睡眠、盥洗、排泄等生活习惯和生活自理能力。

（3）教育幼儿爱清洁、讲卫生，注意保持个人和生活场所的整洁和卫生。

（4）密切结合幼儿的生活进行安全、营养和保健教育，提高幼儿的自我保护意识和能力。

（5）开展丰富多彩的户外游戏和体育活动，培养幼儿参加体育活动的兴趣和习惯，增强体质，提高对环境的适应能力。

（6）用幼儿感兴趣的方式发展基本动作，提高动作的协调性、灵活性。

（7）在体育活动中，培养幼儿坚强、勇敢、不怕困难的意志品质和主动、乐观、合作的态度。

《3~6岁儿童学习与发展指南》将健康领域内容划分为身心状况、动作发展、生活习惯与生活能力三个维度并进一步细分出九个方面的内容，为健康教育内容的选择与健康教育目标的实现提供了更具可操作性的指导。

【想一想】 如何理解《幼儿园教育指导纲要（试行）》提出的幼儿健康教育内容？

二、幼儿健康教育内容的选择依据

（一）选择的内容要以幼儿园健康教育总目标为依据

幼儿健康教育的总目标界定了幼儿健康教育的内容，并且提示其内容要点。幼儿健康教育内容的选择是为了实现幼儿健康教育的总目标，因此，幼儿健康教育内容的选择必须以幼儿健康教育的目标为依据。

例如，针对幼儿健康教育总目标中明确提出的“知道必要的安全保健常识，学习保护自己”，幼儿各年龄班健康教育内容的选择中就应具有为实现这一目标的内容，如生活安全常识、活动安全常识、粗浅的药物安全常识、应付和处理意外事故的简单知识与技能、初步的自我保护能力等；针对目标中提出的“生活、卫生习惯良好，有基本的生活自理能力”，就应选择盥洗、穿脱衣服、进餐等生活技能方面的内容进行训练。

但是，教育活动目标与相应的活动内容并不是一一对应的关系，一个目标可以通过多种活动内容来体现，反过来，还应最大限度地发挥这一活动内容的功效，使之指向多种目标。例如，体育游戏作为幼儿身体锻炼的重要内容，固然以促进幼儿的身体发育，增强体质为主要目的，但同样具有满足幼儿模仿、运动、娱乐、表现、竞争、审美情趣、交往能力等多方面需要的功能，要通过身体锻炼活动促进幼儿的全面发展。

（二）选择的内容要符合幼儿身心发展特点及现有生活经验水平

尽管幼儿教师在确定幼儿健康教育目标之时已经考虑到了幼儿身心发展的特点和规律，但在选择健康教育内容时仍然需要进一步关注幼儿的身心发展。具体来说就是幼儿健康教育内容的选择要与幼儿身心发展特点和规律相适宜，符合幼儿现有生活经验水平和健康习惯。

（三）选择的内容要符合幼儿现有生活经验水平

幼儿教师必须根据幼儿身心发展的年龄特征、个体差异，认真考虑幼儿已有的知识经验和行为习惯，选择既与幼儿原有经验相适宜，又有利于幼儿主动建构教育的内容，才能达到理想的教育效果。例如，中班幼儿由于腕关节、手指关节灵活性逐渐增大，细小肌肉群力量逐渐增强，教师可设计“我会拿筷子”这个健康教育活动开展健康教育，增强幼儿手眼协调能力，训练手指、手腕动作的准确性和灵活性。中班幼儿较容易掌握用筷子的方法，能体验到使用筷子的乐趣，教育效果突出。但如果将此内容放到小班去进行，则效果不好，意义不大。

（四）选择的内容要符合社会发展的客观要求

当今社会发展迅速，人们的生活环境不断发生变化，教育要把人类历史积累的知识、经验技能等有计划、有组织、有目的地传播到下一代，培养为社会服务的人。我们在选择幼儿健康教育内容时，既要体现幼儿当前生活，又要紧密结合社会发展的客观要求。

【想一想】 如何理解幼儿健康教育内容的选择依据?

三、幼儿健康教育的具体内容

幼儿健康教育内容主要概括为：身体保健教育、心理健康教育、身体锻炼教育三大方面，具体内容如下。

（一）幼儿身体保健教育的主要内容

1. 幼儿生活卫生习惯教育

（1）生活自理习惯。主要有：自己盥洗、穿脱整理衣服鞋袜、进餐、如厕、收拾整理玩具和用具等生活自理能力和习惯。

（2）生活作息习惯。主要有：按时睡眠，定时定量饮食及大小便、盥洗，知道幼儿园生活的作息时间。

（3）清洁卫生习惯。主要有：讲究个人卫生，养成勤洗手、勤洗头、勤洗澡和勤换衣、勤剪指甲、勤理发等清洁卫生习惯。

（4）学习卫生习惯。主要有：养成良好的阅读、握笔、书写、绘画姿势正确等良好习惯；注意用眼卫生。

2. 幼儿身体认识与保护教育

（1）身体认识与保护教育。主要有：能认识身体的主要器官及其主要功能，了解保护身体主要器官的粗浅知识和技能。如：知道鼻子的结构、功能及保护鼻子的方法；知道耳朵的结构、功能及保护耳朵的方法；知道基本的皮肤保健知识。

（2）常见疾病防治常识教育。主要有：懂得预防疾病，身体不舒服要及时告诉成人，生病时愿意接受医生的治疗。懂得常见疾病的粗浅预防知识，预防龋齿的有关知识等。

（3）生长发育常识教育。主要：能观察、认识身体生长发育的变化，接受健康的早期性启蒙教育，知道保护个人身体的隐私部位，初步认识生命的诞生。

3. 幼儿饮食与营养教育

（1）食品营养和饮食卫生常识教育。主要有：认识常见食物的名称、形状、颜色，不偏食、不挑食、不过食、不暴饮暴食；知道多吃蔬菜、水果等食物；少吃零食，不吃变质等非健康食品，能主动饮水等。

（2）饮食行为习惯教育。主要有：能在愉快的情绪状态下，独立、安静进餐；饭前便后洗手、饭后漱口；按时定量进食；正确使用餐具、保持桌面和地面清洁；不乱吃零食和过多饮用冷饮；进餐时细嚼慢咽、学会进餐的一些技能等。

4. 幼儿安全教育

（1）生活安全常识教育。主要有：了解及遵守日常生活中的安全常识与规则；了解生活中的饮食、着装、居住的安全；知道避开危险，防触电，防溺水等。

（2）活动及交通安全常识教育。主要有：了解行走、运动、游戏中的安全常识与规则；认识交通安全标志，知道红灯停，绿灯行；知道过马路、乘坐交通工具时应注意的安全常识与规则等。

（3）自我保护能力教育。主要有：在现实生活及活动中有自我保护意识，知道世界是美好的，也存在各种危险；学会辨认药物和有害物品；知道 120 急救电话，知道 110 报警电话；了解应付意外事故（如火灾、雷击、地震、台风等）的常识等。

（二）幼儿心理健康教育的主要内容

1. 幼儿情绪情感教育

幼儿情绪情感教育主要有：知道情绪有益健康，经常保持情绪愉快，学会调整自己的情绪，合理宣泄情绪；形成乐观、向上、自信、开朗的良好心态；在参与各种活动中获得愉快情绪等。

2. 幼儿社会化教育

幼儿社会化教育主要有：学习初步的社会交往技能，知道与人和谐相处，学会分享、合作；学会适应新环境，能独立生活和学习；学会正确的、恰当的自我评价等。

（三）幼儿身体锻炼教育的主要内容

1. 基本动作

主要包括走、跑、跳、投掷、平衡、钻爬、攀登等基本动作。

2. 基本体操和队列队形

主要包括模仿操、徒手体操、轻器械体操，口令、信号与动作，列队，变化队形等。

3. 器械类活动和游戏

主要包括大、中、小型器械类活动和游戏。

【想一想】 准备“实物西红柿、胡萝卜、青椒、菠菜、芹菜及多种蔬菜图片，沙拉，小碟和小勺”，根据提供的材料，你认为这属于幼儿健康教育的内容吗？

四、选择幼儿健康教育内容应注意的问题

1. 选择幼儿健康教育内容要符合幼儿身心发展特点

在选择和确定各年龄班的幼儿健康教育活动内容时，由于各年龄班幼儿身心发展的特点不同，发展目标不同，因而健康教育活动内容的侧重点和具体的教育活动内容都会有较大差异。

例如，在认识人体与保护人体方面，各年龄班的教育内容分别是：

小班：身体主要外部器官的名称、主要功能及简单的保护方法，疾病预防和治疗的简单知识及态度等。

中班：身体主要内部器官的名称、主要功能及简单的保护方法，预防接种的有关知识和态度，疾病预防和治疗的态度及行为，处理常见外伤的简单方法，有关心理健康的最简单的知识等。

大班：预防龋齿的有关知识和方法，换牙的有关知识，心理健康的有关知识和方法等。

2. 选择幼儿健康教育内容要因地制宜

我国幅员辽阔，民族众多，各地各民族的地理环境、气候条件、风俗民情等不同，在选择幼儿健康教育内容时，要充分考虑这些特殊因素，做到因地制宜。如北方地区可更多地开展雪地健康教育活动，南方地区可更多地开展玩水、玩沙健康教育活动，少数民族地区可开展与本民族有关的民间健康教育活动等。这些都是幼儿健康教育丰富的教育资源。

3. 选择幼儿健康教育内容要体现幼儿身心健康的整体发展

幼儿健康教育内容的选择应体现幼儿身心整体健康发展需求，照顾幼儿多方面均衡的发展。在选择幼儿健康教育内容时，要考虑幼儿身体保健与幼儿心理保健的内容；要考虑幼儿身心保健与幼儿身体锻炼的内容；要考虑与幼儿社会化教育等相关的内容。整合幼儿教育各领域的内容，不能人为地割裂有利于幼儿健康发展的整体要求，更不能以上述某一方面的内容取代幼儿健康教育的全部内容。

【想一想】 健康领域与社会领域内容如何相互渗透？

4. 选择幼儿健康教育内容要体现时代性

当今社会，政治、经济、文化、科技等方面发展迅速，我们在选择幼儿健康教育内容时，应体现时代特点，把时代特点与幼儿当前生活紧密结合。例如，随着人们生活的现代化，必须让幼儿知道和掌握防电、防火、打电话等方面的粗浅知识和简单技能，知道 110、120、119 等电话及其用途，能记住父母及亲人的电话号码，知道通过拨打电话求助；教给幼儿一些最基本的自我保护策略，如不随便跟人走，不给陌生人开门，不吃陌生人的东西，等等。

5. 选择幼儿健康教育内容要为幼儿一生发展服务

《幼儿教育指导纲要（试行）》明确指出，“幼儿园教育是基础教育的重要组成部分，是我国学校教育和终身教育的奠基阶段”。终身教育已经成为世界教育的主题。如幼儿社会化、健康的个性、健康的情绪已成为幼儿健康教育重要的任务。

【拓展阅读】

1978 年，75 位诺贝尔奖获得者在巴黎聚会。有人问其中一位：“你在哪所大学、哪所实验室里学到了你认为最重要的东西呢？”出人意料，这位白发苍苍的学者回答说：“是在幼儿园。”又问：“在幼儿园里学到了什么呢？”学者答：“把自己的东西分一半给小伙伴们；不是自己的东西不要拿；东西要放整齐，饭前要洗手，午饭后要休息；做了错事要表示歉意；学习要多思考，要仔细观察大自然。从根本上说，我学到的全部东西就是这些。”这位学者的回答，代表了与会科学家的普遍看法。把科学家们的普遍看法概括起来，就是他们认为终生所学到的最主要的东西，是幼儿园老师给他们培养的良好习惯。英国唯物主义哲学家、现代实验科学的始祖、科学归纳法的奠基人培根，一生成就斐然。他在谈到习惯时深有感触地说：“习惯真是一种顽强而巨大的力量，它可以主宰人的一生，因此，人从幼年起就应该通过教育培养一种良好的习惯。”联系现实生活中的人和事，再仔细分析一下，就会越发感到那些科学家的话、培根的话确实包含着深刻的道理，尤其是在学习上，几乎对于每一个人都适用。如果你渴望获得较好的学习成绩，如果你渴望有效地利用时间，如果你渴望在学术上有所建树，那么，就请你尽早养成良好的生活习惯和学习习惯。

【案例 2–5】 幼儿心理健康教育活动：三只想生病的小狗（中班）

1. 活动目标

（1）初步懂得妈妈关心自己，自己更要关心妈妈。

（2）学会大胆地在同伴面前表达自己的想法。

（3）养成爱妈妈的情感。

2. 活动准备

（1）熟悉童话《三只想生病的小狗》。

（2）幼儿操作材料。

（3）布置一个好妈妈照片栏。

（4）自制好送给妈妈的礼物。

3. 活动过程

（1）组织幼儿欣赏故事。

1）引发幼儿对故事的兴趣。

教师：小朋友，你们想生病吗？有三只小狗却想生病，它们为什么想生病呢？

2）教师有表情地讲述故事《三只想生病的小狗》。

（2）组织幼儿看操作材料。

引导幼儿讨论故事中三只小狗的行为要求：小狗为什么想生病？它们生病了，狗妈妈是怎么照顾它们的？结果狗妈妈怎么啦？它们这样做对吗？小狗妈妈病倒以后，这三只小狗又是怎样想的呢？它们是怎样做的？

（3）引导幼儿联系自己的实际情况，有感情地讲述自己应如何去关心妈妈。

1）你的妈妈平时是怎么照顾你的，为你做了哪些事？

2）妈妈这么爱我们，我们应该怎样爱妈妈呢？如妈妈上班累了，回到了家，我们应该怎样关心妈妈？

（4）为妈妈开个“小小音乐会”，在音乐会上儿童唱有关妈妈的歌。

（5）将自制的礼物布置在妈妈照片旁。

4. 活动评析

学会关心、学会爱是做人的基础。爱是一种崇高的内心体验，它不是与生俱来的，必须靠后天的培养才能形成。在“三只想生病的小狗”活动中，教师运用艺术感染的活动模式，通过有趣的故事情节及讨论使幼儿的情感随小狗的情感变化而变化。三只小狗很想得到妈妈加倍关心而想生病，但看到妈妈忙于照顾生病的小狗是多么辛苦；妈妈因为过度劳累而生病又是多么痛苦。三只可爱的小狗很内疚，觉得对不起妈妈，因而自己懂得也要关心妈妈。幼儿在理解作品的过程中自然而然地接受教育，懂得妈妈很关心自己，自己也应学会关心妈妈。因此，三只小狗再也不想生病了。

附：三只想生病的小狗

花花、黄黄、灰灰是三只可爱的狗宝宝，他们都是狗妈妈的好孩子，狗妈妈非常爱他们。一天，花花生病了，躺在床上。狗妈妈很着急，想尽办法让花花好起来，可是没有用。花花想吃肉骨头，妈妈连忙拿来骨头；花花想吃苹果，妈妈连忙买来苹果；花花想玩玩具，妈妈连忙拿来玩具。黄黄和灰灰看到了，心想：要是我能生病该多好啊！黄黄和灰灰想啊想，真的生病了。于是，黄黄要看图书，灰灰想吃虾条。妈妈忙呀忙，忙着照顾三个宝宝。狗妈妈太累了，终于病倒了。妈妈不能照顾三只小狗，连自己也无法照顾了。看着妈妈痛苦的样子，三只狗宝宝非常内疚，觉得自己对不起妈妈。过了几天，三只小狗的病好了，他们都来照顾妈妈，狗妈妈开心地笑了。从此，三只小狗再也不想生病了。

【考点聚焦】

本章内容包括根据幼儿各年龄特点的目标要求，确定幼儿健康教育主题活动目标和内容，教师资格证考试中涉及本章的知识点如图 2–2 所示。

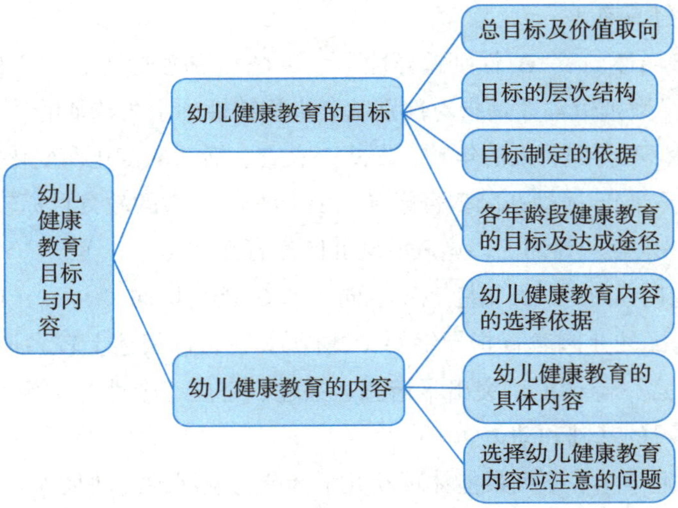

图 2–2　幼儿健康教育目标与内容知识点

【实践与训练】

1. 观察一次幼儿健康教育活动，做好观察记录，班级同学之间分享讨论，填写表 2–10。

表 2–10　幼儿健康教育活动观察记录表

幼儿园		班级		教师	
时间		活动地点		观察对象	
观察过程					
行为分析					
效果及反思					

2. 访谈一位幼儿教师，了解其班级在一学期里开展了哪些健康教育活动，做好访谈记录，同学之间讨论后，汇总出幼儿园各个年龄班适合开展的健康教育活动。

【真题再现】

一、单项选择题

1.（2015 年上半年）幼儿如果能够认识到他们的性别不会随着年龄的增长而发生

改变，说明他已经具有（　　）。

A. 性别倾向性　　B. 性别差异性　　C. 性别独特性　　D. 性别恒常性

【答案】D。性别恒常性是指对性别基于生物特性的永久特征的认识，它不依赖于事物的表面特征，不会随着人的年龄、发式、衣着、活动的变化而变化。

2.（2015年下半年）《幼儿园教育指导纲要（试行）》中的教育目标较多使用“体验”“感受”“喜欢”“乐意”等词汇，这表明幼儿园教育强调（　　）。

A. 知识取向　　B. 情感态度取向　　C. 能力取向　　D. 技能取向

【答案】B。《幼儿园教育指导纲要（试行）》在目标表述上较多地使用了“体验、感受、喜欢、乐意”等词汇，突出了情感、兴趣、态度、个性等方面的价值取向，着眼于培养终身学习的基础和动力。

3.（2017年上半年）下列最能体现幼儿平衡能力发展的活动是（　　）。

A. 跳远　　B. 跑步　　C. 投掷　　D. 踩高跷

【答案】D。

二、活动设计题

1. 小班赵老师发现幼儿进餐时存在各种问题：有的幼儿情绪不稳定，吃饭时哭着找妈妈；有的幼儿不会拿勺子吃，一定要老师喂；有的幼儿挑食，不吃这个，不吃那个；还有的幼儿吃一会儿，玩一会儿，饭凉了都还没吃完……

请设计一份解决上述问题的教育方案。要求写出：对问题的分析、教育目标和解决问题的主要方法。

2. 以图2–3为内容，设计一个大班安全防火教育活动，要求写出活动名称、活动目标、活动准备、活动过程及活动延伸。

图2–3

3. 某幼儿园的院子里有几种高大的树，也有一些比较低矮的灌木。请你结合院子里的这些资源，设计一个题为“幼儿园的树木”的中班主题活动方案（含 3 个子活动），要求写出总目标、每个子活动的名称、目的和主要环节。

【思考与实训】

1. 请结合《幼儿园教育指导纲要（试行）》分析幼儿健康教育总目标。

2. 请观摩三个健康教育活动，并分析其活动目标、活动的内容及其达成情况。

3. 午睡时间，刚入园的小班儿童不能很好入睡，有些在大声哭闹、有些在床上辗转反侧，请结合这个问题设计教育方案。要求写出对问题的分析、教育目标和解决问题的主要方法。

4. 走、跑、跳、投掷、平衡、钻、爬和攀登是幼儿需要练习的八项基本动作，针对这些基本动作的练习，请为中班儿童设计一个活动，要求写出活动名称、目标、准备、过程及延伸。

第三章　幼儿身体保健教育

【学习目标】

- 知识目标：了解幼儿身体保健教育的内容、组织形式，掌握幼儿身体保健活动的设计要点。
- 技能目标：根据幼儿身体保健教育的内容及原则，设计、组织并评价幼儿身体保健教育活动。
- 情感目标：明确幼儿身体保健教育的价值，在一日活动中渗透身体保健教育。

【学习重点】

- 了解幼儿身体保健教育的方法，根据幼儿身体保健教育的内容及原则，设计、组织并评价幼儿身体保健教育活动。

【本章导读】

- 幼儿的身体健康是其健康成长的基石，健康的身体、良好的生活习惯、保护自己的能力、良好的自理能力是身体保健教育的重要内容。3~6 岁儿童正是处于身体急速发展的时期，非常容易受到外界影响。因此，在此阶段给予儿童适宜的身体保健教育很有必要，是确保幼儿身体快速发育、提高生活自理能力、养成生活习惯等的有效途径。

【情景导入】

- 新入园的小班幼儿在穿脱衣服时出现了许多问题：有的不会穿袜子，有的不会脱衣服，有的脱了衣服却不会叠好……老师反复强调了几次却收效甚微，每次活动前后穿脱衣服时教室都乱成了一锅粥。
- **思考：**生活自理能力是幼儿必须掌握的能力，作为老师，如何才能让幼儿学会正确的穿脱衣服的步骤，形成较强的生活自理能力呢？

幼儿生活自理能力是幼儿身体保健教育活动的重要内容。儿童在学前阶段所形成的卫生习惯和生活方式，很可能会影响他们其他方面的发展，甚至对他们一生中的其他发展阶段的行为方式都会产生深远的影响。所以，我们要重视幼儿生活自理能力的养成，帮助儿童更好地适应集体生活，进而适应社会。而如何让幼儿养成并坚持良好的生活习惯、卫生习惯，是本章学习活动中的重点内容。

第一节　幼儿身体保健教育的内容

发育良好的身体、愉快的情绪、强健的体质、协调的动作、良好的生活习惯和基本生活能力是幼儿身心健康的重要标志，也是其他领域学习与发展的基础。其中，幼儿身体保健教育是健康教育中的重要内容。

一、幼儿身体保健教育内容简介

《幼儿园教育指导纲要（试行）》明确要求："幼儿园必须把保护幼儿的生命和促进幼儿的健康放在工作的首位。"幼儿身体保健教育，主要目标是促进幼儿正常生长发育、培养幼儿自我保护能力、养成良好的生活习惯和掌握基本生活能力。幼儿身体保健教育能够保护幼儿的生命，更好地促进幼儿身体健康发展。

二、幼儿身体保健教育内容的选择依据

幼儿健康教育内容的选择，主要根据幼儿健康教育的目标、幼儿的身心发展特点及幼儿的实际经验。

（一）幼儿保健教育目标

幼儿健康教育的总目标框定了幼儿身体保健教育的方向、内容及要点，统领了幼

儿身体保健教育的方向，所以幼儿保健教育内容的选择应以其教育目标为导向。

（二）幼儿身心发展特点

每个阶段儿童的发展水平、认知水平都不一样，幼儿身体保健活动的设计、组织与实施应当遵循幼儿身心发展特点，遵循幼儿的认知发展水平。

（三）幼儿的实际经验

幼儿健康教育及幼儿身体保健教育总目标在制订时考虑了不同年龄段幼儿的身心发展特点，但是在实施具体的教育活动时，还应当关注幼儿的实际经验及需要，考虑幼儿的现有发展水平，有针对性地开展活动。

三、幼儿身体保健教育的内容

幼儿健康教育内容主要分为心理健康教育、幼儿体育锻炼、生活自理能力、安全和自我保护能力、饮食与营养、身体生长教育等。[①] 在本书中，幼儿身体保健教育主要分为生活自理能力、安全和自我保护能力、饮食与营养、身体生长教育等四个方面。

（一）生活自理能力

1. 生活卫生方面

幼儿应当具备基本的生活自理能力，养成良好的生活习惯。生活卫生方面的主要内容有：

（1）掌握洗手、刷牙的正确方法。

（2）具有良好的作息习惯，午睡习惯良好。

（3）会自己穿脱衣服，能够把衣服整理好。

2. 清洁卫生方面

清洁卫生指的是儿童在照顾自己时需要养成的习惯，具体内容包括：排便有规律；早上、晚上洗脸，弄脏了手和脸知道随时洗；饭前便后洗手；每天更换衣服、鞋袜；定时洗头、洗澡。

3. 环境卫生方面

环境卫生方面指的是在对待周围环境时应该养成的习惯，具体内容包括：不乱丢果皮、瓜壳、纸屑；不随地大小便；不随地吐痰；不乱涂乱画；在活动结束后能整理活动用具，保持玩具整洁；关心周围环境的卫生。

4. 器官保护卫生方面

幼儿需要掌握清洁自己身体器官的方法，包括清理眼睛、耳朵、嘴巴等器官，保

① 顾荣芳．学前儿童健康教育论．江苏：江苏教育出版社，2009.

持身体器官的卫生，保护自己的器官。

【拓展阅读】

小中大班幼儿生活自理能力水平分级见表 3–1。

表 3–1　小中大班幼儿生活自理能力水平分级

班级 自理内容	小班	中大班
进餐	独立进餐有困难，有的幼儿坐着不动，等待教师来喂；有的饭含在嘴里不会咀嚼；有的不会吃带皮的食物。	能够做到安静进餐、细嚼慢咽，使用勺子进食，大部分大班幼儿能够掌握用筷子进食的技能。餐后收拾整理习惯尚未形成。
喝水	使用口杯喝水有困难。接水时往往会出现手忙脚乱；口杯拿不稳，时常不小心将口杯掉在地上；口杯对不准水龙头，将水洒在地上；水接得太多、过满。有的幼儿不会用口杯喝水。	已经能够熟练掌握喝水流程和要求，但是主动喝水意识淡薄，不能根据自己身体的状况调整喝水量，健康意识较差。
穿脱衣服	在穿衣服和鞋袜时经常会穿反，秋冬季节脱套头毛衣等比较厚重的衣服时明显感到困难。	已经能够比较熟练地穿脱衣服，但是系鞋带还存在一定的困难。
整理物品	整理意识比较薄弱，经常忘记整理，整理物品时速度较慢，不会分类整理。	整理物品速度提高很快，基本能够做到归类整理，偶尔也容易丢三落四。

资料来源：柳倩，周念丽，张晔．学前儿童健康学习与发展核心经验．江苏：南京师范大学出版社，2016.

（二）安全和自我保护能力

幼儿安全教育涉及儿童日常生活的方方面面，范围广、内容多。在幼儿安全和自我保护能力的培养中，需帮助儿童树立有关安全的意识，引导儿童学习必要的安全常识，培养儿童良好的行为习惯，主要内容有：

（1）日常生活中安全常识与规则的了解及遵守，过马路、乘坐交通工具、玩大型运动器械时能注意安全。

（2）认识有关安全的标志，能够遵守交通规则，初步形成自我保护意识。

（3）学习和掌握基本的求生技能，了解应付意外事故（如火灾、雷击、地震、台风等）的常识。

（4）学会分辨哪些食物可以吃、哪些食物不能吃，养成良好的进餐习惯。

（5）知道药不能随便吃。

（三）饮食与营养

饮食与营养是保障幼儿身体良好发育的基础。幼儿饮食与营养教育应让儿童认识和了解人的成长以及身体健康需要食物；喜欢吃不同种类的食物，知道身体需要不同的食物、营养元素；养成良好的饮食卫生习惯；了解不同地区饮食文化的多样性，尊重和理解不同地区的饮食文化。[①]幼儿饮食与营养教育的主要内容如下：

（1）认识食物的名称、形状、色彩、性质，辨别常见的食物。

（2）了解营养素与人体健康的关系。

（3）养成良好的饮食行为习惯，情绪愉快，愿意独立进餐；按时进餐，保持清洁，养成良好的进餐习惯。

（4）平衡膳食，少吃零食，主动喝水。

（5）初步感受不同地区、不同国家的饮食文化。

（四）身体生长教育

幼儿身体健康发展是其各方面发展的基础，学龄前儿童的身体发展迅速，机体尚未发展成熟，非常容易受到外部环境的影响，所以在学前阶段有着良好的教育和环境是促进生长发育的重要条件。

幼儿身体生长发育的主要内容有：

（1）了解身体外形，五官的认识和保护。

（2）初步掌握换牙、护牙的知识。

（3）注意用眼卫生。

（4）能够积极配合疾病预防与治疗。

（5）有探索生命现象的兴趣。

四、选择幼儿身体保健教育内容应注意的问题

（一）科学性

在幼儿身体保健教育内容的选择上，首先要考虑科学性。选取教育活动内容必须做到准确、合理，以确保在开展健康教育活动时身体保健知识的准确性。例如，在开展饮食营养教育时，教师要准确掌握各营养素对人体的作用，选择正确的教学内容、材料，不能张冠李戴，误导幼儿。

---

① 庞建平，柳倩．学前儿童健康教育．上海：华东师范大学出版社，2008.

（二）适宜性

选择的身体保健教育内容，应当符合幼儿的年龄特点、认知发展水平和现有经验；内容难度适宜，选择的内容不宜过深，否则儿童难以理解，如人体内部器官的认识不宜作为身体生长发育教育的主要内容；也不能过浅，使儿童的理解浮于表面。内容选择的时机等也要适宜，如在大班开展换牙的健康教育活动应当选择大班幼儿开始换牙的时机。

（三）全面性

幼儿全面培养的目标要求在实施每个具体的教育活动时，从内容、形式和方法上都要注意全面性。在幼儿保健教育活动中，既要理解相关的保健教育知识，又要养成相关的良好习惯，激发兴趣，不能顾此失彼；要采用多种教学方式，利用灵活多变的组织形式，渗透到幼儿的一日生活中。

（四）需要性

身体保健教育内容的选择应当注意考虑幼儿的兴趣需要以及儿童的生活实际。开展身体保健教育前，教师要了解幼儿的已有经验，把握其身心发展水平，判断教育内容是否符合幼儿当下的兴趣需要或者是以后的发展需要。

第二节　幼儿身体保健教育的实施过程

一、幼儿身体保健教育的实施过程的原则

（一）安全性原则

实施教育活动首先要确保幼儿的安全，安全是实施教育活动的前提。在组织幼儿身体保健活动时，教师要注意选择安全卫生的材料、保障周围环境的安全、确保教学用具的安全、维护良好的活动秩序等，保证幼儿的安全。比如，在实施健康教育活动时要确认周围的环境是否安全，所使用的材料是否无毒等，保障幼儿的健康安全。

（二）整合性原则

《幼儿园教育指导纲要（试行）》明确要求：“教育活动内容的组织应充分考虑幼儿的学习特点和认识规律，各领域的内容要有机联系，相互渗透，注重综合性、趣味性、活动性，寓教育于生活、游戏之中。”儿童的发展是一个整体，幼儿身体保健活动不能与其他领域割裂，而应该与其他领域融合。幼儿健康的价值和幼儿成长的特点决定了幼

儿园在进行任何领域的教育时都必须将维护和促进幼儿的健康放在首位，健康教育是幼儿园教育最为重要的组成部分，幼儿园教师应持有健康第一的教育观念，将保健教育活动与艺术、科学、语言等领域自然结合，例如：通过音乐活动加深幼儿对安全标志的记忆；通过科学活动帮助幼儿了解多吃蔬菜、水果能促进身体生长发育等。

（三）持续性原则

幼儿健康教育的目标是：提高个人和群体的健康和卫生知识水平，树立健康信念或态度，采纳并形成健康的行为和掌握保健技能，从而有能力并自觉地保护自己和他人的健康，预防各种疾病的发生，提高健康水平。[①]幼儿的日常行为具有不稳定性，所以健康教育目标仅仅通过一个或者几个教育活动，或者通过某一个阶段的教育是无法达成的，需要长期的、持续的教育。同理，幼儿身体保健教育的相关健康知识、技能、观念不是在某一个活动中获得的，需要进行长期的、系列的、完整的教育渗透。

（四）差异性原则

在实施幼儿健康教育活动中要遵循差异性原则。每个儿童都是独特的、独立的个体，有着自己的兴趣爱好，有不同的生活经验。所以组织实施教育活动时，既要面向集体，选择幼儿的普遍性问题，也要关注个别儿童的需求，开展集体教学活动时，需要利用区域活动、生活活动等环节满足不同需求的幼儿。

二、幼儿身体保健教育实施过程的注意事项

（一）增强综合教育意识，注意领域间的渗透

《3~6 岁儿童学习与发展指南》指出，要关注幼儿学习与发展的整体性。儿童的发展是一个整体，要注重领域之间、目标之间的相互渗透和整合，促进幼儿身心全面协调发展，不能只追求某一个方面或者是某几个方面的发展。幼儿保健教育需要与语言、社会、艺术、科学等领域有机结合，渗透到幼儿园的一日生活当中，促进幼儿的全面发展。

（二）发挥教师主导作用，发挥幼儿的主体作用

幼儿有自己独立的人格，有自己的兴趣、需要，所以在幼儿身体保健教育活动中必须处理好成人保护与儿童自主之间的关系，尊重儿童的主体地位，与儿童建立平等的伙伴关系，发挥其主动性。教师要理解幼儿的学习方式和特点，为幼儿营造温暖、轻松的心理环境，给他们自己选择、决定的权利，鼓励他们表达自己的想法，建构自

---

① 欧新明．幼儿健康教育基本理论要素的探讨 [J]. 学前教育研究，2001（3）：19.

己的经验。

教师是幼儿活动过程中的支持者、合作者、引导者，在幼儿身体保健教育中，教师要发挥主导作用。教师需要了解幼儿实际发展水平、身心发展特点，根据实际情况制定身体保健教育活动的目标、内容；在活动中要学会观察，发现问题并调整教学计划，形成生成性活动；提高教学水平。

（三）积累扎实的幼儿卫生学知识

扎实的幼儿卫生学知识是实施身体保健教育的基础。幼儿卫生学知识包括幼儿的身体生长发育与保健、幼儿营养与膳食、安全与急救等内容，涵盖了幼儿身体保健教育的内容。幼儿身体保健教育的内容涉及大量幼儿卫生学知识，涉及大量科学概念、相关专业知识。实施相关教育活动，教师必须具备相关的科学素养，才能正确判断幼儿的发展水平，把握知识传递的科学性、正确性。

（四）注重家园合作

学前阶段，幼儿园和家庭是儿童生活的主要场所。幼儿良好行为习惯的养成、安全自护能力的培养等应当渗透在家庭与幼儿园的教育中，不应割裂。一方面，幼儿园应向家长传授幼儿健康教育知识，端正部分家长错误的健康教育观念；另一方面，幼儿园开展有组织、有计划的幼儿身体保健教育活动具有一定成效，但是如果缺乏家庭教育的配合，家园不一致，效果会受到影响。实施儿童身体保健教育必须贯彻家园合作，保证家庭与幼儿园教育的一致性。鼓励家庭参与幼儿园相关活动，形成教育合力，但使儿童持续、全面、健康发展。例如，在培养幼儿良好饮食习惯时，教师要与家长沟通对儿童的要求，做到家园一致，促进其饮食习惯的养成。

（五）重视儿童的实践操作

从主体性视角来看，幼儿健康行为的发展阶层分为：经他人帮助的健康行为、经他人提醒的健康行为、自我努力的健康行为、自动化的健康行为，层层递进。由于幼儿的动作学习与认知连接尚未达到自动化阶段，充分练习、实践操作是幼儿健康行为习得的关键。幼儿需要通过借助具体的操作进行反复练习，从而获得生活自理等方面的技能。

三、幼儿身体保健教育的实施策略

（一）创设安全健康的活动环境

安全健康的教育环境包括物质环境及心理环境。安全健康的物质环境包括教室的环境布置、教学材料的选择、活动场地的安全等。物质环境是否安全直接影响着幼儿的身体健康，所以幼儿园活动的材料、环境创设的材料选择要无毒无害；场地布置上要保障安全，不要有尖锐物等危险物品；等等。心理环境对幼儿的影响潜移默化，教师要给幼儿营造温馨、健康的心理环境，对待儿童态度亲切，多鼓励、多引导，呵护幼儿心理健康，更促进幼儿建构身体保健教育经验，养成良好的习惯。

（二）开展形式多样的活动

幼儿身体保健教育的内容涉及幼儿园一日生活的方方面面，因此教师要在一日活动中灵活组织，运用多种形式，开展教育活动，如在盥洗、进餐、清洁、睡眠、锻炼、游戏等日常生活的每一环节中渗透健康教育理念，实施健康教育策略，让幼儿身体保健教育生活化。其次，注意其他领域活动与身体保健教育的相互渗透，注意身体保健教育活动与其他类型健康教育活动的渗透。同时，还可以联系家庭、社区，形成三位一体的教育体系，开展多种形式的身体保健教育活动。

第三节　幼儿身体保健教育活动的设计与指导

一、幼儿身体保健教育活动的组织形式

教育活动的组织形式应根据需要合理安排，因时、因地、因内容、因材料灵活地运用。幼儿保健教育活动渗透在幼儿园的一日活动当中，也与家庭教育密不可分，一般而言分为教育活动、家园合作及生活活动等形式。

（一）教育活动

幼儿园的教育活动从组织形式上主要分为集体教育活动、小组活动及区域活动，教师在各类教育活动中都要有机渗透身体保健教育。幼儿身体保健教育活动的组织形式应当根据教育目标、不同的教育内容、幼儿园的实际情况、幼儿的实际发展水平，选择教育活动的组织形式。

幼儿园集体教育活动，指的是教师依据一定的教学目标和任务，结合幼儿身心发展的规律特点，选择适当的教学内容而专门设计的多种形式的教育活动。在幼儿身体保健教育活动中，教师要选择有价值的教育内容，组织健康领域的集体教学活动。例如，为了帮助中班幼儿学会正确的刷牙方式，养成早晚刷牙的习惯，组织开展《我会刷牙》集体教学活动，利用图片、视频等引发幼儿感受、讨论，了解牙齿的作用，接下来通过观看视频、操作牙具等方式，学习刷牙的正确方法，最后通过亲身体验、实际操作，让幼儿在刷牙的环节中巩固。集体教育活动能针对专门的教育内容高效地完成活动。

集体教学活动面对的是全体，难以顾及每一位幼儿，而儿童发展具有差异性，所以要达成教育目标，需要针对幼儿不同的学习能力、接受水平，利用小组活动及区域活动进行补充，形成系列活动。如在开展《我会刷牙》活动后，可以在区域摆放刷牙的材料、保护牙齿相关的图书等，供幼儿继续进行个别化学习。

（二）家园合作

家庭教育与幼儿园教育应互为补充，缺一不可。幼儿身体保健教育内容与家庭生活密不可分，生长发育、安全自护、饮食与健康等问题，在幼儿园与家庭中都存在。幼儿园开展相关教育活动，家长要积极配合，做到幼儿园教育与家庭教育协调一致，对幼儿的要求保持一致，在重复、连续、固定的动作中形成条件反射，建立动力定型，才能保证教育目标的达成。例如，在幼儿园学会自己穿脱简单的衣服后，家长在家也应该让幼儿自己穿脱衣服，锻炼和培养自理能力。同时，家长还应该作为教育者，参与到幼儿身体保健教育当中。例如，在家训练幼儿简单的生活技能，如吃饭、洗手等。

（三）生活活动

杜威强调“教育即生活”，陶行知强调“生活即教育”，都说明了教育与幼儿的生活联系紧密。生活活动包含盥洗、饮食、午睡等内容，是幼儿园一日活动中贯彻幼儿身体保健教育的重要环节，是幼儿身体保健教育活动天然的实践环节。幼儿健康行为的培养，需要在生活活动中不断操作、实践，动力定型，养成好习惯。

二、幼儿身体保健教育活动的基本组织要求与要点

（一）教育目标要明确、细化

首先，将教育目标分层次并细化，能够让教师充分了解不同年龄段、不同阶段、不同层次儿童身心发展特点与水平，从而提供相宜的教育。

其次，把教育目标细化，能够适应儿童发展的需求，体现对儿童个别差异的尊重。《3~6岁儿童学习与发展指南》中对各年龄段身体保健教育的内容做出了描述，但是如何实施，需要教师在观察后，根据本地区、本幼儿园、本班儿童，针对不同儿童的水平做出目标的调整，以适应不同儿童的发展需要。

最后，教育目标的明确和细化，能够帮助教师更好地组织教育活动。教育目标是教师组织活动的出发点及最终目的。细化和明确教育目标，能够帮助教师选择适当的教育内容和教学手段，引导教师完成活动设计与组织。

（二）活动准备要充分

开展教育活动前，教师要备好材料、备好儿童，做好充分的活动准备，才能保证教学活动的顺利开展，提高教学活动效率，保障教学活动的质量。在实施儿童身体保健教育时，选择安全的教学环境，要给儿童创设生活化、有趣的情境，准备丰富、有层次、适宜的操作材料。如在《认识人体器官》中，人体器官在人体内部，无法观察，要给儿童提供可视化的材料进行观察，如视频、图片、立体模型等，帮助儿童理解。

（三）组织教育形式灵活多样

对于教师来说，确保教育活动真正对儿童有意义的一个关键是应当灵活运用多样的教育活动环节以及现代化的教育教学手段。培养儿童膳食均衡意识时，教师通过观察发现儿童存在的普遍问题，利用集体教学活动，通过讨论、观看图片、视频、操作材料等方式，使儿童了解膳食均衡的重要性，并知道吃饭要荤素搭配等；在进餐活动中，通过幼儿园餐点的搭配使儿童进一步增强感性认识，在进餐中实践营养搭配、荤素搭配等要求。

三、幼儿身体保健教育活动的设计类型

以教育内容来分，幼儿身体保健教育活动可以分为生活自理能力、安全保护能力、饮食与营养教育、身体发育教育四大板块。

（一）生活自理能力教育活动设计

1. 教育目标

小班：懂得要讲卫生、爱清洁；有良好的生活卫生习惯；初步具备生活自理能力。

中班：培养良好的作息时间、进餐习惯、盥洗习惯等，生活习惯文明、健康；具有一定的生活自理能力并逐步提高。

大班：个人卫生习惯良好，爱护周围环境，保持周围环境清洁；具有较强的生活自理能力；喜欢做力所能及的事情；掌握必要的健康常识。

【拓展阅读】

《3~6 岁儿童学习与发展指南》中幼儿生活自理能力的目标（见表 3–2）

表 3–2　良好的生活与卫生习惯

3~4 岁	4~5 岁	5~6 岁
1. 在提醒下，按时睡觉和起床，并能坚持午睡。 2. 喜欢参加体育活动。 3. 在引导下，不偏食、挑食。喜欢吃瓜果、蔬菜等新鲜食品。 4. 愿意饮用白开水，不贪喝饮料。 5. 不用脏手揉眼睛，连续看电视等不超过 15 分钟。 6. 在提醒下，每天早晚刷牙、饭前便后洗手。	1. 每天按时睡觉和起床，并能坚持午睡。 2. 喜欢参加体育活动。 3. 不偏食、挑食，不暴饮暴食。喜欢吃瓜果、蔬菜等新鲜食品。 4. 常喝白开水，不贪喝饮料。 5. 知道保护眼睛，不在光线过强或过暗的地方看书，连续看电视等不超过 20 分钟。 6. 每天早晚刷牙、饭前便后洗手，方法基本正确。	1. 养成每天按时睡觉和起床的习惯。 2. 能主动参加体育活动。 3. 吃东西时细嚼慢咽。 4. 主动饮用白开水，不贪喝饮料。 5. 主动保护眼睛。不在光线过强或过暗的地方看书，连续看电视等不超过 30 分钟。 6. 每天早晚主动刷牙，饭前便后主动洗手，方法正确。

2. 设计思路

（1）导入部分。通过儿歌、观看图片或视频、情境表演等方式导入活动。

（2）基本部分。

1）幼儿通过观察图片或者观看视频，发现相关问题。

2）通过不同的方式让幼儿了解发生这些问题的原因及伤害。

3）通过多种形式讨论如何改进。

4）教师与幼儿共同小结，并进行实操。

（3）结束部分。

1）利用儿歌等形式巩固所学。

2）总结并结束。

（二）安全保护能力教育活动设计

1. 教育目标

小班：了解并遵守日常生活中的安全常识与规则，玩大型玩具、过马路、乘坐不同的交通工具时能够注意安全；认识安全标志，遵守交通规则；形成初步的自我保护意识；初步了解一些自然灾害、安全事故、意外伤害等逃生自救知识，具备初步的自救能力；具有防拐骗的意识，不跟陌生人走；走丢时知道在原地等待，向警察寻求帮助，说出父母的名字。

中班：在小班的基础上认识各种安全标志，并知道标志的意思，并能遵守各类安全标志的要求；在活动中学会保护自己，遇到危险能够做出正确的反应；在公共场所不离开成人的视线。

大班：在中班的基础上，知道自己不能去危险的地方，并能够提醒他人不去危险的地方；沉着处理生活中遇到的紧急情况。

2. 设计思路

（1）导入部分。以谈话、讲故事、谜语、儿歌、观察图片、设置情境等方式导入活动。

（2）基本部分。

1）介绍基本知识。介绍疾病、自然灾害等相关知识。

2）了解基本知识。利用多媒体设备，通过幼儿的观察讨论，利用多种方式进行讲解，帮助幼儿了解常见的疾病、自然灾害、意外伤害等出现时带来的危害、伤害。

3）通过多种方式让幼儿学会预防、自救等处理办法，学会自我保护。可以通过情景表演、讨论、讲解示范等形式，帮助幼儿理解与学习。

（3）结束部分。教师小结并结束活动。

（三）饮食与营养教育活动设计

1. 教育目标

小班：认识常见食物的名称，知道不干净的食物对身体有害，不能吃；知道饭前饭后洗手，饭后漱口、擦嘴；知道不同食物有不同营养，知道身体需要多种营养；不乱扔食物、不挑食、不浪费；养成良好的饮食习惯。

中班：认识并知道多种食物的名称及作用；知道吃多种食物有利于身体健康；认识消化器官"胃"；进餐情绪愉快、细嚼慢咽、专心吃饭；学会自己收拾餐具；尝试使用筷子吃饭。

大班：初步了解不同的食物有不同的营养元素；不偏食、挑食、暴饮暴食；知道变质的食物不能吃，知道有些食物不能多吃；饭前饭后不做剧烈运动；餐前学会摆放餐具，餐后学会主动收拾餐具；学会使用筷子。

2. 设计思路

（1）导入部分。以谈话、提问、观察图片等形式导入。

（2）基本部分。

1）调动幼儿多种感官，充分认识各种常见食物及基本的营养素。

2）认识常见食物的营养价值，知道食物及其营养元素对人体的作用。

3）组织幼儿对自己喜欢的食物进行讨论。

4）组织幼儿讨论、认识食物的营养、合理搭配，知道挑食的危害。

（3）结束部分。

1）操作材料，学会营养搭配、荤素搭配等。

2）总结并结束。

（四）身体发育教育活动设计

1. 教育目标

小班：了解身体的外部形态、结构，认识五官并学习保护五官的方法；能够积极配合成人的疾病防治及治疗；分清自己的性别。

中班：进一步认识身体的主要器官，了解身体器官的主要功能，知道身体器官的功能的重要性；逐渐形成配合成人进行疾病预防和治疗的积极态度和行为；能够在成人的帮助下，学习处理外伤的简单方法。

大班：加深对人体器官及功能的认识，学习保护器官的方法；了解换牙的知识；注意用眼卫生；知道男女有别，初步具备性别意识。

【拓展阅读】

《3~6 岁儿童学习与发展指南》中幼儿健康体态的目标（见表 3–3）

表 3–3　具有健康的体态

3～4 岁	4～5 岁	5～6 岁
1. 身高和体重适宜。参考标准：男孩：身高：94.9～111.7 厘米，体重：12.7～21.2 千克。女孩：身高：94.1～111.3 厘米，体重：12.3～21.5 千克。 2. 在提醒下能自然坐直、站直。	1. 身高和体重适宜。参考标准：男孩：身高：100.7～119.2 厘米，体重：14.1～24.2 千克。女孩：身高：99.9～118.9 厘米，体重：13.7～24.9 千克。 2. 在提醒下能保持正确的站、坐和行走姿势。	1. 身高和体重适宜。参考标准：男孩：身高：106.1～125.8 厘米，体重：15.9～27.1 千克。女孩：身高：104.9～125.4 厘米，体重：15.3～27.8 千克。 2. 经常保持正确的站、坐和行走姿势。

2. 设计思路

（1）导入部分。利用实物观察、谈话、直观演示法、儿歌等方式导入。

（2）基本部分。

1）通过观察图片、视频或者自己和同伴的身体等方法，引导幼儿认识身体各个部位并说出身体各个部位的，如眼睛、舌头、牙齿、手、脚、心脏等。

2）了解人体部位的功能、作用。

第一，幼儿讨论并分享自己认识的人体部位的名称和作用。

第二，通过多感官参与法，引导幼儿观察、了解人体各部分器官的作用，建立新经验。

第四节 幼儿身体保健教育活动的案例分析

【案例 3–1】 中班健康活动：会说话的标志

1. 活动目标

（1）认识生活中几种常见的标志，并说说标志的作用。

（2）养成自觉按标志行事的好习惯。

2. 活动准备

火警电话、灭火器、上下路道、禁止燃放鞭炮，紧急出口、禁止吸烟、注意信号标志等信号标志图片，安全标志挂图两张，录音机等。

3. 活动过程

（1）出示“安静”的标志，激发幼儿兴趣。

教师做动作并提问：刚才老师没说话小朋友怎么知道要安静呢？

（2）积极观察，引入主题。

1）教师引导幼儿观察并提问：今天老师带来一张图片，请小朋友看看图片上画的是什么，在哪里见过？表示什么？

2）幼儿讨论、交流。

3）教师小结引出主题：——“会说话的符号”。

（3）引导幼儿寻找标志并结合标志图进行讨论与讲述。

1）提问：认真看标志图画了什么？代表什么意思？有什么作用？

2）观察：引导幼儿在班上寻找标志。

3）讨论：请幼儿说说自己找到的安全标志和代表的意义。

4）师幼共同小结标志图中的符号及意义。

（4）提升经验。

1）引导幼儿发现规律，认识禁止符号。

2）以带幼儿“旅游”寻找会说话的标志结束活动。

4. 活动评析

该活动中，教师利用生活中常见的标志，引导幼儿学会辨认生活中的标志，了解生活中常见标志的意义，并能够按照标志的意义做事。活动中以图片导入激发幼儿兴趣，以幼儿讨论引出谈论主题，通过在班级中寻找标志进行讨论和总结，尊重幼儿的生活经验，在共同讨论中帮助幼儿了解生活中常见的符号。

【案例 3–2】 中班健康活动：运动中的安全

1 . 活动目标

（1）知道哪些是危险的游戏，懂得在游戏中注意安全。

（2）愿意积极参加到活动中。

（3）积累安全生活经验，有自我的保护意识。

活动重点：了解哪些是危险游戏，知道游戏时应该注意什么。

活动难点：有自我保护的意识。

2. 活动准备

物质准备：幼儿情境游戏中的照片。

经验准备：日常生活中提醒幼儿安全的活动。

3. 活动过程

（1）鼓励结合日常生活经验，大胆进行讲述。

1）讨论：在幼儿园你最喜欢的活动是什么？小朋友应该怎样玩游戏？

2）提问：你在生活中看到过哪些不安全的运动？你有什么好办法？

（2）出示幼儿游戏中的照片，师幼共同讨论。

1）观看图片并讨论。

- 户外活动奔跑时相互碰撞。
- 玩大型运动器械时，头朝下滑滑梯、追逐、打闹。
- 区、角活动时，用剪刀、木棍对着别人或者打闹。
- 玩碎玻璃或尖锐的物品。
- 把一些好看、好闻的东西放进嘴里。

2）提问：图上的小朋友做得好吗？为什么？你觉得应该怎样做？

（3）了解运动中的安全。

1）分组讨论：在游戏中应该怎样注意安全？

如：踢球、玩沙包、做操、上下楼梯时等。

2）请幼儿结合自己的实际情况，说一说在游戏中应该注意避免哪些危险动作。

3）出示不同运动的场景，请幼儿区别对与错，并说出理由。

（4）幼儿互相评比“小小安全员”，引导幼儿在日常生活中有自我保护的意识（通过情境游戏来检验幼儿的自我保护意识）。

延伸活动：带幼儿到户外运动，观察幼儿游戏的情况。适时引导幼儿注意在游戏中的安全。

4. 活动评析

从活动主题的选择上，该活动选择了幼儿在幼儿园中游戏与运动中的安全，贴近幼儿的生活经验，能够唤起幼儿的前期经验，同时也能帮助幼儿学习在运动、游戏中自我保护的方法，增强幼儿自我保护的意识。

活动中，幼儿作为学习的主人，开展了游戏中自我保护方法的讨论，引导幼儿通过观察幼儿实际生活中的游戏照片，发现一日生活中的不同游戏中可能存在的危险，并进行讨论。如玩大型运动器械时头朝下滑滑梯、追逐打闹等，都是幼儿生活中常见的游戏行为，能够引发幼儿的回忆，提高幼儿参与讨论的积极性。同时，通过做判断、评比“小小安全员”的游戏，巩固幼儿的经验，提高自我保护意识，达成目标。

【拓展阅读】

幼儿健康行为调查家长问卷（节选）①

家长：您好！

为了开展幼儿健康教育活动，特邀请您填写此份家长问卷。请您一定先回忆一下您的孩子平时的表现，然后再将每题“1、2、3、4、5、6”中最符合您孩子的一项画上“○”，如果“1、2、3、4、5、6”都不符合，则请您在该题的“7. 其他表现”后写出实际情况。

…………

一、洗手

1. 在成人的强烈要求下，有时甚至是强迫之下，孩子才洗手。
2. 成人帮助洗手时能很好地配合。
3. 在成人提醒下自己洗手，但常常忘记用肥皂。
4. 在成人提醒下洗手，自己主动用肥皂。
5. 饭前能主动用肥皂把手洗干净。
6. 饭前、饭后、活动后都能主动用肥皂把手洗干净。
7. 其他表现：________________。

二、睡眠

1. 孩子一直都与成人同睡一床。
2. 夜晚要开灯睡，或经常依恋某一物品睡，或经常要成人陪睡。
3. 偶尔要与成人同睡一张床，或偶尔依恋某一物品睡，或偶尔要成人陪睡。

---

① 顾荣芳 . 学前儿童健康教育论 . 江苏：江苏教育出版社，2009.

4. 能够独立入睡，但经常不能按时睡，并且蒙头睡。

5. 能够独立入睡，睡眠姿势正确，只是有时不能按时睡。

6. 坚持做到独立按时入睡，按时起床，睡眠姿势正确。

7. 其他表现：__________________。

三、饮食

1. 只吃自己喜欢吃的食物，独立进餐时间超过 1 小时。

2. 在成人鼓励下，有时能吃些不太喜欢吃的食物，但独立进餐时间达 1 小时。

3. 虽然独立进餐时间超过 40 分钟，但基本上样样食物都吃。

4. 虽不挑食，进餐时间也不超过 40 分钟，但常常吃得太多。

5. 不挑食，进餐时间也不超过 40 分钟，但偶尔吃得太多。

6. 不挑食、不暴饮暴食，进餐时间不超过 40 分钟。

7. 其他表现：__________________。

四、姿势

1. 平时不能保持挺胸站立姿势，常常有点窝胸；或者家长曾为孩子考虑过购买“背背佳”“英姿带”等纠正姿势的商品。

2. 平时能保持挺胸站立姿势，但看书、绘画时常趴着、歪着、躺着，成人提醒后还不能保持正确姿势。

3. 平时能保持挺胸站立姿势，但要在成人的提醒下，才能保持看书、绘画时的姿势正确。

4. 平时能保持挺胸站立姿势，看书、绘画时不能坚持做到眼睛离书本一尺距离。

5. 平时能保持挺胸站立姿势，看书、绘画时能坚持做到眼睛离书本一尺距离。

6. 平时能保持挺胸站立姿势，看书、绘画时能坚持做到眼睛离书本一尺距离，胸部离桌面一拳距离，握笔时离笔尖一寸距离。

7. 其他表现：__________________。

五、情绪

略。

六、环境卫生

1. 由于各种原因，有时孩子会将小便或大便弄在地上。

2. 虽不随地大小便，但经常将碎纸、瓜皮果壳等废物随手扔到地上，从不自己整理玩具。

3. 不随地大小便，有时在附近没有垃圾箱时才乱扔碎纸、瓜皮果壳等废物，从不自己整理玩具。

4. 不随地大小便，有时在附近没有垃圾箱时才乱扔碎纸、瓜皮果壳等废物，在成人的协助下经常自己整理玩具。

5. 不随地大小便，即使附近没有垃圾箱也不乱扔碎纸、瓜皮果壳等废物，在成人的协助下经常自己整理玩具。

6. 不随地大小便，即使附近没有垃圾箱也不乱扔碎纸、瓜皮果壳等废物，经常自己独立整理玩具。

7. 其他表现：____________________。

【考点聚焦】

本章内容在教师资格证考试中涉及较多，主要知识点可参见图 3–1 与图 3–2。幼儿身体保健教育的内容知识点如图 3–1 所示，幼儿身体保健教育活动组织与实施知识点如图 3–2 所示。

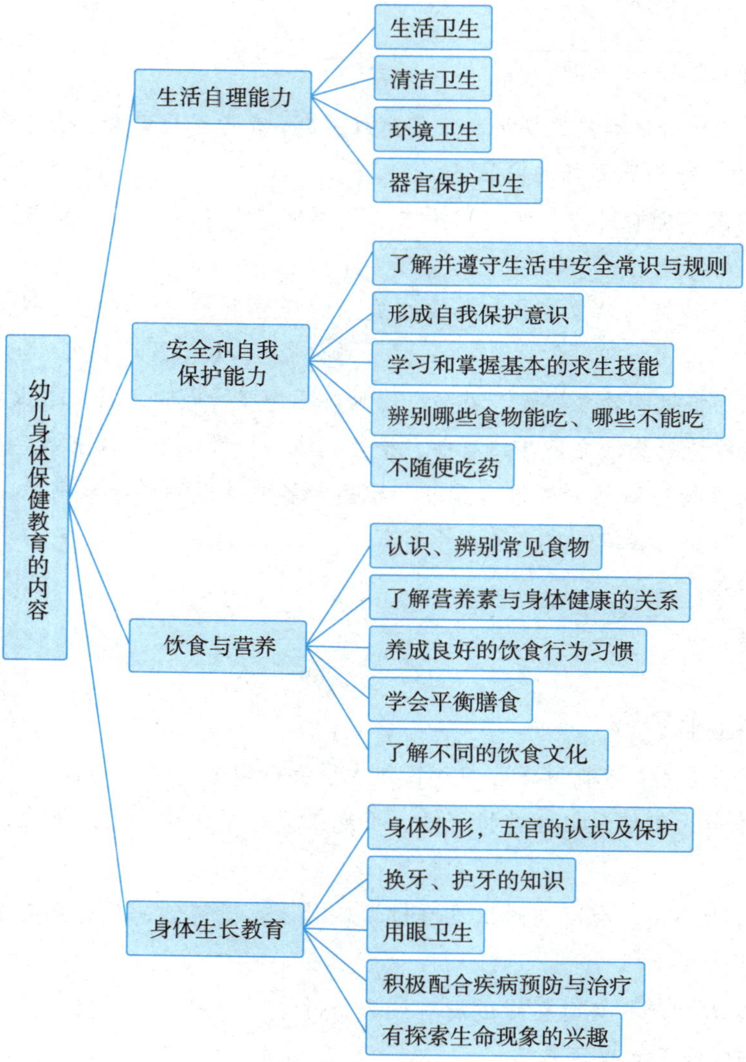

图 3–1　幼儿身体保健教育的内容知识点

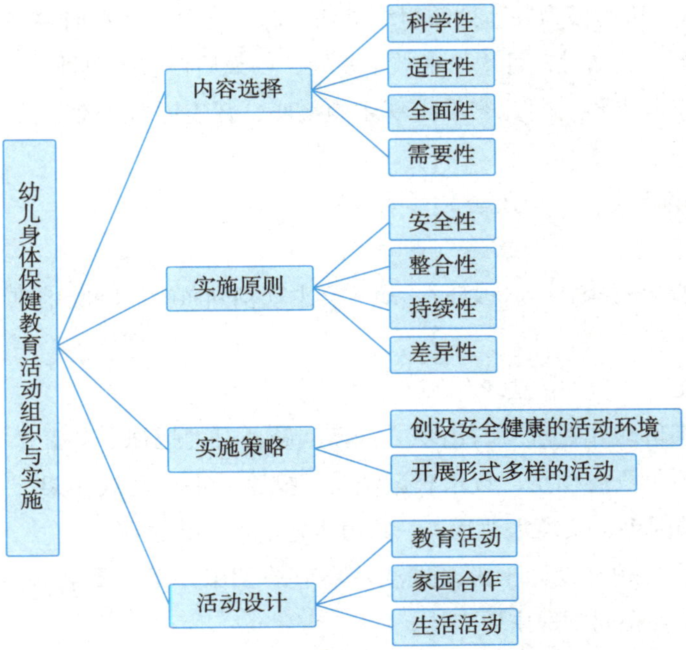

图 3–2　幼儿身体保健教育活动组织与实施知识点

【实践与训练】

1. 以“交通安全我知道”为主题设计一个集体教学活动，围绕交通安全的学习展开教育活动。

2. 回顾幼儿饮食与营养教育的内容，设计一个中班的“我是健康好娃娃”主题活动网络。

3. 以“我的五官”为主题，设计一个主题活动网络图。

【真题再现】

1.（2015 年下半年）评价幼儿生长发育最重要的指标是（　　）。

A. 体重和头围　　B. 头围和胸围　　C. 身高和胸围　　D. 身高和体重

【答案】 D。生长发育的形态指标是指身体及其各部分在形态上可测出的各种量度，如身高、体重、坐高、肩宽、头围等，其中身高和体重是最重要和常用的形态指标。

2.（2015 年下半年）幼儿在户外活动中扭伤，出现充血、肿胀和疼痛，教师应对幼儿采取的措施是（　　）。

A. 停止活动，冷敷扭伤处　　B. 停止活动，热敷扭伤处

C. 按摩扭伤处，继续活动　　D. 清洁扭伤处，继续活动

【答案】 A。扭伤多为关节处软组织受伤，患处疼痛，运动时疼痛加剧，可出现肿胀或青紫色瘀血。处理时，可用冷水敷于患处，一天后再改用热敷。

3.（2016 年上半年）幼儿突然出现剧烈呛咳，伴有呼吸困难，面色青紫。这种情况是可能是（　　）。

A. 急性肠胃炎　　B. 异物落入气管

C. 急性喉炎　　D. 支气管哮喘

【答案】 B。当异物落入气管时，幼儿会出现剧烈咳嗽、呼吸困难、面色青紫。

4. 活动设计题

请认真阅读下文，并按要求作答。

新入园的小班幼儿在洗手时出现了许多问题：有的把袖子弄湿、不洗手背、冲不干净皂液；有的争抢或拥挤、玩水忘记洗手、擦手后毛巾乱放在架子上；有的握不住大块肥皂，有的因毛巾架离水池远，一路甩水把地面弄得很湿……

请针对上述问题，设计一份改进洗手环节的工作方案。要求写出对问题的分析，工作目标，解决各类问题的主要方法。

参考设计：

主要问题：（1）幼儿的不良洗手习惯；（2）幼儿园的洗手设施设计不合理；（3）家长、教师未对幼儿进行过此类教育。

工作目标：（1）让幼儿了解洗手的重要性；（2）让幼儿掌握洗手的正确方法；（3）培养幼儿养成良好的卫生习惯。

解决方法：（1）对幼儿进行洗手的教育；（2）教师做出良好的示范；（3）与家长沟通，在家与在幼儿园做同样的洗手要求；（4）改造幼儿园洗手设施。

【思考与实训】

1. 结合所学内容，思考如何巧妙利用一日活动渗透幼儿身体保健活动。

2. 以小组为单位，结合幼儿身体生长发育的内容，设计一份主题网络图，并设计相关活动方案。

第四章　幼儿体育活动

【学习目标】

- 知识目标：了解幼儿体育的含义、内容，掌握幼儿体育活动组织形式与内容。
- 技能目标：提高基础运动的能力，发展儿童的身体素质和机能。
- 情感目标：加强幼儿参与体育活动的兴趣，为培养终身体育打基础。

【学习重点】

- 1. 掌握幼儿体育活动的内容和组织形式。
- 2. 掌握幼儿体育活动的设计与指导。

【本章导读】

- 本章主要对体育的含义、幼儿体育的含义以及学前体育的内容进行讲解。重点对幼儿体育活动的内容、幼儿体育活动的组织形式以及幼儿体育活动的设计进行讲解。通过学习本章内容，学生了解体育的概念、幼儿体育的概念，掌握幼儿体育的内容和组织形式，能够设计体育活动的方案，并能够对体育教学活动、早操活动、户外活动和游戏活动等进行指导。

【情景导入】

- 某幼儿园在去年对幼儿的体质进行了测试，根据测试的结果发现大部分幼儿的上肢力量较弱，为进一步加强幼儿的上肢力量，该幼儿园教师针对幼儿的年龄特点选择性地设置了一些关于上肢力量练习的项目，并让幼儿进行不断的练习，在今年的体质测试中，幼儿的上肢力量明显较去年的上肢力量强。那么该幼儿园设置的体育活动内容是什么？组织方法是否合理？还有哪些其他的组织形式？

通过本章的学习你可以得到以上问题的答案。

第一节　体育与幼儿的全面发展

一、体育

体育作为人们日常生活中必不可少的内容已有悠久的历史，体育概念的出现晚于体育的产生，早在18世纪60年代，“体育”一词就出现在法国的报刊上，当时是用来论述儿童身体教育问题的。当时对体育的理解是指对儿童进行身体的保护、培养和训练等内容。

（一）体育的历史演变

鸦片战争后，德国和瑞典体操传入中国，随后“洋学堂”设置了“体操科”。1902年左右，一些在日本的留学生从日本传来了“体育”这一术语。“五四”时期，西方文化不断涌入我国，学校体育内容也由单一的体操向多元化发展，课堂上出现了篮球、田径、足球等项目。这时学校体育课仍称体操科已经不妥当了。1923年《新学制课程标准纲要》的颁布，将“体操科”改为“体育课”，使“体育”在我国成了标记学校中身体教育的专门术语。随着各国经济、科学和文化的发展，到20世纪50年代以后，体育也有了很大程度的发展，成为人们生活、娱乐和交流必不可少的部分。同时，体育的内容和形式也远远超过了原来体育定义的范畴。①

（二）体育的含义

“体育”一词的定义对于体育工作者来说是最常用但又不容易搞清楚的概念，无论

---

① 杨文轩，杨庭．体育概论．北京：高等教育出版社，2005.

是国内还是国际上都没有一个组织机构对体育一词进行准确的定义，很多体育的研究者对“体育”一词的定义也都各不相同。我国体育研究者苏竞存先生对“体育”以及相关的概念用两个概念来解释：一是体育，二是运动。他认为，体育是根据人体适应与变化的自然规律，有意识地运用人体自身的运动来增强体质，促进身心健康的科学方法，是社会的一种文化教育活动；运动是指用体力来游戏、娱乐的身体运动，包括竞技的和非竞技的运动。[①]无论对“体育”一词如何进行定义，体育的属性却没有发生改变，体育的属性是指人体活动；更准确地说，体育是指人的肢体活动，即仅指由人的四肢和躯干等肌群舒缩所调控的身体活动，不包括单纯的大脑思考及其连带的微量的手动操作，当然也就更不能推及人体之外的其他动物的任何活动。

“体育”一词，具有广义和狭义之分。广义的体育，指现代体育，它是社会文化的组成部分，是一种社会活动，旨在增强人的体质，提高运动技术水平，丰富社会文化生活。根据人们所从事体育活动的具体目的之不同，现代体育通常包括以下三个方面：竞技体育、大众体育以及学校体育（即狭义的体育）。

（三）体育的属性[②]

1. 健身性

体育的基本属性就是人通过一定量的肢体活动，达到增强体质、增进健康的目的，从而使人的身心得到全面的发展。体育的健身性贯穿体育的整个过程，人们通过有意识的身体运动对自己的身体进行锻炼，无论是何种形式的体育活动都有健身的效果。

2. 教育性

最初人们把体育的本质属性认为是教育性，而教育则是通过学校体育或者体育的培训机构来完成，就是我们所说的学校体育。如果现在把体育的本质属性归为教育性，也就是把体育看作是以身体活动为媒介或者手段的教育，那么我们国家的体育水准则是不进而退的，又回到了起初体育科的水平。体育的教育性则是体现在通过体育教育来使人获得体育的知识和技能。

3. 文化性

随着经济和社会的高速发展，体育被越来越多的人看作一种文化，被称为体育文化。1974 年出版的《体育运动词汇》指出：“体育文化是广义文化的一个组成部分，它综合各种利用健身锻炼来提高人的生物学和精神潜力的范畴、规律、制度和物质设施。”现代社会，人们则是更多地通过体育交流来体现体育的文化性。

4. 竞赛性

竞赛性越来越受到体育爱好者的关注，小到幼儿园的小朋友，大到老年人都可以参加体育竞赛，但体育的竞赛性也分为两种：一种是竞技性的体育竞赛，一种是非

---

① 苏竞存．“体育”概论．安徽体育科技，1983（04）：1–5.

② 杨文轩，杨庭．体育概论．北京：高等教育出版社，2005.

竞技性的体育竞赛。通过竞赛的组织可以促进体育运动的发展，但不免会存在一定的危险。我们生活中体现的体育的竞赛性是提倡以健康为目的的。不同年龄段应采用不同的竞赛方式，比如幼儿和老年人采用非竞争性或者竞争性较低的竞赛项目。因此，用体育的竞赛性来刺激体育的锻炼，不同的人群要选择不同的竞赛方式和锻炼方法。

5. 技能性

体育锻炼的产生有很多种，它们都是在最基础的身体活动中通过学习获得某项技能，获得技能后通过反复的练习达到增强体质、增进健康的目的。体育的技能性对终身体育的形成也起到了推进的作用。如果某人没有一项或者几项基本的体育技能，那么他很难对体育产生兴趣和具有体育运动的参与性，更不用说终身体育的形成。

6. 娱乐性

体育的娱乐性近年来被人们所熟知，体育的娱乐性对于刺激和调动人的积极性有很大的帮助。通过带有娱乐性的体育项目，不仅可以达到愉悦个体身心的目的，在娱乐的过程中达到增强体质、增进健康的目的，还可以促进体育参与者提高锻炼的积极性和形成参加锻炼的意识，从而达到养成体育锻炼习惯和终身体育锻炼的目的。

7. 社会性

人的属性中就有社会性一说，体育作为人的一种实践活动，与其他实践活动一样也有“社会性”。在社会的发展过程中，体育也随着社会的发展而发生变化。不同时期，社会对体育的需求也会发生不同的变化。因此，体育的发展离不开社会的发展，这就是体育的社会性。

二、幼儿体育

（一）幼儿体育的含义

幼儿体育是指以幼儿为活动对象，以幼儿园为活动场所，以遵循幼儿生长发育规律的身体练习为基本手段，为能够促进幼儿身体的生长发育和身体基本能力的发展而开展的体育活动。幼儿体育通过身体运动的方式进行，它要求幼儿身体直接参与活动，这是体育最本质的特点之一，决定了体育有健康的功能。体育能够调节情绪，锻炼意志，提高幼儿心理健康水平。坚持体育运动，能达到健身、健心的效果。所以体育是促进健康的重要手段，并且以健康为最终目的。两者又是相互促进、相辅相成的关系；体育促进健康，同时只有健康的身心，才能为幼儿参加体育运动提供最基础的保障。

（二）幼儿体育发展的目标[①]（见表 4－1）

表 4–1　幼儿体育发展的目标

目标	内容
增强幼儿体质	幼儿园体育活动的重要任务是促进幼儿身体的生长与发育，增强幼儿的体质。因此，在幼儿阶段，通过丰富多样的体育活动应实现的主要目标如下： （1）促进幼儿健康体态的形成，如正确的站姿、行走姿势等。 （2）提高幼儿的平衡能力、协调能力、灵敏性、力量、耐力等基本的身体素质。 （3）发展幼儿走、跑、跳跃、投掷、攀登、钻、爬、搬运、悬垂等基本动作。 （4）锻炼幼儿机体对摆动、颠簸、旋转等刺激的适应能力，促进幼儿平衡机能的发展。 （5）提高幼儿机体对外界气候及其变化的适应能力，以及抵抗疾病的能力。
促进幼儿身体素质的发展	身体素质是人体主要器官系统的功能在肌肉工作中的综合反应，表现一个人能有效活动的一种能力，包括力量、耐力、速度和柔韧等。幼儿参与体育活动能有效促进身体素质的发展，提高幼儿身体素质的过程，也是增强幼儿体质的过程。同时，身体素质与基本活动能力之间又相互联系，幼儿基本活动能力是幼儿身体素质发展水平的外部表现。例如，幼儿腿部力量发展到一定程度时，就会学会站、走等。提高幼儿身体素质是发展其基本活动能力的基础。
促进幼儿心理、社会性等方面的发展	运动医学与脑科学的研究表明，幼儿早期的运动有助于增强幼儿脑组织的功能和感觉统合，这些都将为幼儿认知能力的发展提供良好的生理基础。同时，幼儿在运动中还伴随着大量的认知活动。 在体育运动中，幼儿会面临一些挑战，也会遇到一些困难和挫折，这时需要幼儿能够勇敢地去面对，树立起克服困难的信心，大胆地去尝试和探索。因此，运动有助于培养幼儿积极乐观的态度与坚强、勇敢、不怕困难等良好的意志品质。 幼儿参加体育运动的过程也是与他人交往的过程，幼儿需要遵守游戏的要求和规则，克服自我中心和自我冲动，学会等待、分享和合作，还要具有一定的团体意识以及责任感，这些都将为幼儿社会性的良好发展提供有利的契机。

① 张首文，白秋红．幼儿园体育活动设计与指导．北京：人民邮电出版社，2017.

三、体育与幼儿的全面发展

（一）促进幼儿生长发育

运动生理学的研究表明，人体的生长发育有赖于身体的新陈代谢活动的水平。如果说营养提供了生长发育所需的物质基础，安全措施提供了生长发育所需的环境保障，体育活动则是通过人体自身的运动，提高人体的新陈代谢水平，从而进一步促进人体的生长发育。

（二）发展体能，提高对环境的适应能力

身体素质的发展是由多方面因素促成的，但不可否认体育锻炼是其中最积极的因素之一。通过科学、系统、持之以恒锻炼的幼儿与一般身体活动经历的同龄儿童相比，后者在气候多变、疾病流行以及突然改变生活规律的情况下更容易感到身体不适甚至患病。经常锻炼的幼儿还能够经常接触户外的新鲜空气和阳光，并能够有机会接受稍热、稍冷，或有风天气的锻炼，当然会对环境有比后者更强的适应力，患病率会比后者更低，身体的自我感觉良好，参与活动的精力会更旺盛，情绪也会更积极、更稳定。

（三）培养良好的心理品质，促进社会化进程

体育活动的过程，无论是学习运动技术、进行游戏或比赛还是纯粹地锻炼身体，都需要付出体力和一定的意志努力。特别是在教育引导下的体育锻炼，教师会采用各种方法鼓励和监督孩子尽力克服各种各样的困难。这些过程对培养幼儿积极稳定的情绪和坚强的意志力都会产生一定的积极性。同时，在幼儿园集体体育活动中，幼儿需要服从教师的要求，遵守纪律和规则，学会平等、友好地竞争，发展团队精神，能够与人分享。这些挑战和经验，都必然会对幼儿的社会化进程产生影响。

（四）支持智力的发展

体育活动能够加快血液循环，为脑和神经系统的有效工作以及良好发育提供更充分的能量和营养；而脑和神经系统的有效工作为智力发展提供更为坚实的基础。体育学习过程中大量的智力挑战，在激发幼儿智力活动的同时也发展了幼儿从事智力活动的能力。

第二节　幼儿体育内容

幼儿体育的内容包括基本动作、基本体操、体育游戏、器械练习、创造性身体活动、身体素质练习。

一、基本动作

基本动作又可称为一般身体动作。这些动作是人们日常生活中身体活动的基本模式，也是体育运动项目中身体活动的基本模式。我国幼儿园体育发展领域要求幼儿掌握的基本动作一般包含走、跑、跳、投掷、钻、爬、攀登，有时也包含旋转和翻滚。

（一）走

研究表明经常走步可以有效地锻炼下肢的肌肉、骨骼、关节和韧带。儿童在走的过程中可以结合游戏（例如排队走路游戏、走步竞赛等）进行，可以有效地激发儿童对走路练习的兴趣。

（二）跑

儿童在跑步的过程中不仅能够发展速度素质、灵敏素质和耐力，还能够积累有关时间和空间的经验，从而促进时间知觉和空间知觉的发展。在发展跑的同时可以结合一些和跑有关的趣味性游戏（例如直线跑、曲线跑、接力跑等）来增加儿童参与的积极性。

（三）跳

儿童通过各种跳跃运动可以增强腿部的肌肉力量，发展儿童下肢的弹跳力、爆发力以及身体的灵敏性、协调性等多种素质，同时对儿童视觉能力的发展也起到一定的促进作用。在组织儿童跳跃时可以结合不同形式的跳（例如双脚向上、向前、向下跳，跳绳、跳圈等）来进行。

（四）投掷

投掷运动可以发展儿童的上肢力量、柔韧性和全身协调性等，在投掷的过程中强调儿童全身的协调发力以及最后投掷时的角度和出手点，可以有效发展儿童对深度、力度和速度的知觉。投掷的器械有很多种（例如篮球、沙包等），在选择投掷器械的同时要考虑投掷的安全性。

（五）钻

在进行钻这项基本动作时，需要儿童用上肢的支撑、下肢的蹬力和背部的支撑，因此钻可以增强儿童腿部和腰背部的肌肉力量，发展儿童的灵敏性、柔韧性等，在照明较暗的空间进行钻的练习还可以发展儿童的空间和方向的知觉。钻的游戏也有很多种，大多是结合器械（例如呼啦圈、塑料桶及袋子等）进行。

（六）爬

爬这项基本动作是儿童身体生长发育过程中必不可少的阶段，爬可以增强儿童四肢的肌肉力量及背部和腹部的肌肉力量，并提高协调性和灵敏性等身体素质。练习爬的形式有很多种（例如匍匐爬、手和脚着地爬、手和膝关节着地等），要根据儿童不同阶段的特征发展不同爬的能力。

（七）攀登

攀登不仅是考验儿童身体攀爬能力的一项基本运动，同时对儿童心理素质也是一种考验。攀登的过程可以增强儿童四肢的肌肉力量，发展平衡性、协调性和灵敏性等身体素质，同时还能培养儿童沉着、勇敢、顽强、谨慎的心理素质，儿童的自信心和独立性也能得到很大程度的发展。攀登的组织要考虑攀爬过程中器械以及方法的安全性。

以上是对儿童基本动作的总结，在下文各项其他内容中，都包含了基本动作要素，只是下文各项内容不仅在动作结构的复杂程度上更高，而且对身体以及智力、情感方面产生的挑战也更强。基本动作是体育锻炼或体育活动方式的基础。

二、基本体操

基本体操是有组织、有结构的成套身体动作练习的总称。根据幼儿生理和心理特点，在音乐或歌谣的伴奏下，通过身体的头、颈部、四肢、躯干等部位的协调配合，根据人体各部位运动的特点，按照一定的程序，有目的、有节奏地进行各种举、摆、绕、踢、屈伸、跳跃等一系列单一或组合动作的身体练习。[①]它由体操动作及排队和变换队形两部分组成。在我国幼儿园的体育体系中，基本体操一般包含徒手操、轻器械操和队形队列练习。

（一）徒手操

徒手操是根据人体的解剖特点，按照一定的顺序，进行屈、伸、转、绕、举、摆、蹲、跳等一系列动作组合的练习，不需要任何器械。徒手操包含以下几种基本动作：

1. 头部运动

屈（前屈、后屈和侧屈）、转（向左、向右转）、绕环（向左、向右绕环）。

2. 上肢运动

手臂的举（前举、后举、上举、斜上举、两臂同侧举）、摆、屈和伸、臂绕环（向前、向后、向内、向外、同侧绕环、8 字绕环等）和侧开（前举侧开扩胸、前平举侧开扩胸、前举交叉侧开扩胸等）。

3. 躯干运动

上体屈伸（体前屈、体后屈、上体左侧屈、上体右侧屈、俯卧体前屈）、体转（向

---

① 张首文，白秋红．幼儿园体育活动设计与指导．北京：人民邮电出版社，2017.

左、向右体转)、体绕环(向左、向右绕环)、体倾倒(身体向前倒、向后倒、向侧倒、俯撑、仰撑、侧撑;直角坐平衡、燕式平衡、侧平衡等)。

4. 下肢运动

腿的举、摆(腿前举、摆动,腿后举、摆动,腿向异侧举、摆动,屈膝举、摆、踢腿),腿屈伸(立蹲、半蹲起立、深蹲起、单腿蹲起、前压腿、后压腿、侧压腿、半劈腿、高摆腿)、腿移动(前点地、后点地、侧点地、前后开立、左右开立、前弓步、侧弓步等)。

5. 跳跃运动

单脚跳(小马跳、点地跳、转身跳、移动跳、踢腿跳等)、双脚跳(开合跳、前后交换跳、交叉跳、转身跳、移动跳、纵身跳、蹲跳等)。

(二)轻器械操

器械操是在徒手操基本动作的基础上,手持器械而完成的操类。选择器械时,要选择轻便、手容易握的器械(例如花、旗帜、哑铃、饮料盒等),所以器械操也叫轻器械操。

(三)队列队形练习

队列队形练习又称排队和变换队形。常用的队列队形练习包括:立正、稍息、看向左(右)转、原地踏步走、便步走、齐步走、跑步走、左(右)转弯走、立定、走成圆圈队、分队走、左右分队走等。

三、体育游戏

体育游戏与一般游戏一样,首先是一种具有鲜明娱乐性的活动,同时也是一种以发展幼儿的身体素质和基本活动能力为主要目的的活动。当然体育游戏也可以与其他练习方式相互交叉整合。如利用器械进行的器械游戏,利用故事情节开展的创造性身体表演游戏或利用基本动作要素组合编排的走、跑、跳游戏等。组织游戏时应遵循的原则有以下几点。

(一)安全性原则

从《幼儿园教育指导纲要(试行)》中我们可以得知,幼儿园必须把保护幼儿生命和促进幼儿的健康放在工作的首位,所以,作为老师要时刻把幼儿的安全记在心间。在体育游戏的设计、组织过程中更应强化安全第一的观念。幼儿园的安全小事故,在很大程度上发生在户外体育活动时(如早操、户外体育锻炼、体育课等)。这是因为体育活动都具有竞争、竞技和趣味性强的特点,幼儿的积极性和参与性都比较强,这就使得幼儿在参与游戏的过程中比较容易"忘乎所以",会不同程度地产生激动的情绪,所以容易有危险的事故发生,有些时候甚至是老师都无法完全事先预料的事故。这就要求老师将事先准备工作想得周到一些，以便防患于未然。比如，活动用的教具、场所、环境是否有尖锐的棱角和坚硬的器具，不会产生撞击情况，不会因摔跤而造成伤害等。

此外，还要特别防止人为的伤害。因为有时在比输赢的过程中幼儿之间难免会发生一些矛盾冲突，教师应及时进行疏导、调解，简要地说出正确的行为方式，让他们及时化解矛盾，继续游戏，直至完成。

（二）教育性原则

体育游戏具有较多的竞技性、趣味性，除了能发展、完善幼儿精细动作和局部机能之外，更能在心理上使幼儿体验各种感受，如成功、欢乐、失败、挫折。当胜利或者失败的时候，教育孩子胜不骄、败不馁，懂得总结成功、失败的经验，并在下一次改进失败经验，重新获得胜利。当活动中同伴需要帮助时，能及时地伸出援手助他一臂之力，养成互帮互助、团结友爱的良好精神品质。小组竞赛中，大家不分你我、共同合作完成一个竞赛任务，又能让孩子们体验到集体力量大无穷的道理。所以说体育游戏更像是一个综合教育课程，能培养幼儿合作、自信心、自强品质和团结友爱等优良道德风貌，能表现个人价值，又能体现集体力量。

（三）智慧性原则

体育游戏过程要能够让幼儿有机会闪现出智慧的亮点。通常在较大的体育游戏中，都存在怎样完成游戏才能做到多、快、好、省以及提高游戏的成功率和取胜率的问题。故意给幼儿留下解决问题的思考空间，有利于促使幼儿积极开动脑筋，以最佳的方式完成游戏，这就是贯彻智慧性原则的基本含义。体育游戏也只有体现出较多的智慧性，才有可能显示出较多的趣味性。

为了更好地体现智慧性原则，教师在设计体育游戏的过程中，应该在规则允许的范围内尽可能多地留有完成游戏的多种方法的选择余地，这样就能不断地拓展幼儿的想象空间和创造空间，提高他们的智力水平。同样是“穿山洞”“过障碍”“走下坡”，就应该有不同的“穿”法、“过”法和“走”法。这正是优秀体育游戏的价值所在。

（四）灵巧性原则

幼儿的走、跑、跳、投、爬等基本动作虽已基本成形，但动作的准确性、协调性都比较差——即缺乏灵巧性，动作的整体形态还显得较为笨拙。

灵巧性原则要求体育游戏的设计必须有机动应变的可行性存在。如跑动中的急停、转身，“老鹰抓小鸡”游戏中的躲闪动作等，都属于含有机动、应变制约机制和相关运动能力的训练内容。灵巧性原则还要求多安排或穿插进行有益于发展幼儿精确能力、协调能力的游戏内容，如用拍皮球进行计时赛，用球拍端乒乓球过独木桥等。

四、器械练习

器械练习可以专指运用体育器械来进行身体锻炼的活动。其中可以包括各种利用小型（如球）、中型（如车）、大型（如攀登架）专门性体育器械进行的身体练习活动和游戏活动，还可以包括利用各种自制的或替代性的器械进行的身体练习活动，甚至还应该包括利用游泳池、沙池、假山、树林和其他一切室内、室外、幼儿园外的人工环境、自然环境中的可利用物质条件进行的体育锻炼和游戏活动。

五、创造性身体活动

创造性身体活动是指利用身体进行的自我表现活动。这种表现活动的具体内容可以是内心的情绪情感、某种主观想法，或是对客观事物的模拟或描述、对身体运动可能性的各种探索、对音乐或故事的理解或解释等。律动、舞蹈以及更具有自由性、创造性的韵律体操也可以包括在这一类活动中。

六、身体素质练习

身体素质练习是以发展某一种或几种身体素质为主要锻炼目的，而专门为其设计或组织的身体练习活动，如灵敏性练习、速度练习等。当然这种练习也可以与其他练习方式相互交叉整合，如利用器械进行的身体素质练习或利用游戏进行的身体素质练习等。

第三节　幼儿体育活动设计与组织的基本要求

一、幼儿体育活动的设计要求

（一）幼儿体育活动设计的内容

儿童体育活动设计的内容通常包括活动名称和年龄班、活动目标、活动重难点、活动准备、活动过程及活动延伸等内容，幼儿体育活动的内容和目标一致，由易到难。

（二）幼儿体育活动目标设计的要求

要根据幼儿不同年龄段的特点以及身体发展的需要来制定活动的知识、技能以及情感目标，一般三重目标要满足下列内容中的一种或者多种：

（1）知识目标：培养幼儿好奇探究、勇敢、乐观自信等品质。

（2）技能目标：发展幼儿的基本动作，提高身体协调性和灵活性。

（3）情感目标：愉悦幼儿的身心，让幼儿喜欢参加体育活动，以达到增强幼儿体质的目的。

（三）幼儿体育活动设计的要求

1. 明确体育活动的类型

（1）新授活动。

（2）复习为主的活动。

（3）综合教学活动（新旧结合）。

2. 运动量的设计要求

人要从事某项活动（尤其是体育活动时），身体从本来的安静状态进入工作状态，其机能活动能力（工作能力）总是从相对较低水平逐渐地提高到较高水平，然后在相当的时间内保持最高水平，最后又逐渐下降。所以活动运动量的设计要依据人体机能发展的特点，运动量由弱到强再到弱。

二、幼儿体育活动的组织形式

幼儿体育活动的组织形式多种多样，包括早操活动、户外体育活动、体育教学活动、室内体育活动、运动会等，还可以开展远足活动。各种组织形式都具有自身的特点和价值，幼儿教师应结合幼儿园的实际，选用多种组织形式并进行科学合理的设计，以实现幼儿体育活动的目标，达到促进幼儿身心和谐、健康发展的目的。

（一）早操活动

1. 早操活动的方式

早操可以包括为幼儿提供简单的运动器械（如球、圈、小降落伞、小车、沙包等），鼓励幼儿进行分散、自主的身体锻炼，也可以包括以集体活动的方式组织一些身体锻炼，如做幼儿基本体操，进行走与慢跑交替等体能锻炼。

2. 早操活动的内容

早操内容应该丰富多彩，富有变化，可以是幼儿的队列练习与队形变换、基本体操的练习，也可以适当安排幼儿韵律操、运动量较小的体能锻炼游戏，如自然慢跑、走、跑交替、绕障碍慢跑、跳绳等活动，也可以为幼儿提供一些小型的运动器械，如各类球、毽子、沙包、呼啦圈、铁环，让幼儿进行分散、自由的练习。在各种练习中，最好配有音乐伴奏，乐曲节奏要鲜明，曲调活泼轻快。晨间锻炼的操节最好在一定的时间有所更换，进一步增强幼儿对身体的控制能力以及做操的兴趣。

3. 早操活动的组成

（1）第一部分主要是热身活动，调动幼儿的生理机能由平静状态进入活动状态，可通过走步、慢跑、排队等练习，时间不宜长。

（2）第二部分主要对身体进行全面的锻炼，开展以锻炼幼儿的大肌肉群为主的活动，内容可丰富多样。

（3）第三部分主要使幼儿身体由兴奋状态转为平静状态，活动强度要小，主要以整理放松活动为主。

4. 早操活动的意义

早操活动有助于幼儿形成良好的身体形态，增强身体素质，有助于幼儿在精神饱满、体力充沛的状态下开始一日活动，有助于培养幼儿的意志品质和良好的个性，养成体育锻炼的良好习惯。

（二）户外体育活动

幼儿园户外体育活动是指在室外进行的形式多种多样的体育活动，它是幼儿园一日活动中最受欢迎的体育活动。《3~6 岁儿童学习与发展指南》中提出教育建议：保证幼儿的户外活动时间，提高幼儿适应季节变化的能力。如：每天为幼儿安排不少于两小时的户外活动，其中体育活动时间不少于 1 小时，季节交替时要坚持。因地制宜，过热或过冷的地区可选择温度适当的时间段开展户外活动。《幼儿园教育指导纲要（试行）》明确规定了幼儿园要开展丰富多彩的户外游戏及体育活动，培养幼儿参加体育活动的兴趣及习惯，增强体质，提高对环境的适应能力。在进行户外体育活动时，幼儿能够自由、自主地进行器械探索和运动，能不断体验自主、成功带来的愉悦感和能力感，从而培养积极性、自主性和创造性，促进幼儿的社会性发展；户外体育活动不仅锻炼幼儿的身体，增强幼儿的体质，还培养幼儿对体育活动的兴趣，养成经常锻炼的良好习惯，培养不怕困难、团结合作的品质，以及勇于创新的精神，促进幼儿全面健康发展。

1. 户外体育活动的价值

（1）促进儿童身体的生长发育。户外活动使儿童的各生理器官都能得到活动，促进骨骼肌肉的成熟，加速机体的新陈代谢，有利于内脏和神经系统的发育。

（2）发展儿童的基本动作和技能。户外活动有助于培养儿童对体育活动的爱好，养成经常、自觉到户外锻炼身体的好习惯，有利于扩大儿童体育活动技能的范围，丰富和活跃他们的生活，帮助幼儿巩固和提高体育课程中所获得的知识和动作技能。

（3）增强儿童对外界环境变化的适应能力。户外活动可以使儿童接触充足的阳光、新鲜的空气等自然因素，促进儿童的身体健康。

（4）有利于儿童的身心健康。户外活动具有很多特点，如内容丰富、形式灵活、时间充足、儿童自主性强等，能够带给儿童愉悦和满足感，有利于儿童的身心健康。

2. 户外体育活动的内容

（1）各种大、中、小型运动器械活动。大型运动器械的活动，如攀岩墙、攀登墙、滑梯、荡桥、攀爬网、综合器械等；中型运动器械活动，如独轮车、自行车、高跷、羊角球等；小型器械活动，如自制的球、圈、纸棒、沙包等。

（2）利用环境和大型设施的户外体育活动。随着幼儿园环境创设的不断发展，幼儿园可利用环境和大型设施的活动越来越丰富，利用的环境和大型设施可以涉及楼梯、游泳池、假山、田埂、土坡、树林等，有的幼儿园还在空余的场地上埋上树桩或者废旧的轮胎等来帮助幼儿练习平衡。

（3）体育游戏。在户外活动时，由于场地、器械数量等原因，幼儿可以自由分组进行体育游戏活动，如“老狼老狼几点啦”、“吹泡泡”、“狡猾的狐狸”和跳房子、跳竹竿、踩高跷游戏等，也可以利用一些自制的玩教具开展体育活动，如用废旧的报纸制作的纸球、纸棒，用废弃的饮料罐制作的用于发展平衡或者跳跃能力的障碍物等。

（4）幼儿体操。在户外活动时间，一般会组织三个年龄段的幼儿集体做操，主要是以徒手操、模仿操或者轻器械体操为主。

3. 户外体育活动的组织要求

（1）保证活动的安全。在进行幼儿户外体育活动前，教师首先要检查运动场地的安全性以及器械的安全性，并对幼儿进行活动前的安全教育。在活动开始后教师要时刻关注幼儿的安全，并对一些危险性的动作进行纠正和制止。

（2）活动器械的提供。幼儿园可以根据幼儿的兴趣爱好提供相应的器械，提供的运动器械应种类多、层次多、功能多、可变性强，以丰富幼儿的运动体验，满足幼儿个体的运动需要，激发幼儿的探索与活动热情，并促使幼儿在运动中获得多种动作能力，提高身体素质。例如，为幼儿提供的滑梯有高、有低，有直线、有曲线；为幼儿提供的小扁担可以是长短不一、挂钩位置不同、负重材料多样的。尤其应提供那些对幼儿健康发展有重要价值的运动器械，如滑行类、摆动类、旋转类、跳跃类、爬行类、攀登类的运动器械。

另外，幼儿园可根据地方性的特点手工打造具有地方特色或者带有民族气息的一些器械。这样既使地方特色得到了传承和发展，同时也使幼儿得到了锻炼。

（3）提供适当的支持。在户外体育活动中，应给予幼儿最大的运动自由，支持幼儿对运动器械进行自主的尝试和探索，不要过多干扰幼儿的运动，除非出现安全隐患或健康问题。教师的任务是观察幼儿，在幼儿需要的时候给予适当的引导和帮助。例如，当幼儿尝试多次都无法成功时，或动作出现较大偏差时，或没有同伴玩时，教师可以给幼儿提出一些建议或给予一定的指导。此外，教师还应对动作能力发展较差、胆小退缩、体态较肥胖等比较特殊的幼儿给予适当的关注和个别指导。

（4）合理安排时间。户外体育活动一般安排上午和下午各一次。具体时间根据地区、季节的变化灵活掌握，根据幼儿园的场地类型和器材的大小、数量的多少、班级数量不同等客观因素，进行合理安排和分配。户外体育活动，一般由教师带领幼儿进入指定的活动场所，布置活动内容和具体要求，如器材的名称、玩法、活动的范围、活动时间以及结合的信号等。活动形式可以分为教师指导下的集体体育活动和间接指导下的分散体育活动。

（5）合理安排运动量。运动量是幼儿户外体育活动和锻炼实施的关键。只有当运动和心理负荷恰当适宜时，才能有效地锻炼身心，达到发展基本动作，促进骨骼、肌肉、心肺机能的发展，提高运动能力，增强体质的目的。运动量受到多种因素的影响，主要是要求活动和锻炼的强度要适当，动作练习的次数和质量要足够，运动密度符合幼儿年龄特点。

（三）体育教学活动

1. 体育教学活动的概念

幼儿体育教学活动是指依据幼儿各年龄段体育活动的目标以及幼儿发展的需要，有计划、有目的、系统地引导儿童积极地参与相关的动作学习与身体练习，促使幼儿在身体素质、动作能力以及社会性等方面获得良好发展的一种集体形式的体育活动，它是幼儿园体育活动的重要组织形式之一。

2. 体育教学活动的意义

教学活动是指教师的“教”与学生的“学”，大多数的运动技能都是通过学习而获得的，幼儿基本技能的获得同样通过学习获得。《幼儿园教育指导纲要（试行）》中指出，让幼儿的身体各项机能得到充分的发展，充分体现以幼儿发展为本的教育理念。要进行体育活动，须以一定的身体练习为手段，也就是以一定的基本技能为载体。幼儿要掌握一定的基本技能与体育教学是分不开的，教师必须为在发展中的幼儿提供规范的基本动作教学。没有一定的体育教学活动，儿童是不能掌握在其最近发展区内的基本技能的。没有真正的体育教学，就不会有丰富多彩的体育活动；没有规范的基本动作和基本技能的体育活动，就不能合理地促进幼儿身体的发展。所以，幼儿园须加强体育教学和体育活动，从而使幼儿的身体在合理的营养调配下得到充分的发展，为幼儿今后的发展打下良好的基础。

3. 体育教学活动的类型

（1）从任务上分：根据教学任务的不同，可以分为新授课（学习新的内容或动作）和复习课（复习原来的内容或动作）。

（2）从内容上分：根据教材内容的性质，可以分为综合课（包括游戏、体操、队列练习）和游戏课（围绕游戏开展）。

一般来说，幼儿园的体育教学活动主要以综合课为主，既有新授课又要复习已学习过的内容。

4. 体育教学活动的内容

体育教学活动的内容包括基本动作的学习、基本体操动作的学习、身体素质的练习等。

5. 体育教学活动的结构

一般幼儿集体体育教育活动的时间根据班龄不同，时间有所不同，小班为15~20分钟、中班为20~25分钟、大班为30分钟左右，可以根据季节特点适当调整。体育教育活动分为准备部分、基础部分和结束部分。

（1）准备部分。准备部分又称开始部分。该部分时间大约占到整个集体体育教学活动的10%~20%，幼儿年龄越小，所占的时间就越少。同时还需要考虑季节的变化，灵活调整。如果是冬天，热身时间可以稍长。要迅速组织幼儿，集中幼儿的注意力，使幼儿明确活动的内容和要求，激发他们参与身体锻炼活动的兴趣。根据基本部分的内容，做一些有针对性的准备活动，为下面的活动做好适应准备。可以用幼儿已经掌握的小游戏热身，有效调动幼儿参与活动的兴趣；可以让幼儿做一些基本体操或模仿活动；也可以开展一些运动负荷不大，伴有简单的舞蹈和律动以及一些伴随口令的队列队形等。

（2）基本部分。基本部分的时间一般占整个集体体育教学活动的70%~80%。基本部分一般是对动作的复习和新动作的学习。即通过一定的身体动作练习，提高幼儿身体素质，发展幼儿的动作能力，培养幼儿的良好品质。新内容、难点和重点内容应安排在前半部分，能引起幼儿高度兴奋或活动量较大的活动则应放在后半部分。一次活动一般安排1~2项活动内容。在内容的安排上应注意新旧搭配、急缓结合，调动起幼儿的游戏热情，让幼儿以饱满的情绪和充沛的体力去参与活动，全面锻炼幼儿的身体。

（3）结束部分。结束部分通常包含以下内容：放松练习、课堂小结以及布置任务、归还器材等。通过放松活动缓解幼儿身心高度兴奋或紧张的状态；使幼儿逐渐由动到安静，放松肌肉，消除疲劳，恢复心率。通过课堂小结使幼儿了解课堂上存在的不足，并给予课堂活动成功的肯定，激发幼儿对体育教学活动的兴趣。

（四）其他形式的体育活动

1. 室内体育活动

室内体育活动即在室内进行的体育活动，室内体育活动可有效地解决因天气、季节因素造成的体育活动无法开展的问题，确保幼儿每天不少于1小时的体育活动。由于室内场地的限制，室内体育活动的内容要根据幼儿园的具体情况进行选择。

（1）室内体育课。室内体育课是根据幼儿身体发展需要，在室内适宜的环境与场地中（例如班级教室或室内多功能室）开展的有计划、有系统的体育课。室内体育课内容要选择适合室内进行的动作体验与练习，如爬、滚、投准、小脚的运动等。通过热身活动、体验活动、动作练习、经验提升，来锻炼幼儿体能，提高身体素质。

（2）室内分组体验活动。在较宽敞的室内或者楼道、角落、班级等位置放置一些中、小型的幼儿运动器械，供幼儿进行自主选择，进行身体活动。教师根据本班本年龄组的场地情况，创设以身体锻炼为主题的小型活动区，为幼儿提供丰富的材料，使幼儿获得全面体验，进而提高幼儿的身体素质。

（3）室内体操。利用音乐活动室、多功能厅或者宽敞的教室、楼道，可组织幼儿进行体操活动。室内体操注重幼儿柔韧性的提高，与室外体操有所区别。

（4）室内区域性体育活动。室内区域性体育活动是利用园所、班级的适宜环境（场地）、材料开展的对户外体育活动的补充活动，是打破班级，幼儿自主选择材料、选择场地、选择活动进行的室内体育活动，比其他形式的室内活动具有更强的自主性。例如“脚丫乐园”，教师提供由不同填充物制作的布袋，幼儿光脚感知不同材质；提供不同高度的软玩具，幼儿在上面行走，提高幼儿身体的平衡能力和控制能力；提供地垫与气球，幼儿躺在垫上双脚弹球、传球，提高幼儿下肢肌肉力量以及身体的协调性；提供报纸、皱纹纸、小豆子、小筐，幼儿用小脚撕纸、夹豆，提高小脚趾的灵活性。室内区域性体育活动可以让幼儿自主选择活动内容，弥补室外体育活动的不足，丰富幼儿的运动体验，促进幼儿身体的全面发展。

2. 运动会

运动会作为幼儿园重要的体育活动内容之一，每学期至少要举行一次。幼儿园运动会的主要意义有：

一是提高幼儿参与体育锻炼的兴趣，检查他们体育学习与锻炼的效果。

二是增加不同班级和同龄班级幼儿相互交往、交流的机会，增进团队精神。

三是促进了日常体育工作，向家长提供了解自己子女发展和幼儿教育情况的机会。

幼儿园运动会的主要内容包括体育表演、体育竞赛、体育娱乐三种类型的活动，不仅包含幼儿参与的活动，同时也包含了教师、家长和社区有关人员参与的活动。

3. 远足

随着社会的发展，机械化越来越多地取代人工化，幼儿出门基本用车代步，而“走”是幼儿最基本的动作，远足也是最简单的人人都能参与的活动。幼儿园可根据工作的安排在保证安全的情况下开展一些远足活动。带领幼儿走出园门，参观自然景观可以让幼儿感受祖国的壮美、大自然的神奇；参观人文景观，能让幼儿领略祖国文化的博大精深、历史的悠久；参观工厂、农场，能让幼儿感受我国工农业发展的迅速，这一切都会使幼儿自然而然地萌发爱祖国、爱家乡的情感。

远足的方式有很多种，例如锻炼性远足活动、游览性远足活动、游戏性远足活动和主题性远足活动等。幼儿教师可根据幼儿发展的需要选择不同的远足方式。

第四节 幼儿体育教学活动的设计与指导

幼儿体育活动需要儿童身体直接参与，在幼儿园的体育教学活动中，要考虑到儿童身体机能的发展以及动作技能的规律性，只有符合幼儿身体、心理的发展水平，才能更好地增强体质，愉悦身心，使幼儿的体质能够在原有的水平上得到提高。

一、学练式体育教学活动的设计与指导

学练式体育教学活动是体育教学活动中最为传统的体育教学方式，即为教师的“教”和学生的“学”。学练式体育教学活动主要是幼儿对运动技能的学习，通过教师的教授、幼儿的模仿以及反复的练习获得技能的过程。

（一）学练式体育教学活动的设计

课程名称要依据现年龄段幼儿身体发展的需要和身心发展的特点来进行设计，内容的难易程度要符合幼儿年龄段身体动作发展目标的要求。

1. 活动目标

设计本次课所要达到的目标，目标设置是否适宜直接影响到整个教育活动的效果。目标应全面，一般包括知识目标、技能目标和情感目标，目标的设定应符合幼儿的年龄段特征。

2. 活动重点

一次教学活动中最为关键的基本概念或核心内容是教育活动中的主要线索。

3. 活动难点

活动难点是从幼儿角度出发，对教学活动中幼儿不易掌握和理解的知识或不易掌握的技能和技巧的预估。

4. 活动准备

对本次课所要用到的场地、器材以及在整个课上所需要用到的知识点进行整理。

5. 活动过程

（1）开始部分。通过讲解安排课的内容以及通过跑步或者其他的形式进行热身，一般占总活动时间的10%~20%。注意：开始部分的时间不可过长，热身环节不可省略，热身的同时可以伴随一些有节奏的音乐，提高儿童的兴趣以及参与的积极性。

（2）基本部分。基本部分是有效地完成教学任务和教学目标。通过动作的练习提高儿童的身体素质，发展幼儿基本动作的能力，学习体育的基本知识和技能，培养良好的品德和性格，发展智力等。

在内容的安排上可以新旧内容搭配、急缓结合，全面锻炼儿童的身体。在授课时

应结合儿童接受知识的特点，把新的内容放在课的前半部分，这样幼儿注意力更容易集中，更容易接受新的知识。把能引起儿童兴奋或者活动量较大的活动放在后面，这样符合儿童机能活动的规律。基本部分一般占时间的 70%～80%。

（3）结束部分。缓解幼儿的身体兴奋度和紧张度，合理地对儿童的活动进行评价，有组织地归还器材和结束活动。可以简单做些徒手操、舞蹈或者轻器械操，又或者让儿童进行拉伸活动。对儿童在活动中的表现进行评价，组织儿童收拾场地和器材。结束部分一般占总时间的 10%～20%。

6. 活动延伸

活动延伸是巩固教学的必然，也是不可缺少的环节。幼儿体育活动的时间短，间隔的时间长，应该注意课上活动和其他教学活动、日常生活活动相结合，巩固已有的知识。

（二）学练式体育教学活动的指导

在进行学练式体育教学活动时，教师要根据幼儿的年龄段和接受能力采用不同的方法教学。

对于动作或者游戏较为简单的课程可采取完整授课的方法，即通过讲解、示范和组织学习将内容完整地传授给幼儿的方法。这种方法在教授时可以先讲解、示范再进行练习，也可以在讲解、示范的同时组织学生练习，练习的过程中对重难点要进行讲解。

对于动作或者游戏较为复杂的课程可以采取分步教学，即通过将动作或游戏分解为多个部分，逐步地进行讲解、示范、组织练习，最后将部分动作进行串联的一种教学方式。无论是完整传授还是分段传授都离不开学生的“学”和“练”，动作的要领或游戏的方法需要反复的学习和练习，儿童才能够掌握，因此在学习和练习的过程中，教师要不断地提示或讲解。

二、情景式体育教学活动的设计与指导

情景式教学主要是通过与教学内容相适应的实物演示、角色扮演、再现还原等多种手段开展教学，将教学过程置于真实与虚拟情境之中，其特点是将认知与情感、形象思维与抽象思维、教与学有机结合。该方法充分发挥了课堂效果。①

儿童情景式体育活动指教师根据儿童学习实际情况，设置一些符合儿童学习的具体情境，进行知识教学的教学方法，情景中的“情”是学习者的情绪、情感与体验，“景”是学习者在教学活动中能置身其中的场景。情景式教学通过创设生动、活泼、愉

---

① 张韬，李伟，李清乐，等．情景式教学对提高医学研究生住院医师医患沟通能力的研究．中国高等医学教育，2015，11：121-122.

快、民主、和谐、融洽的教学气氛，让幼儿身临其境，积极主动地投入到学习中去，形成乐学、爱学、会学的学风，促进幼儿协调发展。

（一）情景式体育教学活动的设计

1. 主题的设计

情景式体育教学活动名称的设计直接关系到课程的效果，名称能否激发儿童的第一兴趣是体育教学活动成败的前提因素。

2. 活动目标

活动的目标应根据活动的内容设置，根据课的内容设置知识、技能和情感目标。

3. 活动准备

（1）材料的准备。

（2）场地情境的设置。

4. 活动过程（准备视频：《小兔乖乖》）

（1）开始部分。

根据本次课预计情境的设置，教师可以采用情境中的角色扮演或者利用情境中的场地设施采用不同的方式使幼儿达到热身的目的。例如幼儿园体育活动《小兔乖乖》，老师对同学们说：“想不想到森林里去采蘑菇？”学生回答：“想。”老师说：“那好，我们一起出发了。”同学们带上小兔的头饰，在兔妈妈的带领下，兴高采烈蹦蹦跳跳地来到森林中，小兔们在草丛中寻找蘑菇，还在森林中遇到了山洞和坑坑洼洼的泥潭。在游戏中，通过老师的语言提示儿童进行不同的跳跃方式。突然，老师说：“孩子们注意远处有大灰狼的踪迹，马上躲藏起来，保护好自己。”这时候同学们都惊慌失措，有的同学愣在那不动了，有勇敢的同学帮助其他同学藏好，然后自己也趴在草丛中藏了起来。

开始部分以引人入胜的游戏充分调动学生的学习热情，以新颖、优美的热身操做好身体准备，打破传统单调的跑步、做操套路，吸引学生主动、积极练习，符合低年级学生天真、活泼、好动的天性。

（2）基本部分。

第一，将创设情境导入，教师通过语言描绘、实物演示和音乐渲染等方式或利用教学环境中的有利要素为学生创设一个生动形象的场景，激起学生的情绪。第二，学生自主活动，教师安排学生加入各种游戏、唱歌、听音乐、表演、操作等活动中，使学生在特定的气氛中积极主动地从事各种智力活动，在潜移默化中进行活动。第三、总结转化，通过教师启发总结，学生领悟所学内容的情感基调，达到情感与理智的统一，并使这些认识和经验转化为指导其思想、行为的准则。例如，在《小兔乖乖》的故事中，小兔遇到大灰狼后，小朋友们都躲藏起来保护好自己，教师对大家提出疑问：“我们遇到困难的时候应该怎样去做呢？”通过问题引导下一步的情境，教师提示我们应该用我们手中的蘑菇把它打跑，这时小朋友们不自觉地拿起手中的蘑菇向大灰狼砸去，大灰狼灰溜溜地跑掉了。同学们通过学习提高了自己的本领，然后再面对大灰狼的时候都勇敢地用采到的蘑菇打大灰狼，互相协作把大灰狼打跑了，同学们收获着成功的乐趣。

通过情境“大灰狼的出现”把学生的学习气氛推到高潮，学生自选各种动作去投掷，情境结束时，教师对儿童所用的投掷方法进行总结，并对投掷的其他方法进行介绍。教师这时没有结束课而是又进入一个新亮点，学生自己去创造、去学习，给学生留有广阔自主的空间，学生互学掌握了很多种投掷方法。

（3）结束部分。

结束部分以儿童的放松为主，可以在情境中设计和主题相关的放松活动，使幼儿的身心得到放松。例如，根据上述的活动内容设置一些放松腿部、肩部的练习。

（二）情景式体育教学活动的指导

情景式体育教学活动是在情境创设的形式上选择具有趣味性的活动情境、开放性活动等方式的体育活动。

情境活动中材料的选择除幼儿园定制的材料外，还可用生活中的废弃材料来制作。

在情境内容的选择上可以选择贴近幼儿生活经验的情境来让儿童体验，还可以围绕情境中设置的角色，让儿童扮演情境中的角色进行情境体验。

在情境活动中教师要根据幼儿年龄的特点和发展幼儿不同运动能力的需要合理地调节儿童的运动量，使各种情境式的体育活动真正做到遵循幼儿发展的规律。在任何情境设置中都要和发展幼儿的基本动作相互融合，运动的程度由弱到强，从而达到增强儿童体质的目的。

三、探究式体育教学活动的设计与指导

探究教学作为一种新的教学方式，正越来越被人们重视并推广应用。探究式教学法指的是“把科学领域或社会生活中的探究引入课堂，在教师的指导和启发下，通过学生自主、独立的探索活动，有效感知和理解知识、构建知识，获得情感体验，掌握解决问题的方法，发展探索精神和创新能力的教学方式”。[①]该方法顺应了现代社会和教学改革的理念，把课堂上学生被动的地位转变为充分体现以学生为主，积极培养学生多方面的能力，形成对知识的主动探究，并重视解决实际问题。

---

① 曲婷．探究式教学对幼儿体育影响的探讨．河南农业，2009（06）：56-57.

（一）探究式体育教学活动的设计

1. 主题的设计

探究式体育教学活动主题的设计应贴近生活化，可以是动手操作的活动，也可以是贴近生活化的游戏，使幼儿能够容易接受。

2. 活动目标

根据活动的主题和活动的内容来设计活动的知识、技能和情感目标。

3. 活动准备

根据活动的内容、扮演角色的需要准备活动中所需要的材料。以往教师总是将准备工作做得很细，如活动头饰、活动器械都是由老师来制作和准备。其实教师可充分挖掘人（幼儿）、物（生活废旧材料：纸板、挂历纸、饮料瓶等）资源，和幼儿一起制作实用的运动器械，如纸棒、拉力器、毽子等，这样幼儿可以从被动参与到主动参与，实现一物多玩。例如：一块纸板可以当雨伞玩；大家的纸板一块块连接起来可当小路来练习平衡，这样的活动，幼儿感兴趣，并实践自己的玩法，提高了积极性，也培养了动手能力及创造性思维。

4. 活动过程（准备视频：《好玩的平衡木》）

（1）创设情境。问题情境的创设在探究式教学模式中是非常重要的，其设置的成功与否将关系到整节课质量的好坏。一种能给学生以情绪感染的情境能激发学生产生某种学习动机和学习兴趣，兴趣是知识的源泉，是学生学习自觉性和积极性的驱动力，是探究活动的起点。在这一阶段，教师的主要任务是做好背景知识的铺垫，激活学生原有的知识储备，并提供探究范围。

教师选择合适的材料以及设置情节和角色，创设一定的情境，引发儿童提出问题，自由操作来激发儿童参与活动的兴趣，同时达到热身的效果。在提供了有利于幼儿探索、参与的材料后，可引导幼儿自己动脑、想象，自己动手摆放。如：为幼儿提供一些彩色皱纹纸条、积木后，问幼儿："小羊吃青草要经过一条小河，一片树林，想一想我们用什么当小河？怎样穿过小树林呢？"幼儿纷纷动脑想办法且操作起来，最后想出将皱纹纸条摆成平行的两条当小河，积木四散摆放或成行摆放当树林，探索出穿过树林时可走直线、可走曲线等方法，幼儿在参与环境布置中，思维、想象力和动手能力都得到了发展。

（2）探究过程。在教师创设的情境的引导下，儿童自由发挥想象和动手操作的能力，儿童在操作的过程中能够相互交流、彼此观察，互相学习经验和借鉴别人的方式方法。

例如，《好玩的平衡木》活动中教师可以先抛出问题："小朋友们，你们以前玩过平衡木吗？"这时教师可以让小朋友自主尝试平衡木的玩法，然后小朋友和老师一起探索平衡木的不同玩法。在探索的过程中，鼓励幼儿互相交流与别人不同的有创意的玩法，不断激发幼儿的创造兴趣和热情。

（3）教师总结。教师根据儿童活动的效果，帮助儿童总结活动中的经验，帮助他们形成正确的理念。

（4）继续探索。教师可根据总结出的玩法设置不同的情境，在情境中，再次进行探索操作，达到巩固经验、扩散练习的目的。

过小河：幼儿排成一排，从上面走过去（锻炼幼儿走及平衡的能力）。注意在游戏的过程中提醒后面的小朋友不要推到前面的小朋友。

过山洞：将幼儿分成三组，排成一队，从上面爬过去（培养幼儿钻爬的能力）。

通过不同的情境设置让幼儿既感受到了活动的乐趣，又在游戏的过程中提高了身体的基本素质。

（5）结束活动。教师对幼儿的活动效果给予充分的肯定并鼓励幼儿课下进行一些生活中有趣活动的探索，通过放松活动使幼儿的情绪平稳。

（二）探究式体育教学活动的指导

在活动的开始情境的设置上，要体现生活化的特点，包括主题的生活化、材料的生活化、情境角色的生活化、情节的生活化和游戏的生活化等。这样在活动中，儿童比较容易接受，更容易激发儿童学习的兴趣。

教师在活动的过程中不要过多地干预幼儿的活动，要认真观察幼儿在活动中的心理变化以及活动过程中幼儿观察能力和模仿学习的能力，对儿童经验的总结要简练易懂。要充分肯定儿童在活动中所体现出来的操作能力，使儿童对活动进行再一次的探究操作产生浓厚的兴趣。

四、早操与课间操的设计与指导

（一）早操与课间操的设计

1. 早操和课间操的时间

一般早操和课间操的时间是小班 8~10 分钟，中班 10~12 分钟，大班 12~15 分钟，同时也要随着季节的变化不断地进行调整。早操和课间操是由教师带领，伴着音乐，从教室走到操场，在规定的场地展开的集体活动，一般都属户外活动。

2. 早操和课间操的内容

早操和课间操要根据年龄段的不同来设计不同的内容，随着年龄段的增加，内容的难度要增加。一般小班内容简单，选择趣味性较大的活动来组织；中班的幼儿具备一定的运动能力和自我控制能力，因此要求中班幼儿做操时动作统一、规范整齐；大班幼儿的运动能力更上一层楼，所以早操时要求活泼，早操动作在创编过程中可以有一些变化，以便发展幼儿的运动力以及促进幼儿运动技能的进步。

每个幼儿园的户外场地、运动器材等各有其特点，所以开展早操的类型也不尽相同。早操可以分为：全园全体幼儿进行早操，统一音乐，相同或不同的内容；不同年龄分批进行早操，不同音乐，不同内容；有的年龄组独立，有的年龄组一起，根据不同形式，选用不同音乐、不同内容。另外，幼儿园还可以根据地方特色设置一些有地方特色的园本早操或者课间操。

（二）早操和课间活动的指导

1. 合理安排早操活动的时间

全国各地幼儿园早操的时间各不相同，各个幼儿园可以根据幼儿入园的时间和各地的气候因素来确定幼儿早操的时间，并进行适时调整。有些幼儿园是幼儿吃过早餐后入园（比如南方部分幼儿园），而有些则是入园后吃早餐，因此早操时间是有差别的。又如由于气候的原因，冬季早晨较为寒冷，幼儿园的早操活动可以适当靠后安排，夏天早晨比较凉爽，可以适当往前调整。

2. 合理安排早操活动的内容

幼儿园早操的内容多种多样，可以是徒手基本体操动作，也可是轻器械操、律动操、武术操等，也可以是慢跑等体育活动。内容的安排可根据时间来选择，早操时间安排在幼儿入园后的第一个时段，早操和课间操的内容最好是以幼儿分散、自由、自主的小型运动器械活动为主，如为幼儿提供各种球、圈、绳、小高跷、小推车等，让幼儿自行选择，自主锻炼；也可以与幼儿一起搭建小型的循环体育游戏环境，让幼儿自主进行身体锻炼。如果早操的时间较晚，可以选择先以集体形式进行简单的体能锻炼或做基本体操，然后再安排分散、自由、自主的运动器械活动。

3. 合理安排运动量

早操运动要根据幼儿的身体特征合理安排，运动量不宜过大。早操后不宜立刻进行其他的教学活动。在早操后，教师应带领幼儿进行放松和整理活动，可以做一些基本的拉伸活动进行放松，待幼儿的心率降下来，呼吸平稳后再进行其他的活动。

五、幼儿体育游戏的设计与指导

（一）体育游戏的设计

1. 游戏准备部分

（1）内容的准备。不同年龄段对幼儿的体育动作发展有着不同的要求，例如：走的动作要求，小班要求上体正直、双脚交替自然地走，向指定方向走；中班要求按节奏上下肢协调地走、听信号变换速度走；大班要求绕障碍曲线走，并变换两种速度走。

各个幼儿园应该根据本园实际以及幼儿的年龄特点，制定本园的幼儿体育动作发展目标，使体育活动的开展更有针对性。

（2）场地、器材材料等的准备。

场地的选择：每个体育游戏都需要占用一定的空间，儿童体育游戏和游戏材料的摆放都需要空间。体育游戏大多在室外进行，大多数幼儿园的室外场地足以满足游戏的使用。

器械材料的准备：体育器械材料是丰富的、多样的，每个幼儿园都有配备一定量的大型器械、公共器械供幼儿进行大动作的锻炼。但是这些器械并不能满足每个班级、每个孩子的活动需要，这就要求各个班级、各个年龄段根据需要增添器械。全部购买现成器械，资金会不足，而且也不现实，幼儿园可以积极地收集废旧材料，利用材料制作相应的器械。自制的体育器械要实用，不易损坏，最好能够一物多用，而不是让幼儿玩两次就报废，在用过后可以各年龄段互相借鉴。

（3）其他准备。游戏主要角色的分配和教师对示范动作的熟练，有情节、儿歌的内容可以先讲、先教（一般并不需要特别占用其他活动或游戏时间）。

2. 游戏进行部分

（1）集合幼儿。按照游戏设计的要求，让幼儿在指定范围内站好。

（2）分组和分配角色。竞赛性游戏对各组幼儿的能力要搭配均匀，追逐游戏两人能力要相当。分组的方法一般有教师分配法、点将法、报数法、自由结合法等。

（3）游戏中的组织。在游戏的过程中，教师除了讲解规则和观察外，还应做到“最少指导”。不是不要指导，而是与传统的指导方法相比，更应该突显出幼儿在活动中的主体地位，让孩子充分探索实践。教师的指导建立在“最多观察”的基础上。当个别幼儿缺乏安全感或不会操作运动器械不知所措时，教师为幼儿创设安全的心理环境，引导孩子与同伴相互学习。

3. 游戏结束部分

游戏结束后进行放松活动，使幼儿的心率和情绪得到恢复，另外对游戏活动进行评价与自我评价，最后让学生参与到器材的归还和整理中去，使幼儿养成责任意识。

（二）体育游戏的指导

体育游戏过程的设计要注重激发幼儿的兴趣；游戏进行前要重视热身活动，无论是游戏活动还是其他形式的体育活动，热身都是必备的环节；游戏前和游戏中教师的示范和讲解要运用恰当，要重点讲解游戏动作和规则，对动作和规则的讲解应简短、精练、准确，有时可适当示范，讲解时要考虑儿童的年龄特征和接受能力；在游戏进行过程中教师应充分发挥幼儿的自主能力，在不违反规则和无危险动作的前提下充分发挥幼儿的自主性。

另外，在游戏过程中教师要认真观察，适当的时候进行指导；在游戏的组织上要注意游戏分组的合理性、内容选择的合理性、规则制定的合理性、游戏中动作设计的合理性、场地器材的合理性和游戏的安全性等。

【拓展阅读】

《3~6 岁儿童学习与发展指南》中儿童动作发展的目标及教育建议

目标 1　一定的平衡能力，动作要协调、灵敏（见表 4–2）

表 4–2　平衡能力和动作

3~4 岁	4~5 岁	5~6 岁
1. 能沿地面直线或在较窄的低矮物体上走一段距离。 2. 能双脚灵活、交替上下楼梯。 3. 能身体平稳地双脚连续向前跳。 4. 分散跑时能躲避他人的碰撞。 5. 能双手向上抛球。	1. 能在较窄的低矮物体上平稳地走一段距离。 2. 能以匍匐、膝盖悬空等多种方式钻爬。 3. 能助跑跨跳过一定距离，或助跑跨跳过一定高度的物体。 4. 能与他人玩追逐、躲闪跑的游戏。 5. 能连续自抛自接球。	1. 能在斜坡、荡桥和有一定间隔的物体上较平稳地行走。 2. 能以手脚并用的方式安全地爬攀登架、钢丝网等。 3. 能连续跳绳。 4. 能躲避他人滚过来的球或扔过来的沙包。 5. 能连续拍球。

教育建议：

1. 利用多种活动发展身体平衡和协调能力。

（1）走平衡木，或沿着地面直线、田埂行走。

（2）玩跳房子、踢毽子、蒙眼走路、踩小高跷等游戏。

2. 发展幼儿动作的协调性和灵活性。

（1）鼓励幼儿进行跑跳、钻爬、攀登、投掷、拍球等活动。

（2）玩跳竹竿、滚铁环等传统体育游戏。

3. 对于拍球、跳绳等技能性活动，不要过于要求数量，更不能机械训练。

4. 结合活动内容对幼儿进行安全教育，注重在活动中培养幼儿的自我保护能力。

目标 2　具有一定的力量和耐力（见表 4–3）

教育建议：

1. 开展丰富多样、适合幼儿年龄特点的各种身体活动，如走、跑、跳、攀、爬等，鼓励幼儿坚持下来，不怕累。

2. 日常生活中鼓励幼儿多走路、少坐车；自己上下楼梯、自己背包。

表 4–3 力量和耐力

3~4 岁	4~5 岁	5~6 岁
1. 能双手抓杠悬空吊起 10 秒左右。 2. 能单手将沙包向前投掷 2 米左右。 3. 能单脚连续向前跳 2 米左右。 4. 能快跑 15 米左右。 5. 能行走 1 千米左右（途中可适当歇歇、停停）。	1. 能双手抓杠悬空吊起 15 秒左右。 2. 能单手将沙包向前投掷 4 米左右。 3. 能单脚连续向前跳 5 米左右。 4. 能快跑 20 米左右。 5. 能连续行走 1.5 千米左右（途中可适当停歇）。	1. 能双手抓杠悬空吊起 20 秒左右。 2. 能单手将沙包向前投掷 5 米左右。 3. 能单脚连续向前跳 8 米左右。 4. 能快跑 25 米左右。 5. 能连续行走 1.5 千米以上（途中可适当停歇）。

目标 3 手的动作灵活协调（见表 4–4）

表 4–4 手的动作灵活协调

3~4 岁	4~5 岁	5~6 岁
1. 能用笔涂涂画画。 2. 能熟练地用勺子吃饭。 3. 能用剪刀沿直线剪，边线基本吻合。	1. 能边线较直地画出简单图形，或能边线基本对齐地折纸。 2. 能用筷子吃饭。 3. 能沿轮廓线剪出由直线构成的简单图形，边线吻合。	1. 能根据需要画出图形，线条基本平滑。 2. 能熟练使用筷子。 3. 能沿轮廓线剪出由曲线构成的简单图形，边线吻合且平滑。 4. 能使用简单的劳动工具或用具。

教育建议：

1. 创造条件和机会，促进幼儿手的动作灵活协调。

（1）提供画笔、剪刀、纸张、泥团等工具和材料，或充分利用各种自然、废旧材料和常见物品，让幼儿进行画、剪、折、粘等美工活动。

（2）引导幼儿生活自理或参与家务劳动，发展其手的动作。如练习自己用筷子吃饭、扣扣子，帮助家人择菜叶、做面食等。

（3）幼儿园在布置娃娃家、商店等活动区时，多提供原材料和半成品，让幼儿有更多机会参与制作活动。

2. 引导幼儿注意活动安全。

（1）为幼儿提供的塑料粒、珠子等活动材料要足够大，材质要安全，以免造成异物进入气管、铅中毒等伤害；提供幼儿专用安全剪刀。

（2）为幼儿示范拿筷子、握笔的正确姿势以及使用剪刀、锤子等工具的方法。

（3）提醒幼儿不要拿剪刀等锋利工具玩耍，用完要放回原处。

【考点聚焦】

幼儿教师资格证考试的《保育知识与能力》科目中涉及幼儿体育活动部分知识点，如图 4–1 所示。题型主要涉及选择题、简答题、活动设计题三类，选择题主要考察对幼儿基本动作发展的掌握情况，考查频率较高；简答题与活动设计题主要考察对幼儿体育活动目标、内容以及组织和活动设计，考查频率较高。

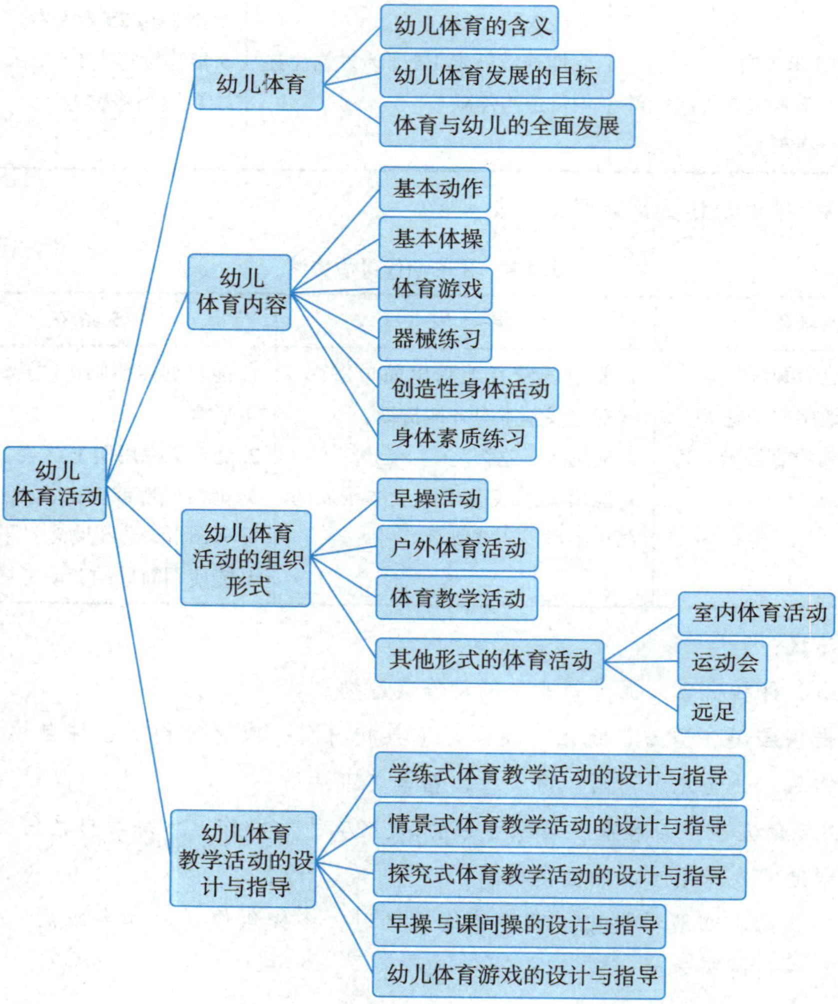

图 4–1　幼儿体育活动知识点

【实践与训练】

1. 设计一套儿童体操，与同学们共同分析体操设计是否合理，适用的年龄段以及锻炼价值，并在幼儿园进行实践。

2. 设计一套情景式或探究式体育教学活动，并在幼儿园组织实践教学。

【真题再现】

一、选择题

1.（2017 年上半年）下列最能体现幼儿平衡能力发展的活动是（　　）。

A. 跳远　　B. 跑步　　C. 投掷　　D. 踩高跷

【答案】D。踩高跷能够发展幼儿的平衡能力。

2.（2014 年上半年）小班集体教学活动一般都安排 15 分钟左右，是因为幼儿有意注意时间一般是（　　）。

A. 20~25 分钟　　B. 3~5 分钟

C. 15~18 分钟　　D. 10~11 分钟

【答案】B。一般而言，小班儿童的有意注意只能保持 3~5 分钟。

3.（2013 年上半年）由于幼儿的肌肉中水分多，蛋白质及糖原少，不适合他们的运动项目是（　　）。

A. 长跑　　B. 投掷　　C. 跳绳　　D. 拍球

【答案】A。长跑属于周期型的动作，主要以不断循环、反复某些基本的动作技术为基础，如走步、跑步、爬行等动作。这类动作的结构较为简单，幼儿较容易学会和掌握，也比较容易形成自动化。由于幼儿的年龄小，耐力比较差，容易产生疲劳，所以对于幼儿来说，不适合进行长时间的跑步。

4.（2013 年上半年）根据《幼儿园教育指导纲要（试行）》中的规定，幼儿园体育的重要目标是（　　）。

A. 获得比赛奖项

B. 培养运动人才

C. 培养幼儿对体育的兴趣

D. 训练技能

【答案】C。幼儿园体育的重要目标是培养幼儿自主参与体育锻炼的兴趣和良好习惯，体验运动的快乐，增强体质，发展幼儿的身心素质和初步的运动能力，提高其健康水平，为幼儿一生的可持续发展奠定基础。

二、简答题

（2016 年上半年）从儿童发展角度，简述幼儿户外运动的价值。

【答案】

（1）促进儿童身体的生长发育；

（2）发展儿童的基本动作和技能；

（3）增强儿童对外界环境变化的适应能力；

（4）有利于儿童的身心健康。

三、活动设计

1.（2015年下半年）大一班自由活动时间，个别幼儿用泡沫板（30cm×30cm）当滑板玩，许多孩子也想玩，但有的幼儿滑不起来，有的只能滑一点点。请根据幼儿利用泡沫板滑行的兴趣，为大班幼儿设计一个体育活动。要求写出活动名称、活动目标、活动准备、活动过程和活动延伸。

【参考答案】

大班体育活动——《有趣的泡沫板》

一、活动目标

1. 认知目标：了解泡沫板的用处、泡沫板的多种玩法。

2. 技能目标：掌握双脚踩在泡沫板上进行滑行的技能，发展平衡与协调能力。

3. 情感目标：体会集体泡沫板滑行游戏的乐趣，喜欢参加体育活动。

二、活动重点和难点

1. 活动重点：知道泡沫板具有可以做垫子、充当“方向盘”以及玩滑行游戏等多种用途。

2. 活动难点：掌握滑行方法与技巧，并进行团体合作，体会利用泡沫板进行滑行游戏的快乐。

三、活动准备

准备音乐《去郊游》《健康歌》，泡沫板若干，做好的“泡沫滑行板”若干。

四、活动过程

（一）开始部分——歌曲导入

1. 教师播放歌曲《去郊游》，请幼儿每人拿一块泡沫板做方向盘，吸引幼儿参与活动的兴趣。

2. 跟随歌曲旋律，教师引导幼儿排成长队，走到户外活动区域。

（二）基本部分——活动展开

1. 热身活动《健康歌》

（1）放下手中的泡沫板，组织幼儿在室外按照顺序排成长队站好；

（2）播放《健康歌》的音乐，教师示范，幼儿模仿，共同做活动热身。

2. 讨论、猜想泡沫板的滑行玩法并尝试

（1）教师引导幼儿想一想泡沫板的滑行玩法，自由尝试；

（2）请1~2名幼儿示范并说一说泡沫板的滑行玩法；

（3）教师小结：“小朋友们想到许多泡沫板的滑行玩法，下面咱们一起用泡沫板滑一滑！”

3. 游戏一：脚踩风火轮

（1）教师分发做好的“泡沫滑行板”，确保人手一份，并帮助幼儿穿戴；

（2）示范并讲解游戏规则：

① 教师示范滑行动作，并点明动作要领，身体前倾，双脚不得离开地面，靠滑行的力量前进；

② 每位幼儿模仿，教师指导；

③ 速度逐渐提高，幼儿练习；

（3）游戏开始与进行中，请幼儿注意安全。

4. 游戏二：比一比，赛一赛，谁的“风火轮”最快

（1）将幼儿分成四组，排队站好；

（2）游戏开始，在距离幼儿排头 10 米处设置其他泡沫板，幼儿滑行去拿一块并返回，下一名幼儿依次类推，教师计算时间；

（3）时间结束后，哪组幼儿的泡沫板最多，哪组获胜；

5. 游戏三：火车排排队，争做团结滑行员

（1）根据时间与人数，请幼儿穿戴好滑行板，排成长队，将手放到前面幼儿的腰间，共同向前滑行（考虑大班幼儿协调能力的灵活性，建议每个长队先有三名幼儿进行，依次上升难度）；

（2）教师巡回指导，确保幼儿安全。

6. 游戏四：有趣的泡沫板“变变变”

（1）教师将竖摆的泡沫板站起来，引起幼儿兴趣；

教师：“小筐竖起来变成什么？”（车轮）

（2）尝试滑行泡沫板新玩法，请一名幼儿站在车轮中间，双手各拿一个泡沫板向前滚动；

（3）幼儿可以自由寻找小伙伴将车轮变成一节节大车轮，自由游戏。

（三）结束部分——放松操

（1）播放音乐，幼儿跟着教师做放松操。

（2）教师带领幼儿回到教室，放松喝水，活动自然结束。

五、活动延伸

请幼儿到美工区利用废旧物品，自制模拟滑行器。

附：

去郊游

汽车汽车嘟嘟叫，我们大家准备好，背上我的小书包，我们出发了；
汽车汽车快快跑，路边小狗汪汪汪，去郊游去郊游，我们出发了；
嘟嘟嘟嘟嘀嘀嘀，嘀嘀嘀嘀嘟嘟嘟，嘟嘟嘟嘟嘟嘟嘟，嘀嘀嘀嘀嘀嘀嘀
汽车汽车快快跑，路边小狗汪汪汪，去郊游去郊游，我们出发了；
汽车汽车快快跑，树上小鸟喳喳叫，去郊游去郊游，我们出发了。

放松操

抖抖手、敲敲腿、弯弯腰、挥挥手、耸耸肩。

2.（2014 年上半年）根据下面案例，设计一份亲子运动会方案，要求写出亲子运动会的设计意图、两个运动项目（须写出运动项目的名称、材料和玩法）、家长工作要点以及实施注意事项。

【参考答案】

一、设计意图

《幼儿园教育指导纲要（试行）》中指出：家庭是幼儿园重要的合作伙伴，应本着尊重、平等、合作的原则，争取家长的理解、支持和主动参与，并积极支持、帮助其提高教育能力。亲子运动在家庭教育中往往被爸爸妈妈所忽视，这对密切亲子关系和促进孩子身心健康发展是极大的损失。为了帮助家长进一步学习亲子游戏的方式、方法，设计本次亲子运动会，使家长对亲子活动的目的、准备、过程和如何引导活动有更详尽的了解。

家长通过观察、亲身体验，感受如何引导孩子参与亲子活动，从而促进幼儿发展。

二、运动项目

活动一：

名称：蜈蚣竞走。

材料：无。

玩法：

1. 每班 16 名幼儿、16 名家长，分 4 组进行，每组 8 人，分别站在场地的两侧，起跑线后。

2. 听老师口令，各组一路纵队蹲下，后面人双手扶前面人的腰间，听到信号后，各组同时由起点出发，步调一致到达对面。

3. 先到达终点的组为胜。

规则：

1. 在行进过程中，必须保持下蹲姿势，手扶在前面人腰间，不得松开，若松开，退回起点重新开始。

2. 每组最后一个人过线后，另一组方可进行。

活动二：

名称：接力赛跑。

材料：皮球四个。

玩法：

1. 每班 11 名幼儿、11 名家长，分别站在场地的两侧，成一列纵队。

2. 听到裁判口令，家长将球交到对面的幼儿手中。

3. 幼儿接住球后抱球跑到对面，把球传给家长，依次往返。

4. 最先跑完为胜者。

规则：

1. 双手抱球，若中途球落地，捡起后返回原地接着跑。

2. 传球过程中不得抛球，必须过终点线方可传球。

三、家长工作要点

1. 家长要按照要求的时间准时带孩子到达运动会地点，过时间不予等候。活动前一天请保证幼儿充足的休息睡眠，以保证运动会当天幼儿以饱满的情绪参加运动会。

2. 升旗、亲子操及亲子运动项目时，务必根据教师指令快速到达指定地点，请家长全情投入到运动会中，为幼儿做良好的榜样。

3. 比赛期间请家长看管好自己的孩子，陪同幼儿的家长请不要带幼儿在运动场地随意走动，配合保持会场秩序。

4. 本次活动的主题是“我运动，我健康”“我运动，我快乐”，本着“友谊第一、比赛第二”的良好心态参加比赛，一定要注意孩子的安全。

5. 为了给孩子建立环保意识，请保持场地卫生，家长提前准备一个垃圾袋，结束后把自己所在区域垃圾整理干净。

6. 运动会项目结束后，请家长（穿亲子服）配合集体合影留念，然后领取园内准备的运动会礼物，并到本班教室签到后方可自由活动。

四、实施注意事项

1. 事先熟悉活动地点的环境，了解周围是否有安全隐患，若有应及时整改。

2. 做好活动的组织工作，强化活动纪律，确定负责人，事先制订好计划。照顾幼儿安全，注意幼儿离园的安全。

3. 对幼儿进行安全教育、纪律教育，各班教师随时清点幼儿人数。游戏活动强度应适中，教师应时刻关注幼儿在游戏中的表现，发现异常，及时给予关注。

4. 活动时，要及时提醒幼儿“安全第一、比赛第二”。

【思考与实训】

1. 简述幼儿体育的含义、内容及组织形式。

2. 幼儿体育的目标是什么？

3. 幼儿体育活动设计的要求有哪些？

4. 如何对幼儿体育教学活动进行设计与指导？

第五章 幼儿生活中的健康教育

【学习目标】

- 知识目标：了解幼儿生活中健康教育活动的内容和特点；熟悉并掌握幼儿生活中健康教育活动的基本要求和实施策略。
- 技能目标：能够进行幼儿生活中健康教育活动的设计与指导。
- 情感目标：在幼儿生活的各个环节中，关注幼儿的健康教育。

【学习重点】

- 理解并熟悉幼儿生活中健康教育活动的基本要求和实施策略。

【本章导读】

- 幼儿生活中的健康教育是幼儿园工作的重要内容，培养幼儿日常生活中的身体保护、生活自理能力及保证营养膳食均衡，对幼儿的成长都尤为重要，幼儿的身体保护、生活自理能力、营养膳食搭配等教育应贯穿于幼儿一日生活中，为其一生奠定基础。

【情景导入】

- 幼儿午休时，刘老师巡视后没发现异常，就拿起一本书看了起来。突然，她听到了一阵异常的声音，刘老师急忙起身查看，只见小佳呼吸急促，脸红红的，眼睛里满是泪水。“你怎么了？”老师问她。“珠珠，珠珠在鼻子里。”小佳结结巴巴地说。

作为未来的幼儿教师，当发现班上的幼儿出现这样的状况时你该怎么办呢？怎样才能在日常生活中帮助幼儿养成良好的行为习惯呢？今天让我们带着这些问题开始探索新知。

第一节　幼儿生活中健康教育活动的内容和特点

幼儿身心发展迅速，性格可塑性极强，幼儿时期是形成各种良好行为习惯的关键期，而良好的生活卫生习惯是幼儿身体健康的前提和保障。教师要有意识地以适当的方式帮助幼儿形成良好的生活卫生习惯，逐步形成自觉遵守科学生活秩序的意识，从小形成科学的健康观念，促使幼儿拥有良好的卫生习惯从而健康成长、受益终身。

一、幼儿生活卫生习惯教育

（一）幼儿生活卫生习惯教育的内容

1. 睡眠习惯

（1）睡前大小便；

（2）独立安静地入睡；

（3）掌握正确的睡眠姿势；

（4）按时睡觉起床，坚持午睡。

2. 饮食习惯

（1）进餐时不边吃边玩，细嚼慢咽；

（2）能够正确地使用餐具且能独立进餐；

（3）不偏食、不挑食，少吃或不吃不利于健康的食品；

（4）多喝白开水、少喝饮料；

（5）养成进餐定点、定时、定量的习惯。

3. 卫生习惯

（1）清洁卫生习惯。知道饭前便后要洗手，勤剪指甲，不吃手指，勤洗澡，勤换衣服，不随便坐在地上，早晚洗脸，不随地大小便，不乱丢垃圾，不在地上、墙上乱画，不爬、不踩桌椅，不随地吐痰，等等。

（2）器官保护卫生习惯。① 用眼卫生：看书姿势正确；不在光线过强或过暗的地方看书，连续看电视等不超过 30 分钟；不用脏手揉眼睛。② 用嗓卫生：不高声喊叫，唱歌时用自然的声音唱。③ 用耳卫生：遇到噪声时知道捂住耳朵，不抠耳朵，不把异物塞入耳朵。④ 口腔卫生：知道饭后、吃零食后要漱口；早晚刷牙，不将异物放入口中，不吞咽异物。⑤ 鼻子卫生：不用手抠鼻孔；不将异物塞入鼻孔中。

4. 排泄习惯

（1）及时如厕，不憋尿，不尿裤子；

（2）便后擦屁股、冲厕所、洗手；

（3）每日大便。

5. 运动习惯

（1）喜欢参加体育活动；

（2）锻炼前热身，锻炼后放松；

（3）锻炼中注意保护自己；

（4）锻炼后收拾器材。

6. 作息习惯

作息习惯隐含在睡眠、饮食、卫生、排泄、运动等各项习惯中，如按时睡觉和起床、坚持午睡、定时进餐等。

（二）幼儿生活卫生习惯教育的特点

1. 随机性

幼儿的生活中蕴含着宝贵的教育契机，日常生活本身就是培养健康行为的最真实场所。教师要善于观察、捕捉并适当运用生活中偶发的事件进行灵活、及时的教育，重视教育的随机性，以促进幼儿健康行为的形成。

2. 趣味性

为了让幼儿掌握生活技能，教育应从幼儿的身心特点和兴趣出发，灵活运用多种形式对幼儿进行教育，重视教育的趣味性，避免单调乏味的机械重复行为。如穿脱衣服、洗手洗脸、刷牙漱口、使用餐具、使用手纸等生活技能都可以采用儿歌、游戏、竞赛、分步学习等方式让幼儿掌握。

3. 坚持性

幼儿的日常行为具有不稳定性和易变性，常常会由于认识的淡化或其他因素的影响而很快改变形成不久的健康行为。良好的卫生习惯不是一天两天就可以形成的，它是个不断养成、不断巩固提高的过程。因此，幼儿园健康教育要反复进行练习，坚持不懈。同时，需要幼儿园和家庭的共同努力，一方面保持教育的一致性，另一方面保持教育的连贯性，通过长期的教化与训练，促进幼儿养成良好的健康行为习惯。

4. 个别性

幼儿是独立存在、发展中的个体，其发展水平和速度有很大的差异。生活习惯教育要针对各幼儿不同情况分别进行，注意方法的个别化和个性化，注意照顾个体差异，对特殊幼儿需要特别加以照顾，给予耐心、细致的帮助。

【拓展阅读】

××幼儿园习惯养成教育

幼儿园习惯养成教育内容包括生活习惯、卫生习惯、学习习惯、礼仪习惯四个习惯。

1. 生活习惯

生活习惯包括作息习惯、睡眠习惯、排泄习惯、饮食习惯、进餐习惯、整理习惯等。

现代生活实践证明，一个不会生活的人，也就不会学习、不会工作。而良好生活习惯的养成，需要从幼儿时期就进行培养。良好的生活习惯，是需要每一个幼儿教育工作者和每一个家长必须掌握的。幼儿良好生活习惯的养成，离不开家庭和幼儿园的密切配合。我园对幼儿进行良好生活习惯的教育非常重视。如在活动结束后，教师会要求幼儿把小椅子轻轻地摆放好，把书本摆放到书架上，把玩具分类放回到玩具柜里，对幼儿进行爱护公物的教育。在集体活动中，要求幼儿做到说话轻、走路轻，遵守公共秩序，不妨碍他人。

习惯支配着人的思维和行动。人生的初始阶段，一切都要学习，可塑性大，自控能力差，不教就会错过良机。3岁之前是一个关键期，7岁之前又是一个关键期。孩子在幼儿园学会了把自己的东西分一半给小伙伴；不是自己的东西不能拿；用过的东西要摆放整齐；吃饭前要洗手；午饭后要休息；做错了事要表示自己的歉意；仔细观察大自然……而回到家，因为家长包办代替严重，过于溺爱和纵容孩子，会收到5+2=0的效果，即：在幼儿园5天学到的东西等于没学。幼儿一旦养成了某一方面的坏习惯，再补救是很难的。

2. 卫生习惯

教育家蒙台梭利指出，构成儿童道德品质有三个要素，即天性、理智和习惯，其中习惯最为重要。因此，从小让孩子养成良好的卫生习惯，长大后才会受益无穷。另外，对孩子的教育来自家庭和社会，特别是卫生习惯，来自家庭的教育尤为重要，父母的一举一动都将成为孩子模仿的对象，所以父母应在孩子面前树立良好的形象，让孩子效仿。对于孩子在卫生习惯方面的点滴进步，家长都应加以表扬，让孩子分享进步的自豪与喜悦。身教比什么都重要，孩子总是以父母为榜样，整天零食、糖果、饼干不离口的父母，很难要求孩子不吃零食。饭前自己不洗手，又怎能叫孩子洗手才吃饭呢？

父母如要孩子养成好的习惯，最好自己先要改变。个人卫生习惯教育以养成教育方法为主，如饭前便后洗手，自己穿衣叠衣放衣，饭后收拾餐具、擦桌子，活动结束自己能将物品物归原位等。在家或幼儿园进餐时要求幼儿不讲话、不剩饭菜，做到碗里干净、桌上干净、地上干净，以此对幼儿进行爱惜粮食的教育。

3. 学习习惯

学习习惯的培养，并不是说学多少知识，而是培养幼儿的学习兴趣、注意力和学习品质。

美国著名发明家爱迪生一生有近 2 000 项的发明。但是，在发明电灯泡时，他一次次地失败了，又一次次地从失败中站起来，最后，他终于成功了。他成功的原因是他拥有锲而不舍的精神。在发明这条道路上，他一直把这种精神作为自己前进的动力，他认为，只要坚持，就一定会成功，所以，他也自然而然地成了世界上的“发明大王”。

4. 礼仪习惯

中国自古以来就被尊为“礼仪之邦”，形成了众多公认的生活习惯、礼仪要求。3~6 岁的幼儿正处在个性形成发展的重要时期。孩子具有竞争优势，可成为未来的赢家；让孩子具有健全的人格，可收获成功的希望；让孩子从小养成知礼、学礼、懂礼、用礼的好习惯，可使男孩成为未来社会彬彬有礼的绅士，女孩成为未来社会落落大方的淑女。礼仪使人更有涵养，涵养使人更具魅力，使人更易成功。具有良好的礼仪习惯是人的文明素质的外在表现。

（三）幼儿生活卫生习惯教育过程中应注意的问题

1. 适时进行

针对幼儿的生理、心理发育特点，适时进行生活常规教育。教师应当采取生动有趣的方式，用亲切鼓励的语言与目光，使幼儿能主动、适时地接受正确的生活卫生习惯教育。

2. 要求应具体而规范

幼儿的认知与操作能力较差，所以，对于生活卫生习惯的要求应当具体而且容易操作，这样才能使幼儿逐渐形成良好的生活卫生习惯。

3. 注重年龄及个体差异性

一般小班为最基本的生活要求，中、大班则是在小班的基础上要求内容逐渐增多，难度增大，遵循螺旋式上升、循序渐进的原则。同一年龄的幼儿发育水平有所差异，所以应根据教育对象的不同，对个别幼儿给予耐心细致的帮助，尽可能地达到均衡发展。

4. 要有一致性

在培养幼儿生活卫生习惯的过程中，对幼儿采取统一要求是十分重要的。它体现在教师之间的一致性、保育员之间的一致性以及家园之间的一致性等方面。统一的要求不仅避免了幼儿的无所适从，同时也为幼儿提供了多次练习的机会。

5. 保育与教育相结合

幼儿园生活卫生习惯教育应该采取保育与教育相结合的方式，通过保育辅助手段更好地实现。

6. 注重榜样的作用

幼儿的模仿能力极强，在行为习惯养成的过程中，家长、教师、小朋友或周边其他人的行为举止对幼儿具有很大的感染力，同时幼儿日常所接触的电视、广播、书籍中的人物形象也有很强的榜样作用。所以，教育者不仅要注意自身的素质，同时还要为幼儿选择适合的人文环境，促进幼儿的健康成长。

二、幼儿生活中身体生长发育教育

（一）幼儿生活中身体生长发育教育的内容

认识自己身体外部的主要器官，知道其名称、主要功能及初步的保护方法，促使幼儿逐步形成关注健康的意识和习惯，为保证幼儿生理的健康发展打下良好的基础。身体外部的主要器官包括眼睛、耳朵、鼻子、牙齿、皮肤。

1. 身体器官的认识与保护

（1）眼睛：能认识人和物，能看书、看电视，能维持身体平衡，能表达感情，并能使我们避开许多伤害。培养幼儿养成以下良好习惯：不用手揉眼睛，手绢、毛巾等要专用，手绢要常洗，保持清洁，以防眼病；教育幼儿不玩有可能伤害到眼睛的物品，如小刀、剪子、竹签、弹弓、仿真手枪等尖锐的物品；户外活动玩沙子时不撒沙子，不放鞭炮；不要围观电焊，以免发生电光性眼炎；教育幼儿有异物如沙子、小飞虫等飞入眼睛或眼睛发痒时不要揉眼睛，应该轻轻闭着眼，等大人来处理；看电视时，电视机旁边亮一盏小灯，眼睛应平视或略高于电视画面，时间不宜过长，不能超过 1 个小时，也不能太近，应该与电视机保持 1. 5 米以上的距离。教师要使幼儿明白定期检查视力的意义和方法，并能配合检查。

（2）耳朵：是听觉和位觉（平衡觉）的感受器官。耳朵可以听声音，幼儿外耳道壁尚未完全发育好，咽鼓管较成人的要短，容易感染。教育幼儿听到大声音应当捂住耳朵或张大嘴巴；不要捡拾小的物件放入耳中，不要挖耳朵；学会正确擤鼻涕的方法（一个鼻孔一个鼻孔轻轻地擤），以免引起中耳炎；不干净的水进入外耳道时要及时清洁干净，以免引起外耳道炎。

（3）鼻子：是呼吸的重要器官，能温暖、湿润和清洁空气。幼儿鼻子和鼻腔相对短小、狭窄，黏膜柔嫩，血管丰富，小儿没长鼻毛，容易受到感染。所以我们要教育幼儿用鼻子呼吸，不蒙头睡午觉；咳嗽、打喷嚏时要用手绢捂住口鼻；不要将小物件塞入鼻孔，不要用手挖鼻孔；不要随地吐痰。

幼教故事

苗苗小朋友在体育活动中突然出鼻血了。小朋友们十分紧张，老师立刻进行处理，并告诉幼儿出鼻血以后的相关急救措施，并且组织幼儿运用已有经验进行“出鼻血怎么办”的活动，引导幼儿明确：“出鼻血要多喝水”“出鼻血要多吃水果”“不能抠鼻子”。接下来，老师又特别请了保健医生就出鼻血的一些自我保护措施、正确的预防方法等专门对幼儿进行了专业的讲解。

活动评析：

幼儿年龄小，鼻黏膜柔嫩，容易出血。请保健医生进行专业的讲解，可以帮助幼儿掌握规范的自我保护方法，如举起手、压住鼻翼、多喝水等。此外，在阅读区，教师提供一些有关五官的书籍供幼儿进行阅读；在医院游戏中，鼓励幼儿将鼻子出血的生活经验再现……这些都是培养幼儿自我保护能力的有效途径。

（4）牙齿：是消化的第一关口，对人体消化食物吸收营养有着极为重要的作用。乳牙不仅是咀嚼的工具，而且对促进颌骨的发育和诱导恒牙的萌出作用极大，还有助于面容和谐、自然和正常发音。幼儿期正处于恒牙、乳牙交换的时期，乳牙的好坏直接影响着恒牙能否健康萌出，因此，应引导幼儿掌握保护牙齿、预防龋齿的方法，应帮助幼儿初步形成关注牙齿健康的意识和保护牙齿的好习惯。我们要教育幼儿不吸吮手指，不托腮、咬下嘴唇和手指甲；不咬其他硬物，如瓶盖、铅笔头、尺子、核桃等硬果壳类。

（5）皮肤：是人体的外衣，能保护我们的身体，能感觉冷、热、触、痛、压、软、硬、光滑、粗糙等属性，还能抑制和杀死细菌，排除体内的废物。应使幼儿了解保持皮肤清洁卫生的重要性，养成脏了就洗的好习惯；勤剪指甲，手指甲每周剪一次，脚指甲两周剪一次；勤换内衣；每天用香皂清洗身体裸露部分，特别是手；掌握正确的洗手、洗脸方法。

幼教故事

午饭之前，小班老师组织小朋友去洗手，并且边洗手边念之前学会的儿歌：搓搓搓、搓手心，搓搓搓、搓手背，搓完小手洗一洗，一二三，甩三下。

活动评析：小班幼儿刚刚入园，常规的习惯需要在反复的练习中形成。对于朗朗上口、生动有趣的儿歌，幼儿很容易掌握，很快就能记住洗手的要求。

2. 幼儿生活中疾病防治常识教育

（1）引导幼儿懂得要预防疾病，生病时要及时去治疗，懂得打针、吃药虽然很痛苦，但是能防病、治病，能避免疾病带来的不适和痛苦；在生病时愿意接受医生提供的治疗，听从医生、家长的嘱咐，按时打针吃药。

（2）引导幼儿了解预防接种的初步知识，知道预防接种的目的是预防对身体健康影响很大的传染病，打预防针应该主动，不怕痛，并能听从医生的指导，注意预防接种后避免剧烈活动。

（3）初步了解常见疾病的粗略预防知识。

（4）了解预防龋齿及换牙的有关知识。

（5）了解天气对人的影响，学会照顾自己，避免生病。

3. 简单处理身体伤害

使幼儿初步掌握一些处理意外伤害的简单方法。如鼻子出血了，知道轻捏鼻、头略低、冷敷；异物入眼知道不乱揉，等待大人来处理；身体受伤后知道不随便涂抹药物；身体外表出血时知道按压出血处止血并及时告诉大人。

（二）幼儿身体生长发育教育的特点

幼儿身体生长发育教育主要指观察、认识身体生长发育的变化，体验身体功能逐渐完善的感受，接受健康的早期性启蒙教育，具有探索生命现象的兴趣。幼儿身体生长发育的特点如下：

（1）中班以下的孩子，生长发育较前稍减慢，尤其在体格方面。

（2）个体的生长速度不均衡，发育顺序呈现下肢先于上肢、四肢早于躯干，自下而上、自肢体远端向中心躯干的规律性变化，整个生长发育速度曲线呈波浪式。幼儿先天性免疫力开始下降，幼儿传染病的发生率达到高峰期。

（三）幼儿身体生长发育常识教育中要注意的问题

1. 科学与艺术解释相结合

所谓科学解释，是指教给幼儿的有关身体的知识是科学的、符合实情的，不应对幼儿撒谎；所谓艺术解释，是指鉴于幼儿的认知水平和情感接受程度，有时必须要求教育者对身体知识以隐喻的方式加以说明。如常常令大人们棘手的问题是关于“性”的解释，教育者应当以幼儿能接触到的身边的生物为例子，说明所有生物都有性现象，人类并不特别，生殖器官只是人体的一部分。教育者在对待性问题时应当以平静的心态去面对幼儿，引导幼儿认识男女在体力、体格等方面的不同以及男女合作对家庭和社会生活的重要性。

2. 讲解与体验相结合

对幼儿实施生长发育常识教育时，幼儿常常会受到理解能力的限制，如幼儿对体重等相关“数”的概念、意外伤害给人体带来的危害等诸多问题认知能力较低，所以教育者可以通过让幼儿定期体检，体验身高与体重等的变化，感受到长大的乐趣。生活中常有个别幼儿因疾病等原因身体受到伤害，教育者可以创造机会让其他幼儿倾听、观察患儿的痛苦，使幼儿感受到身体健康的重要与愉悦，引导幼儿愿意接受抵御疾病的各项保护措施，珍惜健康和生命。

3. 抽象与直观相结合

幼儿对纯粹抽象的知识讲解难以理解和记忆，而讲解过程中结合直观的图像或实物会事半功倍，所以在实施生长发育常识教育过程中应以直观教育为主。例如在认识人体器官的教育过程中，首先让幼儿欣赏健康人体美，如长长的睫毛下亮晶晶的眼睛，口腔内整齐洁白的牙齿等，然后再展示受到伤害的眼睛、牙齿等，强烈的对比更能够激发幼儿向往健康和珍爱生命。

三、幼儿生活中饮食与营养教育

幼儿期是饮食习惯形成的关键时期，从行为、心理和社会学角度来说，这一时期形成的习惯具有一定的“顽固性”，会影响幼儿的一生。所以在幼儿园开展饮食与营养教育，将使幼儿终身受益。

（一）幼儿生活中饮食与营养教育的内容

幼儿饮食营养教育的重点在于了解人的成长与身体的健康必须依靠食物做保证；懂得身体需要多种营养素；喜欢吃多种不同的食物；初步了解烹调的基本方法；养成良好的饮食卫生习惯；了解不同地区饮食文化的多元性。幼儿饮食营养教育的具体内容如下：

1. 食品营养和饮食卫生知识教育

认识常见食物的名称和作用，观察食物的种种形态、质地，品尝食物的味道，欣赏食物的颜色；初步认识人体所需要的各种营养素，了解这些营养素可以从哪些食物中获得；能正确看待食物，知道不同的食物有不同的营养，形成广泛摄取食物、保持身体健康的饮食营养意识；知道餐桌上的食物是怎样来的、怎么做的；知道有些食物不能吃、有些食物不能多吃的道理；知道要多吃富含粗纤维的蔬菜、水果等食物；少吃零食，不吃变质等非健康食品，能主动饮水等。

2. 建立良好的饮食行为习惯

向幼儿介绍不良饮食行为习惯对人体健康的危害，通过反复提醒、练习，帮助他们建立良好的饮食行为习惯，如饭前洗手、饭后漱口、安静用餐、不吃不洁食物、不乱吃零食等。学龄前是培养儿童良好饮食行为和习惯的最重要与最关键阶段，帮助学龄前儿童养成良好的饮食习惯，需要特别注意以下几个方面：

（1）合理安排饮食，一日三餐加 1~2 次点心，定时、定点、定量用餐。

（2）饭前不吃糖果等零食、不饮汽水等饮料。

（3）饭前洗手，饭后漱口，吃饭前不做剧烈运动。

（4）养成自己吃饭的习惯，让孩子自己使用筷、匙，既可增加孩子进食的兴趣，又可培养孩子的自信心和独立能力。

（5）吃饭时专心，不边看电视边吃或边玩边吃。

（6）吃饭应细、慢，但也不能拖延时间，最好能在30分钟内吃完。

（7）不要一次给孩子盛太多的饭菜，先少盛，吃完后再添，以免养成剩菜、剩饭的习惯。

（8）不要吃一口饭喝一口水或经常吃汤泡饭，这样容易稀释消化液，影响消化与吸收。

（9）不挑食、不偏食，在许可范围内允许孩子选择食物。

（10）不宜用食物作为奖励，避免诱导孩子对某种食物产生偏好。

3. 饮食方法和技能教育

指导幼儿掌握基本的饮食方法技能，正确使用勺子、筷子；掌握吃各种食物的技能如吃虾、吃面；学习比较不同食物的价格和营养素，能初步选择健康食物，能初步辨认腐败变质的食物；培养幼儿的饮食自理能力；了解食物的来源及加工制作、保存方法，学习在成人的帮助下制作几样简单的食物。

幼教故事

有趣的筷子

淘淘今年4岁，开始上中班了，还不会用筷子，妈妈想现在应该是学用筷子的时候了。有一天，妈妈买了1千克巴旦木，是那种经过处理的外壳粗糙、椒盐味的，妈妈告诉淘淘，学会用筷子可以参加六一儿童节时幼儿园组织的夹种子比赛（实际上比赛的事是妈妈编出来的）。淘淘开始兴致勃勃地练起来，妈妈则坐在边上不停地指点、纠正：哪个指头该放在哪个位置，两根筷子要比齐，并用锤子砸出果仁，时不时奖励他吃一颗。每当淘淘夹起来一颗巴旦木，妈妈就赶紧夸一句："我儿子真棒！"当他不想夹并放慢速度时，妈妈就说："运货，快点。"就这样练了大约15分钟，淘淘开始不耐烦了，扔了筷子玩别的去了。看到这种情况妈妈也不勉强，可以下一次再练。第二天下午，正好淘淘6岁的小表姐贝贝来他们家，妈妈就让贝贝砸果仁，淘淘夹巴旦木运货。同小表姐合作，淘淘很兴奋。妈妈不时督促："运货的，快点。"淘淘这次用筷子比上次熟练了，没壳的果仁，他直接夹到嘴里吃掉。这次玩了20分钟，他们都没兴趣了，妈妈只好收工。第三天，因为巴旦木被吃光了，想让淘淘再练筷子，也没有道具了，只好作罢。

这个星期天的晚上，在爷爷家吃饭，淘淘竟然拿筷子吃饭，夹菜的动作很好看，妈妈和爸爸都很激动：儿子拿筷子吃饭，这是他成长史上的一件大事。妈妈问淘淘："筷子好用，还是勺子好用？"儿子说："筷子好用，大的小的都可以夹起来。"

筷子的使用对于幼儿来说非常有意义。一般，小班幼儿使用勺子，升入中班以后开始使用筷子，让他们重新换一种进餐工具，其中的困难可想而知。教师应抓住中班健康领域的教育目标与幼儿的年龄特点，解决孩子日常生活中的问题，并让他们掌握一些技能，培养幼儿的健康行为，最终使幼儿养成健康的生活方式。

4. 了解民间饮食文化及风俗习惯

通过故事让幼儿了解不同地域的饮食文化和风俗习惯，培养他们对祖国饮食文化的热爱，同时拓宽他们的视野，帮助他们了解多元文化，并鼓励他们有机会多品尝我国及各国民间流传至今的食品。

5. 养成健康文明的饮食礼仪

以故事或角色扮演的方式，让幼儿从小懂得就餐时的饮食礼仪，如进餐过程中讲究餐桌卫生，自助餐或聚餐中能按需取餐或点餐，不浪费食物等，也可以向幼儿讲授一些基本的进餐礼貌语和礼仪行为。

6. 知道简单的处理和烹调食物的方法

通过向幼儿展示或带领他们参观食物的种植、制作过程，让幼儿了解食物是从哪里来的；通过动手操作，使幼儿了解食物的制作过程；通过观察，使幼儿掌握食物的储存方法等，从而丰富幼儿的生活经验。

（二）幼儿生活中饮食与营养教育的特点

1. 安全性

安全性是指饮食营养教育应保证幼儿的安全和健康。饮食营养教育的内容应将安全和健康放在首位，幼儿正处于身体发育的关键时期，需要补充大量的营养，而且他们活泼好动，能量消耗也很大，所以他们需要吃东西来保证身体发育的营养，但他们喜欢吃不同种类、不同口味的食物，由于饮食丰富，品种齐全，吃的时间较长，稍有疏忽，就有可能造成食物中毒等危险，所以必须教育幼儿注意饮食安全。

幼教故事

不注意饮食安全的其其

从前有一只小兔子，她的名字叫其其，她的毛雪白雪白的，非常干净和光滑，可爱极了，不过，她有个不好的习惯，她每天一日三餐酷爱吃的都是辣条、烧烤、油炸食品，这些食品味道虽好但容易吃坏肚子。不过其其拉肚子也不管，过了很多天，其其的毛开始慢慢地脱落，肚子也像针扎那么痛，其其只好去看医生。医生说："你是不是吃了一些很不干净的东西？"其其心想这么好吃的东西，我怎么舍得不吃呢？于是就撒谎说："没有啊！"说完就跑出了医院。又过了一段时间，其其的毛已经全掉完了，她用假毛装上去，别人看见了都笑她。当她肚子痛的时候，就吃止痛药，亲人们都苦口婆心地劝她不要再吃了，但她一点也听不进去，还是我行我素，照吃不误。最后，其其因食物中毒而住进了医院，差点为此丢掉性命，从此她再也不敢乱吃了。其其的故事告诉我们应该吃对身体有帮助的新鲜食物，如水果、蔬菜、牛奶等，要注意饮食安全。

在教育活动中，教师应指导幼儿学习食品安全知识。为幼儿提供饮食时，教师一定要进行选择和鉴别，保障幼儿安全、健康成长。

2. 需要性

需要性是指饮食营养教育应关注幼儿发展的需要。饮食营养教育的活动内容来源于幼儿的生活，来源于幼儿的需要，是幼儿最熟悉的，也是幼儿身心发展所必需的。但由于环境的不同、年龄的差异，幼儿的饮食行为、饮食态度和健康状况等不尽相同。幼儿饮食营养教育活动应从幼儿的实际出发，让幼儿了解食物与人类健康之间的关系，形成主动、持久、稳定、自觉的行为和态度。

3. 可行性

可行性是指饮食营养教育活动应符合幼儿的身心发展特点。饮食营养教育的内容、方法等是否适合于不同年龄阶段的幼儿，是否为不同发展阶段的幼儿所认知、所接受，这是实施教育活动前必须认真考虑的问题。如幼儿园小班的孩子认知水平相对较低，生活经验不丰富，独立生活能力较弱，在进餐时往往表现出卫生习惯不良、挑食、进食行为不熟练等问题，在教育过程中应偏重幼儿兴趣的激发和习惯的培养，教育方法可选择示范、榜样等。而中、大班的孩子认知水平有了一定发展，生活经验更加丰富，独立能力增强，在教育过程中可增加其认知性和操作性，采用实践操作或情境教学等方法。

4. 直接性

直接性是指饮食营养教育的内容应尽可能是幼儿能直接感知的。感觉或知觉分别是客观事物直接作用于感官所获得的个别或整体属性的反应。感知觉在幼儿心理发展过程中具有特别重要的意义。在幼儿的认知过程中，感知觉占据重要地位。幼儿基本上是依靠自己的直接感知来认识事物的，幼儿的记忆直接依赖于感知的具体材料，幼儿的思维常为感知觉所左右，幼儿的情绪和意志行动也常受直接感知的影响而变化。

所以，直接感知是幼儿获得信息的有效途径，在饮食营养教育中应尽可能让孩子们多试验、多模仿、多探究，通过看、听、闻、尝、摸等多感官协同作用促进教育的效果。例如，请全体幼儿吃同一种食物，然后让他们分别说说吃的东西是什么味道，这种教学形式，能引起幼儿的兴趣，激起他们积极、愉快的学习情绪，提高教学效果。

5. 一致性

一致性是指饮食营养教育对幼儿的要求应前后一致、家园一致。饮食营养教育非一朝一夕的事，教育者要注意在教育中对幼儿的要求始终如一，不应随意改变；同时，家庭的教育也应与幼儿园的教育要求统一起来，这样才能取得好的效果。例如，幼儿园教育应与家庭教育建立良好的沟通途径，使得孩子在园与在家一致，并坚持原则，不轻易改变。

6. 序列性

序列性是指饮食营养教育应注意循序渐进。皮亚杰的儿童认知发展理论指出，有序的信息有利于幼儿吸收、加工、储存与提取，通过同化、顺应促进认知结构的更新和发展。在进行饮食营养教育时，应坚持循序渐进的原则，由易到难，先培养幼儿对饮食营养的比较概括能力，再进行分类、推理训练，才能构成思维活动的阶梯，形成一个系统的、序列化的知识整体。

7. 整合性

整合性首先表现为饮食营养教育应是一个全面的、系统的整体，它包括内容、方法、途径和场景等。饮食营养教育的目的是让幼儿了解各种食物及其对人生长发育、维护健康的作用和影响，所以在教育中应拓宽视野，建立整体的饮食营养教育观念。同时，饮食营养教育除正式的教育活动外，还可以渗透于幼儿园一日活动的其他环节，或家庭教育中饮食营养教育应整合园内、园外的一切可利用资源，让学生从餐桌走向农田、工厂、超市等。另外，饮食营养教育活动中，应根据幼儿的年龄特点、认知特点、兴趣爱好和个体差异等因素，合理选择教育方法，提高幼儿对饮食健康知识的理解，帮助他们养成健康的饮食营养习惯。

整合性还表现为饮食营养教育应结合各领域的教育内容。幼儿饮食营养教育不仅属于儿童健康领域的教育内容，也涉及语言、艺术、科学、社会等各领域，应将它们有机地整合起来，建立和形成统合的教育模式。例如，案例“有趣的蛋”，就是将各种学科有机结合起来，既锻炼了孩子们的观察力、语言表达能力及动手操作能力，还培养了孩子们对生活和美的欣赏能力。

（三）幼儿饮食和营养教育应该注意的问题

1. 饮食和营养教育内容应该结合幼儿的饮食现状来开展

不同时代经济发展状况不同，幼儿的发育及饮食状况也有很大不同。饮食与营养教育必须针对幼儿的饮食现状，有目的地选择教育重点，从而使相关教育更加行之有效。

2. 营造良好的饮食教育环境

清新、整洁、幽雅的进餐环境和温馨、宽松的气氛，有助于幼儿餐前做好积极的生理和心理准备，有利于良好饮食习惯的培养。为调动幼儿进餐的积极性和主动性，达到愉快进餐的目的，教育者在幼儿进餐时要用亲切适宜的语言，将色香味美的各种菜肴介绍给孩子们，让幼儿通过视觉、嗅觉和味觉的享受，体会进餐的乐趣。教师应当关注每一个幼儿的饮食变化，发现异常及时与幼儿交流，查找原因，个别引导，使幼儿在心理上感受到自己是被老师关注和喜爱的，从而乐于接受老师的建议。进餐时，可播放些优美动听的音乐，调动幼儿的积极情感，从而提高幼儿食欲。

3. 家园保持一致

调查发现，幼儿的不良饮食习惯多数来源于父母，如母亲不喜欢吃的食物，孩子也常常不爱吃。有些家庭饮食品种较单调，也会导致幼儿偏食、挑食。可以通过聘请营养专家开设专题讲座、召开家长座谈会等途径，帮助家长树立正确的饮食观念。通过家园合作互动，可以形成家园教育合力，共同帮助孩子建立良好的饮食习惯。

4. 注重榜样的作用

现在的幼儿已经开始有自己崇拜的偶像，并喜欢模仿偶像的行为及动作。教师可告诉幼儿，他们不喜欢吃的一些食物，如芹菜、胡萝卜等，正是他们的偶像最喜欢吃的。由于偶像效应，幼儿对这些不爱吃的食物也会有好感，甚至会吃得很香。当然这些偶像也要随着幼儿的情感适时更换，以让其保持新鲜感和兴趣，从而真正达到树立偶像的榜样作用。同一个班级的幼儿对食物的喜好也各有不同，可以使喜爱某种食物或不偏食的一些幼儿与偏食的幼儿同桌进餐，不偏食幼儿的愉快进餐与教师的及时引导必然会使偏食幼儿受到积极影响。

5. 教育应该结合幼儿的生理及心理发育特点来进行

对幼儿的教育必须注重趣味性，具体而形象化，饮食教育也不例外，生动有趣的形式能使幼儿在轻松愉悦的氛围中粗浅地理解饮食与营养方面的知识。对于挑食、少食的幼儿，教育者应该根据幼儿的身体状况及个性，把握好坚持与妥协之间的度，既要保证幼儿的身体健康不会受到影响，同时也应该避免因强迫性进食而出现厌食心理。应采取多种积极有效的方法，例如创造良好的进餐环境，控制好零食量，在幼儿园中还可以充分利用良好的群体效应，让幼儿受到同伴影响而主动改变不良的饮食习惯。

四、幼儿生活中安全自护教育

好奇是幼儿的天性，好动是幼儿的本能，好奇导致幼儿有探索的欲望，幼儿总是通过不断的探索和尝试来认识周围的事物。但是幼儿缺乏生活经验，对什么是危险认识不足，面临危险后又不知所措，缺乏自我保护的意识和能力，容易因意外事故而影响健康甚至失去生命。教师要根据幼儿的生活实际，采取灵活多样的方式，对幼儿进行安全自护教育，逐步培养幼儿的自我保护能力。

（一）幼儿安全自护教育的内容

幼儿生活中安全自护教育的内容通常包括食品卫生安全教育、交通安全教育、消防安全教育、玩具安全教育、活动安全教育、生活安全教育、疾病安全教育、危险自救和自护教育等。一般可以划分为以下三个方面：

1. 环境安全教育

环境既是幼儿生活的客观条件，又是对幼儿进行安全教育的有效资源。幼儿生活的环境，有房舍，各种各样的设施设备、玩具、学具、用具，对其选择和使用都会对幼儿的身心产生重要的影响和作用。为确保幼儿安全，这些环境必须符合相应的要求，还要培养幼儿识别环境安全与否的意识。

用电安全：电源开关、插座不能触摸，不能玩弄；电器不能随意开启，尤其是电熨斗、电暖器等，不能随便玩；不去拉电线、剪电线、将电线插入电源插座等。

玩水安全：池塘、井、河、湖、海等水深危险，不能私自靠近玩耍，不能去游泳，有人落水要找大人求救等。

消毒物品、药品安全：消毒物品、药品不能拿取，药品要按医嘱在成人指导下服用。

消防安全：懂得玩火危险，知道消防通道。

玩具安全：不能咬食玩具，不能将细小的玩具塞入嘴、耳朵等。

结合幼儿生活环境实际，在确保为幼儿提供安全生活环境的前提基础上，帮助幼儿树立环境安全意识，让幼儿在日常生活中学会辨别环境的安全与不安全因素，避免受到伤害。

2. 生活安全教育

生活安全教育主要是指围绕幼儿一日生活中的衣食住行各方面安全所应具备的基本知识和能力而进行的教育。

出行安全：上下楼梯靠右行走，不推不挤；过马路，左右看，红灯停、绿灯行，不在马路上踢球、奔跑、玩游戏，过马路走斑马线等。

活动安全：玩玩具时，不打不闹，要抓好扶稳、守秩序、避免冲撞等。

食品安全：不随便捡食和饮用不明物，不吃腐烂和有异味的食物，喝汤、喝水必须避免烫伤，吃鱼防止鱼刺卡喉咙，进食时不大声喧闹以免食物呛入气管等。

结合幼儿一日生活，使幼儿在生活活动、游戏活动、教学活动中，学会各种安全知识和技能，提高幼儿在生活中的安全意识和自我保护能力。

3. 自护自救教育

自护自救教育主要是围绕幼儿常见疾病与传染病的防护和意外伤害事故来开展的，目的就是让幼儿在面对身体不舒服、有疾病症状或紧急危险情况时能够主动地采取初步的自护自救措施，具备一定的自护自救能力。

疾病自护：当感觉自己身体不舒服和有疾病症状时，如头痛、发烧、咳嗽、肚子痛、鼻出血、牙出血、眼睛不适等，能及时告诉家长和教师；有病愿意去医院就诊，就诊时能主动配合医生，打针吃药不哭不闹，不胡乱吃药。

紧急情况自护自救：当独自在家时，不给陌生人开门；不吃陌生人给的东西，不要陌生人的财物，不听信陌生人的话，不限陌生人走；不擅自离开家、幼儿园，人多拥挤处与大人携手同行；遇到坏人时会呼救和求救；遇到危险，会拨打紧急呼叫号码（110、119、120 等），能正确表达清楚地址、姓名以及事态；遭遇火灾，会用防烟口罩或干、湿毛巾捂住口鼻，立即趴在地上，匍匐前进，尽快逃离现场。

（二）幼儿安全自护教育的特点

1. 日常防范

幼儿生活中和周围环境的安全隐患无处不在，所以对于幼儿的安全自护教育应是随时随地的，在日常生活中，这种教育并不声势浩大，可以信手拈来，但它却是很有必要的，对儿童是一种细雨润物的影响。教师和家长要在随时随地的安全教育中，培养幼儿安全自护的能力。

2. 在活动中渗透

以童为本已成为幼儿教育的重要理念，而儿童发展的前提是儿童的安全有保证。要在幼儿园的各种活动中渗透安全教育，让幼儿在活动中掌握安全自护的技巧。

（三）幼儿安全自护教育过程中应注意的问题

1. 创设良好的人文和设备安全环境

幼儿园要将幼儿的安全问题置于首要地位。教师应该富有爱心，有强烈的安全意识和责任心，并具备处理一些常见意外事故的技能。幼儿园的玩具及游戏设备应该定期检查，以便及时发现问题，及时处理。幼儿用药及消毒用品均应妥善保管，以防幼儿误服。幼儿园可设置安全标志，开设安全教育宣传栏、创设安全教育小画廊等，利用环境资源对幼儿渗透安全教育，使其在潜移默化中提高安全意识，懂得生活中常见的安全防护措施。

2. 促使幼儿树立“安全第一”的观念

幼儿意外事故的发生常与幼儿冲动的天性有关，某些幼儿有时为了达到抢先占有、尽早奔向目标（例如马路对面的母亲、小商店等）而鲁莽、冲撞，危险概率大大增加。所以，安全生活教育应当帮助幼儿逐步树立“安全第一”的观念，在任何时候、任何地点做任何事情，都应该首先看一看、想一想是否安全或怎样做更安全。

3. 安全教育应该渗透到各领域教育活动中

如语言教育活动方面，看图说话、讲故事、唱儿歌等都可涉及安全教育活动内容的艺术领域，学唱《我在马路边》等歌曲，画小朋友过马路、画红绿灯等；科学领域中安排认识交通工具等活动。在安全教育活动中，教师应注重幼儿情感安全因素的培养，让幼儿遇到危险时不慌张、不害怕，有安全感。教育的内容也应该与社会的发展紧密关联，使教育具有时代性和现实性。

4. 内容与形式应与幼儿生理、心理发育特点相一致

对幼儿实施安全教育应注重其生理及心理发育特点，采取游戏、模拟情境、现场指导等幼儿喜爱的活动形式，激发幼儿参与活动的热情。如利用 119 消防日、防灾减灾日等特殊纪念日开展消防逃生、地震逃生等各种演练活动，培养幼儿自我保护的应变能力。教师可以随机拍摄幼儿玩玩具、玩大型器械的场景，再与幼儿共同分析怎样玩才安全等，通过真实情景的再现，让幼儿认识到保护自己的重要性。另外，教师可以创设与安全教育有关的游戏环境，让幼儿在轻松愉快的气氛中加深体验，引导幼儿自主探索，提高幼儿自我保护能力。例如，在开展角色游戏中设置岗位亭、红灯、人行道安全标志等，让幼儿分别扮演交警及路人，不仅能丰富幼儿的安全生活常识，使幼儿养成遵守安全规则的习惯，同时幼儿因为参与游戏的热情极高，极易掌握相关的自护、自救方法。

5. 选择适宜的教育时机

教师对幼儿进行安全自护教育时，往往因无法将事件真实地再现出来而很难真正引起幼儿的重视。但在生活中不可避免地会发生各种意外事故，如果意外事故的主角是幼儿的同伴或周围熟悉的人，幼儿比较容易加深对意外事故后果的了解，教师应该抓住时机，及时对幼儿进行教育，这样可以达到事半功倍的效果。

6. 给予正面教育

因为幼儿思维水平的局限以及好模仿的特点，安全自护教育一般应给予符合安全规范的正面示范，至于意外事故的原因和恶果只能以描述性的评议或其他间接的方式告知幼儿。教师可以通过微笑、拥抱等方式，使幼儿对社会充满安全感，以利于幼儿更好地成长。

7. 加强体能训练，提高幼儿的行动反应能力

生活中的安全隐患常常防不胜防，提高幼儿的行动反应能力可以大大减少意外事故的发生。所以教师应该通过体育锻炼及其他专门活动，增强幼儿躲闪、呼喊等快速反应的能力，并通过生活场景模拟、学习求救技能等习得相关知识。例如尝试跨过障碍物、通过在地面上滚动来灭火等。

8. 加深幼儿对危险情境及事故原因的认识

幼儿对危险情境以及事故因果的认识明显有别于成人，如幼儿认为明显凸起且尖利的物体远没有来来往往的车辆或东奔西跑的伙伴危险，因为前者是“不动”的，而后者“动个不停”。又如幼儿认为接近小动物是有危险的，因为他们认为小动物会咬自己；而一把裂口的长柄玩具枪却没有什么危险，因为它是“假”的。再如，幼儿不认

为刚刚使用过而眼前不再出水也不冒热气的发热水龙头是导致自己烫伤的根本原因，却认为坚决要给自己洗头的妈妈才是“罪魁祸首”。正因为幼儿以自己特有的思维方式缩小了生活中危险事物的圈子，所以提高幼儿的危机感，引导他们正确分析事故发生的根本原因是十分必要的。

9. 加强家园联系，发挥教育合力

通过加强家园联系，实现幼儿的立体化及全方位安全自护教育目标，避免教育盲点，才能使教育不断强化与巩固，提高幼儿的自我保护能力。

幼教故事

上海南西幼儿园的安全教育尝试

上海南西幼儿园秉承“促进幼儿的健康和尊重幼儿的生命是促进幼儿发展的重要前提”的宗旨，将安全意识的培养渗透在日常生活中，即时、即景地开展安全教育。例如，在幼儿园的一条通道上，一位老师发现了这样一个问题：我们总是提醒幼儿走小路时要当心，要慢慢走，要一个接着一个走，但为什么碰撞还是接连发生？如果对此习以为常，便会忽视过去。但是，南西幼儿园的这位老师对此做了进一步的观察分析：原来这条小道是幼儿混龄运动的必经之路，而教师们忽视了高密度人流所带来的问题。试想当孩子处于动态的奔跑且无序状态时，即刻让幼儿以停止和控制动态的运动行为来获得安全是非常困难的。在对问题进行分析之后，南西幼儿园找到了解决问题的对策：建立安全运动规则，探究安全运动方位，增设安全管理指导点，并且在日常生活中加以实施。

通过这一事例，幼儿园得到的启示是：挑战的环境不是危险的环境，要善于捕捉环境中潜在的危险；及时反思问题、研究安全对策；把安全要求落到实处，把要求变为可操作的行为指导。这种随时随地进行的安全教育，既具有针对性，又是积极有效的。

第二节　幼儿生活中健康教育活动的基本要求和实施策略

一、幼儿生活中健康教育活动的基本要求

（一）积累扎实的幼儿卫生学知识

幼儿身体认知教育实施过程中十分强调信息传播的科学性及准确性。因此，要增

强幼儿对人体的认知及保护，教师必须充分了解幼儿的生理特点，准确掌握人体的构造、器官名称、功能及对其保护的知识，并且能够深入浅出地表达，对于幼儿不正确、模棱两可的回答及时给予纠正。

（二）集体教育与个别教育相结合

一般来说，幼儿身体认知与保护教育以集体教育行为指导为主，但是在培养幼儿健康行为的过程中，由于个体差异与发展不均衡以及幼儿存在着个人的特殊健康问题等原因，在集体教育后幼儿的行为表现会有差异。因此，对个别幼儿进行有的放矢的健康行为指导是非常有必要的。对于幼儿看书时离得太近、斜着眼睛看东西、吮吸手指、用手指抠鼻孔等行为，教师要及时关注，进行正确的行为引导。

（三）与其他领域教育的融合

《幼儿园教育指导纲要（试行）》中明确要求幼儿园必须把保护幼儿的生命和促进幼儿的健康放在工作首位。因此，幼儿身体认知与保护教育要与艺术、语言、社会、科学领域的教育活动有机地配合；把身体认知教育渗入幼儿园保育和教育的各个环节，发挥幼儿园各项教育活动的整体教育功能。如在幼儿绘画、看图书时，要及时提醒幼儿坐姿端正、握笔正确、手眼保持一定距离等。

（四）常抓不懈，持之以恒

对幼儿进行身体认知及自我保护教育，常常能在短期内使幼儿建立起某种健康行为，但由于年龄特点及生理发展的影响，幼儿的健康行为具有不稳定性，只有坚持不懈地开展教育活动，才能使幼儿养成良好的健康行为习惯。

（五）发挥教师主导作用

教师要深入调查本班幼儿生活习惯、卫生习惯和生活自理、自护能力等的发展水平，合理制定幼儿身体认知和保护教育的目标，选择合适的内容；要在活动中发现问题并提出发展性课题，引导儿童主动去探索和解决问题，改进指导方法，提高指导艺术，提高幼儿的自我发展能力和活动能力。

（六）尊重幼儿，充分发挥幼儿的主体作用

教师要尊重幼儿的人格，尊重幼儿的需要和愿望，尊重幼儿在活动中的主体地位，充分发挥幼儿的主体作用；多用榜样、鼓励、表扬等方法，以发挥幼儿的主动性和积极性，要禁止动辄训斥、随意处罚、挖苦讽刺幼儿的错误方法，坚决反对体罚和变相体罚。

二、幼儿生活中健康教育活动的实施策略

（一）幼儿生活中健康教育的实施方法

幼儿园健康教育活动的内容非常丰富，涉及面很广。为了实现幼儿园健康教育的目标，幼儿教师应根据相应的健康教育目标与内容的变化而灵活选择不同的组织方法，注意针对性、趣味性和多样性。在幼儿园健康教育活动过程中，通常采用以下几种组织方法。

1. 行为练习法

行为练习法是指让幼儿对已经学过的健康行为与技能反复练习，加深理解，形成稳定的行为习惯。如盥洗的顺序和方法、如厕后正确使用手纸的方法、刷牙的方法等，都必须在教师和家长的具体指导下反复练习才能真正掌握。

2. 讲解演示法

讲解演示法是指教师边讲解边结合动作演示，或以实物、模型演示，具体而形象地向幼儿传授有关生活中健康的知识和技能，提高幼儿对自己身体和身体保护的认识水平。需要说明的是，演示的手段应多样化，尤其是运用电教手段进行直观而动态的演示，更能激发幼儿的兴趣，增强幼儿对身体认知和身体保护知识的理解。

3. 情境表演法

情境表演法是指教师或幼儿就特设的生活情境加以表演，然后让幼儿思考分析情境中所涉及的身体认知教育问题。由于情境表演的主题来源于幼儿的现实生活，能激发幼儿的兴趣，故能较好地帮助幼儿认识生活中可能遇到的问题和冲突，了解应该做出的合乎健康要求的行为。

4. 讨论评议法

讨论评议法是指让幼儿参与身体认知教育过程，为他们提出问题、发表意见、自己得出结论提供机会。这种方法能有效地帮助幼儿表达自己的真实想法，能鼓励幼儿对他人的思想加以评价，从而提高幼儿辨别是非的能力。例如，夏季，教师就多吃冷饮的害处让幼儿进行讨论，从而提高认识，指导行为。

5. 感知体验法

感知体验法是指让幼儿通过感觉器官认识事物，辨别事物特性。这种方法能加深幼儿对事物的印象，同时由于加入了身体动作，更能激发幼儿的兴趣，集中幼儿的注意力。

（二）幼儿园健康教育活动的主要途径

1. 专门的健康教育活动

专门的健康教育活动是实施幼儿园健康教育的重要途径。按照教育活动组织的严

密程度和教师指导方式的不同，幼儿园专门的健康教育活动大致可分为正规性和非正规性两种形式。正规性健康教育活动是教师有目的、有计划、有组织地对幼儿实施的各种能够促进其身心健康的活动（如体育课、心理健康课等）。非正规性健康教育活动（如幼儿园户外体育活动等）一方面可以作为正规性健康教育活动的延伸，另一方面，由于其自身具有丰富的活动内容，且活动形式又多样化，因此又具有正规性健康教育活动所不能替代的重要作用。

《3~6岁儿童学习与发展指南》明确要求：理解幼儿的学习方式和特点。幼儿的学习是以直接经验为基础，在游戏和日常生活中进行的。幼儿园健康教育活动应结合日常生活活动来进行，因为幼儿园健康教育的出发点与归宿是培养幼儿的健康行为，使幼儿养成健康的生活方式，其根本目的是提高幼儿期的生活乃至生命的质量。幼儿园健康教育的内容涉及幼儿生活的全部范畴。因此，幼儿园健康教育的本质是生活教育，应当在盥洗、进餐、睡眠、锻炼、游戏等日常生活的每个环节渗透健康教育理念，实施健康教育。

2. 幼儿园、家庭和社区一体化的健康教育活动

《幼儿园教育指导纲要（试行）》明确指出：幼儿园应与家庭、社区密切合作，与小学相互衔接，综合利用各种教育资源，共同为幼儿的发展创造良好的条件。家庭是幼儿园重要的合作伙伴，幼儿园应本着尊重、平等、合作的原则，争取家长的理解、支持和主动参与，并积极支持、帮助家长提高教育能力。就幼儿园健康教育而言，取得家庭、社区的积极配合、支持尤为重要。因为幼儿园健康教育的有关内容与家庭生活、社区环境密切相关，如果仅靠幼儿园的健康教育活动而没有家庭、社区的积极配合与支持，那么幼儿园健康教育活动的效果将会事倍功半；如果幼儿园、家庭和社区的健康教育协调一致，那么幼儿园健康教育的效果则会事半功倍。要实践幼儿园健康教育，只有积极争取家长的理解和支持，努力创设和利用社区环境，开展幼儿园、家庭和社区一体化教育，三者相互协调、相互补充，才能全方位促进幼儿的身心健康发展。

（三）幼儿生活中健康教育活动的设计

幼儿园进行生活中健康教育活动，就是为了更好地保护幼儿的生命和健康，使幼儿能主动关注自己的健康，保护自己的生命，珍爱自己的生命。身体健康是幼儿身心全面和谐发展的基础，直接影响着幼儿的智力品质、道德品质及心理素质和能力的发展。幼儿生活中健康教育活动是以保护和促进幼儿身体的正常生长发育、增进健康、培养幼儿初步的健康意识和自我保健能力为目的的所有的教育活动。

幼儿园教育活动的设计是实施幼儿园教育活动的前提条件。它是依据一定的教育目标，选择合适的教育内容，在一定的时空内对幼儿施加教育影响的方案。教育活动的设计一般包括活动名称、活动设计意图、活动目标、活动准备、活动过程、活动延伸等方面。幼儿园生活中健康教育活动的设计应主要考虑以下几个方面：

1. 活动设计意图分析

观察幼儿的学习和日常生活，分析幼儿已具备哪些与该生活中健康教育活动有关的知识、技能、能力、兴趣，存在哪些问题。

2. 设计活动目标

目标是实际活动的前提，也是实际进行活动时要取得的结果，明确目标才能保证活动的方向并使幼儿获得充分的发展，因此设计活动首先要确定活动的目标。确定一次具体的生活中健康教育活动的目标有以下三个具体要求：第一，活动目标应紧扣幼儿园健康教育总目标和年龄阶段目标；第二，活动目标要从认知目标、动作技能目标和情感目标三个维度综合考虑；第三，目标表述要具体、明确，可操作性强，切实可行，角度统一。

例如：中班生活中健康教育活动“叠衣服”的活动目标设计如下：

（1）学习折叠上衣的正确方法。

（2）养成整齐叠放自己衣服的好习惯。

（3）体验自己折叠衣服过程中的快乐和获得成功时的喜悦。

3. 设计活动过程

（1）选择活动内容。选择健康教育活动内容应注重幼儿认识事物的特点和幼儿本身知识经验的局限，注重科学性、趣味性和通俗性，使幼儿对活动内容感兴趣，并有助于培养幼儿关注健康和自身安全的态度和意识，形成并掌握良好的生活卫生习惯和自我保护的方法。这就要求教师将生活中健康教育活动的内容有目的、有计划、有系统地分解落实到具体的教育活动中，保证教育目标的顺利实现。

（2）选择活动组织形式。幼儿生活中健康教育活动要根据本领域的发展目标、不同的教育内容、本园的实际情况和本班幼儿的发展水平等具体情况，选择适当的活动组织形式。可组织专门的教学活动，如分科教学活动、主题教学活动、方案教学活动和活动区活动。同时，生活中健康教育是对幼儿健康意识和良好生活习惯的养成教育，这些内容本身的特点决定了仅靠专门的教学活动是不够的，必须要在日常生活中长期渗透和进行，在一日生活活动中加强练习。日常生活的每个环节几乎都可以用来对幼儿进行健康教育。

4. 做好活动准备

活动准备包括两方面的内容：

（1）教具、学具、材料和环境创设等方面的准备；

（2）幼儿知识经验方面的准备，例如中班健康教育活动“请保护我们的牙齿”的活动准备为：

1）幼儿每人一套刷牙用具；漱口水、清水各一杯；桶、盆若干；红、绿小标志若干；社区医院的牙科医生。

2）幼儿已经了解并收集了部分保护牙齿的资料（如定期到牙科医院检查、饭后漱口、早晚刷牙等图片和文字）；已经带领幼儿去牙科医院参观过；和幼儿一起做过把鸡蛋泡入醋中的实验和观察漱口水变化的实验。

5. 注重活动延伸

生活中健康教育活动要注重与其他领域活动有机结合，同时，教师要充分考虑活动内容在生活活动中、环境中、家庭中的渗透，注重幼儿掌握知识技能的一贯性和一致性，以帮助幼儿加深印象、加强理解，不断强化，保证教育活动目标的实现。

6. 编写活动计划（教案）

（1）课题名称。课题名称的书写格式一般为年龄班加领域名称加具体活动名称。例如，中班健康教育活动“请保护我们的牙齿”。

（2）活动设计意图。

（3）活动目标。

（4）活动准备。

（5）活动过程

（6）活动延伸。

第三节　幼儿生活中健康教育活动的案例分析

【案例 5–1】　感冒了（小班）

1. 活动目标

（1）愿意参与活动，能够积极回忆自己感冒时的感受。

（2）了解感冒的症状，并能够清晰地表达出来。

（3）初步了解预防感冒的方法，知道感冒后要配合医生的治疗。

2. 活动准备

（1）小叮当手偶一个。

（2）自拍录像小片段。

（3）感冒症状图片、预防感冒方法的图片。

3. 活动过程

（1）设置情景——引发兴趣，导入活动

出示小叮当手偶：“今天我给小朋友们请来了一位小客人，小朋友们看看他是谁？”小叮当：“大家好！我是小叮当，今天我给大家唱一首歌曲！”（唱两句后不停地打喷嚏）“我怎么了？我不能给大家表演节目了，小朋友们再见！”

（2）组织讨论——了解感冒的症状及原因

1）提问："小朋友们你觉得小叮当怎么了？"

小结：穿衣服少了，蹬被子了，到人多的地方被传染了都容易引起感冒。

2）提问："小朋友们，你们有没有感冒过啊？小朋友们，感冒了会怎么样啊？"

教师根据幼儿的回答出示相关感冒症状的图片，如打喷嚏、流鼻涕、头痛、咳嗽。

小结：感冒会导致鼻子不透气、流鼻涕、头痛、咳嗽、打喷嚏，有时候还会发烧，我们会觉得身体不舒服，很难受。当身体不舒服的时候要及时告诉大人。

3）观看录像小片段——渗透情感，懂得不怕打针吃药。

提问："小叮当到哪里去了？他打针的时候哭了没有？小朋友们打针的时候是怎么做的？"

小结：小朋友也是勇敢的孩子，如果你感冒了，要赶紧去看医生，不怕打针吃药，这样感冒很快就会好了。

4）结合图片展开讨论——初步了解预防感冒的方法。

提问："小朋友想一想，怎么样就不感冒了？"

根据幼儿的回答，出示相应图片，如洗手、吃饭、锻炼。看图片提升经验，了解预防感冒的方法。

小结：我们可以多喝水（多上厕所就会把身体里的毒给排出来），不挑食（样样都爱吃，这样我们才能吸收各种各样的营养，从而战胜感冒），睡觉盖好被子、天冷了及时穿衣服（这样我们才不会着凉感冒），多锻炼身体（让身体壮壮的，让感冒躲得远远的），用正确的方法勤洗手（将手上的细菌洗掉，这样我们吃饭、吃东西的时候就不会不小心把病菌吃进嘴巴里了），不到人多的地方去。

4. 活动延伸

跟着老师一起去户外锻炼身体。

5. 活动评析

感冒作为一种常见疾病，几乎每个幼儿都遇到过，但不是每个孩子都能够向成人表达出自己的感受并愿意配合医生的治疗，对于感冒的预防也基本上由成人代替，孩子知之甚少。因此本活动选题来源于幼儿的生活，也是为解决幼儿生活问题而设，选题具有现实意义。活动从幼儿的生活体验出发，以情境表演小叮当感冒了导入活动，通过教师的语言提问、观察图片，小朋友们回忆自己感冒时不舒服的感受，活动设计生动有趣，能够引发幼儿的兴趣。活动调动了幼儿的生活经验，让表达能力还不太强的小班幼儿能够"有话可说"。

【案例 5–2】 白开水真好喝（小班）

1. 活动目标

（1）知道人每天都需要喝水，想喝水时会主动去喝。

（2）懂得白开水是最好的饮品，在日常活动中能主动喝白开水。

2. 活动准备

（1）自制 PPT（锻炼后、外出游玩时、洗澡后、起床时等图片，池塘里的水、自来水、井水等不能直接饮用的水的图片），两盆杨花萝卜（一盆因浇水而发芽、长叶，另一盆因没浇水而干枯），有关视频。

（2）活动前，教师带幼儿进行实验探究，观察同样光照下的两盆杨花萝卜的长势如何，每天带幼儿给一盆浇水，另一盆不浇水。

3. 活动过程

（1）感知讨论，了解水对身体生长的重要作用。

1）通过回忆激活已有经验，感受口渴后喝水带来的舒适感。

2）提问："玩过游戏之后，你们的嘴巴有什么感觉？喝了水之后有什么感觉？"

3）观察杨花萝卜，了解缺水的后果。

① 教师提问："这里有两盆杨花萝卜，一盆发芽长叶了，另一盆却枯萎了。请你们仔细看一看，猜一猜，为什么会发生这种情况呢？"

② 教师引导观察：看看它们的泥土是怎么样的。（一干一湿）

③ 教师小结："杨花萝卜没有水就会枯死，也发不了芽、长不了叶。人也像杨花萝卜一样离不开水，我们只有每天多喝水才能长高、长大。"

（2）了解什么时候应喝水，哪些水不能喝。

1）观察图片，了解锻炼后、外出游玩时、洗澡后等情况下人会想喝水，起床后也会想喝水，口渴了不喝水会很难受。

2）了解有些水不能喝。

教师演示 PPT 图片，并提问："这些地方的水我们能喝吗？为什么？"

教师小结："池塘里的水、自来水、井水这些水看上去清清的，但是都不能直接喝，因为水里有细菌，自来水、井水也只有烧开了才可以喝。"

（3）观看有关视频片段，了解白开水是最好的饮品。

1）教师："口渴的时候到底喝什么对小朋友的身体最好呢？为什么？"

2）观看有关视频片段，了解白开水是最好的饮品。

3）教师小结："小朋友喜欢喝的可乐、雪碧等饮料里面加了很多东西。喝起来甜甜的，是因为里面放了很多糖，这对我们的牙齿不好，容易让我们产生龋齿。饮料闻起来香香的，是因为里面加了很多香精；看上去红红的、绿绿的很漂亮，是因为里面加了很多色素。这些香精、色素其实都对我们的身体有害。只有白开水才是对身体最好的，是最有利于健康的。小朋友以后口渴了要多喝白开水，少喝饮料。"

4. 活动延伸

家园配合，提醒幼儿口渴时喝白开水，少喝饮料，养成健康饮水习惯。

【案例 5–3】 肚脐，你好（中班）

"肚脐"对于孩子来说既熟悉又陌生，成人会经常告诫孩子：不要抠肚脐哦，否则会拉肚子！但是一味地制止只会激发孩子更强的好奇心和探究欲望：人为什么会有肚脐？肚脐又有什么用？为什么不能抠肚脐呢？绘本故事《肚脐，你好》填补了这个空白。

1. 活动目标

（1）初步了解肚脐的由来，培养幼儿探索身体奥秘的兴趣。

（2）知道肚脐是妈妈对我们爱的纪念，要好好保护自己的肚脐。

2. 活动准备

（1）课件：《肚脐，你好》。

（2）镜子，人手一面。

（3）宝宝肚脐图片、孕妇肚脐图片及各种动物图片。

3. 活动过程

（1）让幼儿"猜猜这是什么"。

导入活动：用镜子照一照，自己的肚脐是什么样子的？跟旁边的小朋友互相看一看、找一找有什么不一样的地方？

（2）了解肚脐的由来。

1）欣赏孕妇肚脐的图片，激发幼儿活动兴趣。

提问："这是谁的肚脐？她的肚脐是什么样子的？为什么会鼓鼓的？"

2）观看图片，认识"脐带"并了解其作用。

指导语："当我们还在妈妈肚子里的时候，肚脐是什么样子的呢？和现在一样吗？"

（脐带的作用：吸收营养，排除废物。）

3）播放课件，进一步了解脐带的去向。

提问："后来脐带去了哪里呢？怎么会变成现在的肚脐了呢？没有了脐带我们该怎样吸收营养呢？"

4）小结：肚脐不光是脐带脱落后留下的痕迹，更是妈妈爱我们最好的纪念。

（3）讨论如何保护肚脐。

提问："如果不保护好我们的肚脐会怎样呢？你是怎么保护自己的肚脐的呢？"（引导幼儿迁移生活经验进行讨论）

4.活动延伸

猜一猜动物也有肚脐吗？

提问："除了人有肚脐，小动物们有没有肚脐呢？今天老师请来了一些小动物，请你们动动脑筋，猜一猜它们有没有肚脐？"

5.活动评析

日常生活中，家长经常会发现幼儿受好奇心的驱使，会悄悄地在无人发现的地方或是躲在被窝里"研究着"自己的小肚脐，本活动利用绘本《肚脐，你好》，通过阅读、想象，帮助幼儿认识肚脐的来源以及重要作用。开拓了幼儿的思路，丰富了幼儿的想象，引发了幼儿语言表达的动机，也提高了幼儿看图讲述画面的能力。活动中运用多媒体，激发了幼儿探究的兴趣。教师为幼儿每人准备一面小镜子，这样幼儿不仅可以观察到肚脐，还能观察到肚子变化时的不同形态。帮助幼儿了解肚脐的由来是本次活动的重点和难点，中班幼儿以具体形象思维为主，因而在活动中教师选用直观形象的图片，引导幼儿认识脐带及其在母体中的重要作用，使幼儿了解到肚脐的作用并在活动中体验到妈妈对自己的爱。这样自然而然地解决难点，并将问题转向利用已有生活经验讨论"怎样保护自己的肚脐"。日常生活中，成人在制止孩子抠肚脐的行为中，已经无意间渗透了一些保护肚脐的方法，教师和幼儿一起进行归纳，丰富了幼儿的生活经验。

【案例 5–4】 爱吃糖的大老虎（中班）

幼儿园最近组织了小朋友的健康体检，医生提出龋齿问题在幼儿中严重存在，班里也有三四个幼儿出现了龋齿，而且有个幼儿的牙齿都掉了一些。针对这一现状，教师设计了本活动，让幼儿知道爱护牙齿的重要性，培养幼儿自我保护的意识，同时掌握保护牙齿的方法。

1. 活动目标

（1）愿意参与牙齿保护活动，初步建立保护牙齿的意识。

（2）掌握正确的刷牙方式。

（3）了解牙齿的功能和龋齿的危害。

活动重点：了解牙齿的功能和龋齿的危害。

活动难点：教育幼儿如何保护牙齿。

2. 活动准备

多媒体课件，西瓜，牙齿模型，小镜子、牙刷等幼儿操作材料（每人一份）。

3. 活动过程

（1）引入活动，激发兴趣。

1）以吃西瓜的方式引起幼儿对牙齿的兴趣。

“小朋友，你们好，今天我为你们准备了甜甜的西瓜。请你们一边吃一边想，你是用什么把它咬碎的？”

2）在幼儿回答后出示牙齿模型，让幼儿说说牙齿的样子及作用。使他们知道方方的牙齿可把食物切断、嚼碎，帮助我们吸收营养，使身体长得结实、健康。

（2）观看多媒体动画片，了解龋齿形成的原因及危害。

指导语：“健康的牙齿使小朋友更好看，健康的牙齿有时也会变得不健康，连威武的老虎也会得牙病，你想知道为什么吗？”请小朋友观看多媒体动画片《爱吃糖的大老虎》。

1）观看动画第一部分。

提问：狐狸为什么害怕大老虎？（请幼儿自由回答，教师给予鼓励）

2）观看动画第二部分。

提问：狐狸是个狡猾的家伙，它一定会想办法对付大老虎，它想什么办法呢？（教师鼓励幼儿大胆想象回答）

3）观看动画第三部分。

提问：“现在让我们来看看老虎的牙齿最后到底怎么样了？”

4）观看动画第四部分。

小结：“小朋友们听得真仔细，说得也很好，它每天吃糖，还不刷牙，糖在口腔中变成了酸，把牙齿给腐蚀掉了，它成了没有牙齿的老虎，狐狸不再害怕它了。”

5）看一看，说一说自己的牙齿。

请小朋友用小镜子看看自己的牙齿，和同伴们说说牙齿是什么颜色的？

找找有没有小洞洞？并请个别幼儿谈谈蛀牙牙疼时的感受，同时丰富词汇：龋齿。

（3）学习保护牙齿的方法。

1）讨论怎样保护牙齿。

小结："要多吃蔬菜水果，少吃甜的食物，坚持早晚刷牙，饭后漱口，这样牙齿才会健康。"

2）操作游戏。

教师讲解游戏规则："现在我们来和牙宝宝做个游戏，这里有张图片，有哭的牙齿宝宝和笑的牙齿宝宝，还有许多食物和用品，你认为哪些食物和用品吃多了、用多了对牙齿有帮助就和笑的牙齿宝宝连在一起；哪些食物和用品吃多了、用多了对牙齿有坏处就和哭的牙齿宝宝连在一起。"（幼儿操作、展示作品、随机讲述）

3）出示牙齿模型，学习正确的刷牙方法。

先请个别幼儿示范自己是怎么刷牙的，及时进行纠错，并教幼儿正确的刷牙方法。

4. 活动延伸

小结："小朋友你们真棒！不但知道了龋齿的危害，还懂得了怎样保护牙齿，晚上回家请你把这些知识讲给爸爸妈妈听，好吗？"

5. 活动评析

幼儿期是形成健康行为的有利时期，此时幼儿对人体缺乏足够的认识，自我保护能力较差，需要成人为其提供良好的教育和保护，以使幼儿形成有益于终身的健康行为方式。此活动的组织形式是以集体讨论为主、分组操作为辅，以幼儿为主、教师为辅，活动开始部分通过多媒体课件的演示，吸引幼儿的注意力，不断引导幼儿探讨回答问题，使幼儿了解牙齿的作用及龋齿的危害，扩展了幼儿的知识面。活动中教师注意对幼儿主动思考和积极回答问题等行为的培养，通过调动幼儿已有生活经验和亲身感受（有龋齿幼儿的感受），了解龋齿的危害，使幼儿对龋齿的认识回到现实生活中，也激发了幼儿保护自己牙齿的意识，最后通过讨论和实际操作，让幼儿学习保护牙齿的方法。

活动采用了视听法、情境教学法、讨论法，并以操作法、赏识激励法对活动加以整合，达到科学性、健康性、愉悦性的和谐统一，使孩子从中了解了保护牙齿的重要性；运用体验法、多种感官参与法，引导幼儿想一想、看一看、听一听、说一说、玩一玩，促使幼儿对活动保持浓厚的兴趣。

【案例 5–5】 我会自己睡（大班）

1. 活动目标

（1）知道自己长大了，应该学会独自一人睡觉。

（2）能够大方地在集体前发言，表述自己的想法。

（3）培养独立能力和勇敢的品质。

2. 活动准备

（1）幼儿用书（人手一册）。

（2）红色笔（人手一支）。

（3）红花若干。

3 . 活动过程

（1）教师讲述故事《乖乖睡觉》。

乖乖是一个小女孩，她很聪明也很能干，就是胆小，每次睡觉都要妈妈陪。有一天，妈妈出门去了，乖乖一个人躺在床上，她哭起来：“妈妈来拍乖乖睡觉……”住在山那边的熊妈妈听到了，赶过来看，原来是乖乖不愿一个人睡觉。熊妈妈说：“乖乖，我来拍你睡觉吧。”熊妈妈伸出大手“啪啪”地拍了起来，可是只听到“刺啦”一声，被子被熊妈妈拍破啦。熊妈妈难过地说：“唉，我的小熊宝宝从来不要我拍，都是自己睡觉的。”乖乖听了，很不好意思地红了脸。她对熊妈妈说：“我也长大了，我也会自己睡觉，我不要妈妈拍了。”

（2）提出问题，引导幼儿讨论。

1）教师：“乖乖原来是怎么睡觉的？她这样哭闹对吗？为什么？”（让幼儿知道自己长大了，应该自己睡觉，只有胆小、不懂事的孩子才会要妈妈陪，这样会影响妈妈做事，而且大人一起睡觉，呼吸的人多，空气不好）

2）教师：“熊宝宝是怎么睡觉的？这样好吗？为什么？后来，乖乖怎么对熊妈妈说的？”（让幼儿知道要向熊宝宝学习，独自一人睡觉）

（3）通过讨论，让幼儿明白独自睡觉的好处。

教师：“你在家里独自一人睡觉吗？你独自一人睡觉感觉怎么样？你喜欢一个人睡觉吗？为什么？”

讨论：一个人睡觉好，还是和爸爸妈妈一起睡觉好？

（4）阅读幼儿用书《我会自己睡觉》。

引导幼儿看图说说图上的小朋友是怎样睡觉的？为什么？

给独自睡觉的幼儿发红花并给予表扬。鼓励其他幼儿回家学习一个人睡觉，做个懂事勇敢的好孩子。

活动结束后，做好家长工作，请家长配合培养幼儿独自睡觉的习惯。

【案例 5–6 】 食物的储存（大班）

1. 活动目标

（1）了解常见的食物储存方式，知道储存食物有保质期和食用卫生的简单常识。

（2）培养幼儿动手操作的兴趣和能力。

（3）培养幼儿对科学的兴趣。

2. 活动准备

（1）各种真空包装食品若干袋。

（2）图片若干张。

3. 活动过程

（1）果子的储存。

1）引出果子储存的主题，可提问："家里吃不完的果子怎么办？""果园里许许多多的果子吃不完怎么办？"引导幼儿讨论储存果子的方法。

2）根据幼儿所述，并扩大展示一些实物，如糖水菠萝、香蕉干、果子酱、干果以及真空包装的水果等，引起幼儿进一步讨论的兴趣。

3）讨论这些水果储存的方法，并简单归类：真空包装、脱水、冷冻等。

4）让幼儿动手制作真空包装的水果。

方法：用食品袋包装水果，再用吸尘器将空气抽出，封口。若有条件，可用真空压缩袋，效果更佳。将真空包装的水果与一般放置的水果进行比较、观察，在以后的几天内记录它们的变化。

5）鼓励幼儿从周围生活入手，寻找其他食物储存的方法。

6）古今食物储存方法的比较。如古代的日晒法、阴干法、烟火制、盐腌等，现代的冰箱低温储存、真空包装、充填气体、添加防腐剂、高温灭菌等。

（2）食物的加工与储存。

1）师生共同冲泡方便面，加热方便饭，并观察经过加工的面条、米饭、蔬菜渐渐泡大还原的过程，再品尝后讨论："为什么叫方便面、方便饭？""人们什么时候最需要它们呢？"还可谈谈品尝的感觉等。

2）收集一些特定环境中食物的照片，如宇航员在失重状态下喝的牛奶、探险运动员吃的压缩饼干等。

3）参观超市，找一找经过加工储存的食物，如肉禽、牛奶、小吃、蔬菜等；读读包装上的说明，也可以从包装上了解其产地、成分，让幼儿感知，食物由于加工储存，能运到全国各地，甚至海外，使大家都能享用。

4）提供一些材料，让幼儿自制加工一些食品，如糖水番茄、腌萝卜等。

（3）食物的保质期与食用卫生。

1）从生活中食物变质现象谈起，如“食物怎么会变质？”“变质的食物是什么样的？”“吃了变质的食物会怎样？”等。幼儿、教师可以谈谈自身的经验，也可以介绍经验。

2）讨论：现在储存食物的方法很多、很好，是不是可以无限制地储存下去？教幼儿学看保质期，比较一下：什么食物保质期最短，什么食物保质期最长？

3）用图片帮助幼儿理解食物储存以及食用的卫生知识。例如：食物储存在冰箱里应生熟分开；食物都有保质期，所以应在保质期内食用；冻过的食物需要再煮，熟透后食用；食物经过加工储存以后，虽然具有不易变质或方便食用的优点，但也易流失部分营养，因此，我们仍提倡多吃新鲜的食物。

4）可让幼儿制作宣传画或标志，在幼儿园、家庭中张贴，宣传加工、储存食物的卫生常识，如做个小标志，帮助妈妈贴在即将到期的食品上等。

4. 活动评析

少吃或不吃不利于健康的食品是培养幼儿良好饮食习惯的重要内容。食物储存是否符合卫生要求直接关系饮食健康。从幼儿周围生活入手，帮助幼儿了解各种食物储存办法，并为幼儿创造动手实践的机会，鼓励幼儿亲自制作真空包装水果，制作食品到期小标志，自制加工糖水番茄、腌萝卜等，帮助幼儿了解新鲜食物的营养价值，较好地实现活动目标。因活动中涉及的内容较多，建议做成系列活动完成。

【拓展阅读】

一日活动中幼儿生活能力的培养策略

一日活动就是培养幼儿生活能力的最好途径，在具体活动中，幼儿园应针对幼儿生活自理现状，结合相关活动、游戏，进行教育，着力提高幼儿生活自理能力。

一、要强化幼儿生活自理意识

（1）通过交流了解幼儿实际。让幼儿意识到自己能够做一些事情，而且还能做好自己的事情。例如，开展“我学会了吃饭”“我学会了穿衣”“我帮妈妈洗碗”等活动，教师要在活动中及时鼓励，耐心指导，增强幼儿的自信心，强化幼儿的生活自理意识。

（2）通过故事激励幼儿参与。教师可以通过讲故事或者播放相关动画片的形式，让幼儿懂得自己的事情需要自己去做，例如，播放动画片“别说我小”“今天我长大了”，等等。

（3）通过指导巩固幼儿意识。教师应借助对比强烈的内容，引导幼儿通过比较，巩固对生活自理能力的理解；还可以借助相应图片或者故事，指导幼儿，或者反问幼儿哪个最棒应该向谁学习，激发幼儿的竞争意识。

二、要教会幼儿生活自理技巧

（1）借助游戏，让幼儿理解方法。教师可以根据幼儿的年龄特点，结合相关生活自理知识，编成儿歌或者游戏，让幼儿在游戏中习得具体技能。例如，要教会幼儿系鞋带，可以结合歌曲《系鞋带》。

（2）强化个别指导，做到因材施教。对于自理能力强的幼儿，应积极鼓励，并大胆放手让幼儿去做，如有可能，还可以采取结对的方式，让幼儿也做做“小老师”，帮助指导其他幼儿。如果幼儿能力稍差，除了要鼓励外，还要耐心地进行个别指导。

（3）引导幼儿体验成功，提高能力。教师的鼓励，是幼儿进步的动力。当幼儿取得点滴成功时，更需要及时鼓励。用“你真棒”“你真厉害”这样的语言来称赞。但如果幼儿很努力地去做，而仍无法实现预期目标时，教师就要更加耐心地进行指导，并及时用语言辅以鼓励，帮助幼儿重拾信心。

三、要巩固幼儿生活自理技能

（1）在活动中训练幼儿行为。教师要抓住日常生活细节，利用各种机会指导监督幼儿的自理行为，养成良好的自理习惯。例如，饭前便后要洗手，要整理好衣裤，等等。

（2）在竞争中推促幼儿自理。教师设计各种有趣的集体比赛活动，并在活动中融入生活自理技巧，如穿衣服比赛、整理玩具比赛等，都可以有效地促进幼儿自理能力的提高。

（3）在服务中强化集体意识。教师要进行正确引导，让幼儿由自我服务向为集体服务过渡。例如让幼儿轮班做值日生，负责摆放餐具、发放点心，不仅可以激发幼儿的荣誉意识，培养自理能力，还能强化幼儿为集体服务的意识。

资料来源：单燕. 一日活动中幼儿生活能力的培养策略. 科普童话，2017（22）：89.

【考点聚焦】

幼儿生活中的健康教育是幼儿健康教育的重要内容，本版块内容较多，教师资格证考试的相关知识点如图 5-1 所示，与幼儿生活密切联系，考试中可能会以选择题与简答题的形式出现，在复习时可结合生活中的实际案例分析、理解、内化知识点，达到灵活运用的程度。

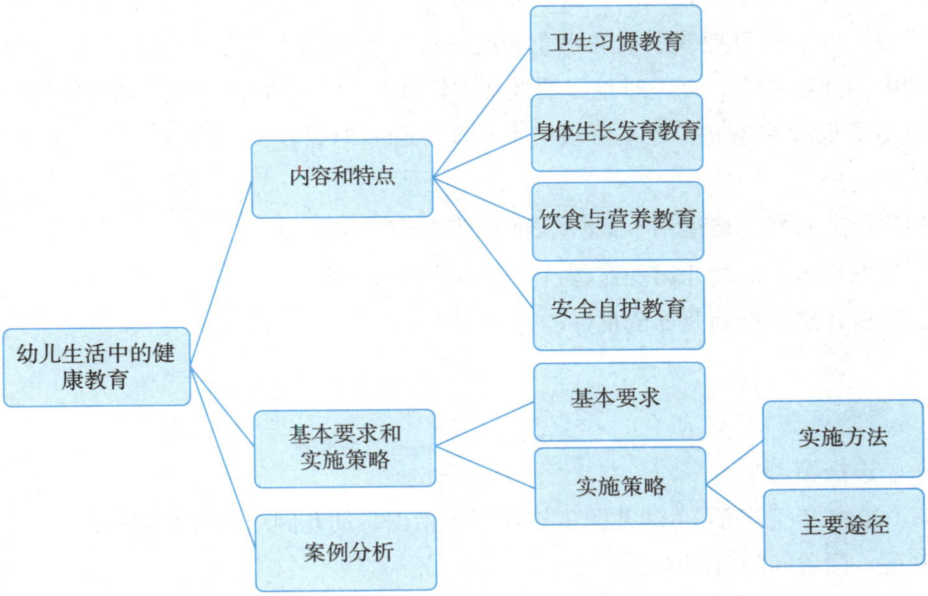

图 5–1　幼儿教育中的健康教育知识点

【实践与训练】

一、单项选择题

1. 幼儿生活卫生习惯教育应具有的特性是（　　）。

A. 保护性　　B. 交替性　　C. 稳固性　　D. 兴趣性

2. 幼儿生活中饮食与营养教育应具有的特性是（　　）。

A. 安全性　　B. 交替性　　C. 间接性　　D. 稳固性

3. 挫伤、扭伤的急救措施是（　　）。

A. 先冷敷患处，24 小时后，热敷患处

B. 用生理盐水或凉开水清洗

C. 包扎、止疼、固定

D. 用酒精进行消毒

二、简答题

1. 幼儿生活卫生习惯教育的内容有哪些？

2. 幼儿身体生长发育常识教育中要注意的问题有哪些？

3. 简述幼儿用眼的保护与认识。

三、材料分析题

笑笑，3 岁半，是一个刚上幼儿园的小女孩。来幼儿园一个多月了，从刚开始的

胆怯到慢慢地适应了幼儿园的生活，她很活泼，深受老师和同伴们的喜爱。细心的班主任在与笑笑的接触过程当中，发现她在日常生活中常出现以下行为习惯：例如，她做事马虎，洗手时只把双手放在水龙头底下冲一下就完成任务了；总是尝试着想把小手塞到电源插座孔内：吃饭时她习惯性地把饭和菜含在嘴里，用较长的时间慢慢地嚼，直到饭冷了也没有吃完；她很喜欢美术活动，画画时喜欢斜着身体坐着，头几乎要趴在桌子上……

根据上述材料，请运用本章所学理论回答下列问题：

1. 当发现班上的幼儿出现这些行为时你该怎么办呢？

2. 怎样才能帮助幼儿养成良好的行为习惯呢？

【真题再现】

一、选择题

1.（2014 年上半年）《幼儿园工作规程》指出，幼儿园应制订合理的幼儿一日生活作息制度，两餐间隔时间不少于（　　）。

A. 2. 5 小时　　B. 3 小时　　C. 2 小时　　D. 3.5 小时

【答案】D。

2.（2014 年上半年）婴幼儿应多吃蛋、奶等食物，保证维生素 D 的摄入，以防止因维生素 D 缺乏而引起（　　）。

A. 呆小症　　B. 异食癖　　C. 佝偻病　　D. 维生素 C 缺乏病

【答案】C。

3.（2014 年上半年）被黄蜂蜇伤后，正确的处理方法是（　　）。

A. 涂肥皂水　　B. 用温水冲洗　　C. 涂食用醋　　D. 冷敷

【答案】C。

4.（2017 年上半年）教师引导幼儿擤鼻涕的正确方法是（　　）。

A. 把鼻涕吸进鼻腔　　B. 先捂一侧鼻孔，再轻擤另一侧

C. 同时捏住鼻翼两侧擤　　D. 用手背擦鼻涕

【答案】B。

二、活动设计题

（2012 年上半年）请认真阅读下文，并按要求作答。

新入园的小班幼儿在洗手时出现了许多问题：有的把袖子弄湿、不洗手背、冲不干净皂液；有的争抢或拥挤、玩水忘记洗手、擦手后毛巾乱放在架子上；有的握不住大块肥皂，有的因毛巾架离水池远，一路甩水把地面弄得很湿……

请针对上述问题，设计一份改进洗手环节的工作方案，要求写出对问题的分析、工作目标、解决各类问题的主要方法。（设计思路可参考本书第 63 页）

【思考与实训】

1. 幼儿生活卫生习惯教育的内容有哪些?
2. 幼儿生活卫生习惯教育过程中应注意哪些问题?
3. 幼儿生活中疾病防治常识教育有哪些?
4. 幼儿生活中饮食与营养教育的内容有哪些?
5. 幼儿饮食和营养教育应该注意哪些问题?
6. 幼儿生活中健康教育活动的基本要求有哪些?
7. 幼儿生活中健康教育的实施方法有哪些?

第六章　幼儿游戏中的健康教育

【学习目标】

- 知识目标：理解幼儿游戏中健康教育活动的内容、特点；明确幼儿游戏中健康教育活动的基本要求、实施策略。
- 技能目标：能够根据幼儿的身心发展特点将幼儿游戏融入健康教育的教学活动，并做相应的指导。
- 情感目标：初步认识到幼儿游戏中健康教育的重要性，对幼儿游戏中的健康教育有正确的认识和积极的学习态度。

【学习重点】

- 理解幼儿游戏中健康教育活动的内容、特点；能根据幼儿游戏中的健康教育基本要求和实施策略设计与组织健康教育活动。

【本章导读】

- 本章节主要介绍幼儿游戏中健康教育的内容、特点、基本要求和组织策略，通过案例分析加深学生对知识点的理解，使理论与实践能够相互结合。通过本章的学习学生能够根据幼儿的年龄段组织与设计幼儿游戏中的健康教育活动，理解幼儿游戏中健康教育活动的内容、特点，掌握幼儿游戏中健康教育活动的基本要求及组织策略。

【情景导入】

- 某幼儿园户外场地上有一处画好的房子（格子），中班的几名幼儿在房子里双脚跳着玩，教师来到他们身边，说："我们来数数这幢楼有几层，每层有几个房子。"幼儿在教师的指导下数了起来，发现有的楼层只有一间房子，有的楼层有两间房子。于是，教师问："如果每间房子只能一只脚跳进去，那该怎么办呢？"幼儿开始有兴趣地单脚和双脚交替跳了，但是孩子的能力毕竟有限，跳了一会儿就累了，不肯再玩。于是教师灵机一动，又给每个人一个沙包，告诉他们把沙包扔到房间，看一看谁能扔到最远的房间里，沙包不能压到线，否则就算失败。于是幼儿又兴致勃勃地投入到游戏中。

想一想：幼儿再次参与到游戏中的原因是什么？如果你是老师你会怎么做？通过本章节的学习，相信你会找到答案。

第一节　幼儿游戏中健康教育活动的内容与特点

在个体生命发展历程中，生命健康存在是其生命发展的物质基础。离开了健康的身体或心智，也就基本远离了人生幸福之源。健康成长是幼儿全面发展的前提，实施恰当的健康教育活动，有利于幼儿健康意识的形成和自我保护、促进幼儿身体发育、增进健康为主要目的的教育活动实施，正因如此，《幼儿园教育指导纲要（试行）》中也指出：教育活动内容的组织应充分考虑幼儿的学习特点和认识规律，各个领域的内容要有机联系，相互渗透，注重综合性、趣味性、活动性，寓教于生活、游戏之中。《幼儿园工作规程》明确指出以游戏为基本活动，寓教于乐于各项活动之中，幼儿园应将游戏作为对幼儿进行全面发展教育的重要形式。游戏是幼儿园的一种特殊形式的实践活动，在游戏中，幼儿能自由而愉悦地感受和学习健康的态度、行为和习惯，体验身心放松带来的快乐，它是健康教育的主要方法。

一、幼儿游戏中健康教育活动的内容

学前教育之父福禄贝尔认为："游戏是儿童认识世界的工具，是快乐生活的源泉"。游戏是第一所学校，游戏赋予儿童第二次生命，它在儿童的世界中绽放光芒，因此，幼儿游戏中健康教育活动的内容具体包括以下几个方面：

（一）从游戏整合内容的角度

1. 从游戏选材入手，结合教育内容选择

（1）身体锻炼。利用体育器械或自然物进行身体锻炼，全面协调地发展幼儿的体能，增强幼儿体质，提高幼儿适应自然的能力；培养幼儿勇敢、不怕困难等良好的心理品质。小班幼儿天性好动、好模仿，但身体的活动能力和运动能力都较弱，因此需要根据幼儿的年龄特点进行选材。如《蚂蚁搬豆》《小兔跳》等，让幼儿模仿蚂蚁爬、小兔跳的动作，这些内容简单、有趣、身体动作技能要求低的游戏，可以很好地激发小班幼儿参加体育锻炼的兴趣与积极性。

（2）生活卫生教育。主要目的是帮助幼儿获得日常生活中必需的卫生知识，培养幼儿良好的生活习惯，让幼儿逐步学习以健康的方式来生活。

我国教育家陈鹤琴先生说得好：习惯养得好，终生受其益，习惯养不好，终生受其累。如《洗脸刷牙歌》《洗澡歌》等富有童趣的儿歌和表演等游戏能大大提高幼儿的学习兴趣，让幼儿理解良好生活习惯给自己带来的好处，从而从内心发出要养成良好的生活习惯。

（3）安全教育。主要是帮助幼儿获得和掌握日常生活中最基本的安全知识和技能，使幼儿逐步懂得爱护自己和他人，不断增强幼儿的自我保护意识和能力。对小班幼儿来说，最重要的是帮助他们获得和掌握日常生活中最基本的安全知识，以及增强自我保护的意识和能力。如《小兔子乖乖》使幼儿知道不能随便给陌生人开门的重要性；《红绿灯》可以让幼儿在游戏中掌握基本的交通规则，懂得过马路时如何保护自己，如图 6–1 所示。

图 6–1　幼儿学习交通规则的游戏

（4）心理健康教育。主要目的是培养幼儿良好的心理品质，增强幼儿自身的心理强度，提高幼儿对社会生活的适应能力，包括情绪情感的教育、良好个性的培养等。

小班幼儿刚入园，情绪不稳定，也不善于与同伴交流。如开展《郊游》《拉拉手》《猜拳》等游戏时，教师先做示范，然后邀请一些能力较强、较善于交往的幼儿，请他们学老师一起去找好朋友，慢慢地在榜样示范的作用下，幼儿都开始加入音乐游戏中。幼儿在悦耳的音乐伴奏下，先走步拍手去找好朋友，拉手做圆圈游戏，再过渡到找好朋友并用亲热动作来完成游戏。

2. 从游戏设计入手，让幼儿有自主创新的机会

我国创造教育先驱陶行知先生指出：处处是创造之地，天天是创造之时，人人是创造之人。幼儿的创造力是与生俱来的，他们在活动中变成了游戏的主人，因此教师在设计幼儿游戏中的健康教育时要打破传统的模式，肯定幼儿的与众不同，注重幼儿在过程中的表现，激发并保护每一个幼儿的创造欲望。

如在小班体育活动《小猪玩球》中，幼儿创造性地、愉快地进行运水果的游戏，同时体验扮演角色的情感；在自由交往中丰富了动作、语言，能想出多种运水果的方法，幼儿的想象力和自我意识也有了大大的提高。

3. 从游戏规则入手，让幼儿在享受游戏乐趣中健康发展

（1）师生共同制定游戏规则。小班游戏规则是在师生讨论和学生互动中产生的，是大家共同讨论、协商的结果，教师要鼓励幼儿积极参与游戏规则的制定，充分发挥他们的自主性和创造性，这样幼儿在游戏过程中就能自觉执行规则，同时也要注意考虑该规则是否能满足幼儿的娱乐需求。

（2）游戏前明确规则要求。年龄越小的孩子，其遵守规则的意识越差，越需要成人的不断督促和强化，因此，在每一次游戏之前，教师要对幼儿的行为提出具体合理的、坚持一贯的要求。

（3）活动中强化规则要求。在幼儿游戏的过程中，教师要随时洞察幼儿的异常行为，通过有效策略进行指导，强化孩子的规则意识，并帮助每一个孩子形成一定的规则意识。

4. 从游戏评价入手，让幼儿在自省中健康发展

游戏评价环节是帮助幼儿发现问题、解决问题、获得内在发展的过程，在反馈评价中，通过讨论和分析可以让幼儿更清楚地了解自己以及同伴遵守规则的情况，知道好在哪里，还有哪些不足，进一步调动幼儿的积极性，提高规则意识。

如在音乐游戏《小鸡敲门》中，由于在活动前将故事情节告诉了幼儿，老师刚一敲门，家中的“小鸡们”就叽叽地乱窜起来，于是老师忙叫道：“孩子们，我是你们的妈妈呀，快开门呀！”“小鸡们”开了门，老师便问道：“你们刚才为什么那么吵呀？如果有人来敲门，我们应该怎么做呢？”经过孩子们一番讨论，得出了游戏规则：当有人来敲门时，我们应该侧耳仔细听，还要问一下是谁。在接下来的游戏中，孩子们再也没有乱窜的了。

（二）从幼儿身心发展的角度

1. 游戏与幼儿身体健康

游戏对促进幼儿身体健康发展起着重要作用，在游戏时（特别是体育游戏），幼儿能很好地运用走、跑、钻、爬、跳、投掷、攀登等基本动作，如图 6–2 至图 6–4 所示，使身体各个器官处于积极的活动状态。因游戏不同，活动量大小和身体活动分部位也不同。这些活动不仅促进了幼儿的神经、呼吸、消化、心脏、骨骼、肌肉系统的发育，还发展了幼儿基本动作，增强了动作的协调性与灵活性。如攀登、玩球、追逐、跳绳等游戏，可促进幼儿大肌肉群的发育，促进幼儿动作协调能力的发展；幼儿玩橡皮泥、搭积木、穿珠、绘画等游戏，能很好地锻炼手部肌肉，使动作更趋于协调和精细；此外，幼儿游戏时总是快乐的，他们的情绪处于积极的状态，这种轻松愉快的心情，对身心健康也具有积极的作用。

图 6–2　爬的游戏

图 6–3　走的游戏

图 6–4　钻的游戏

2. 游戏与幼儿语言交往

幼儿在相互接触中产生了交流的需求，这促使幼儿学习运用语言来传达自己的思想。同时，游戏中常常会有新的情景和需要，这既可丰富幼儿的词汇，又锻炼了幼儿的语言表达能力。幼儿之间的语言交往最初是围绕游戏进行的，即使是只有 1 岁的幼儿，在游戏中也有语言交往。3 岁左右的幼儿会在游戏中进行言语交往，且交往的时间随着年龄的增长而延长。布鲁纳认为幼儿最复杂的语法和言语符号往往最先在游戏情景中使用，幼儿在游戏活动中语言掌握得最快。在游戏中，可以发展幼儿的思维和语言，如当幼儿确定游戏的名称时，就已经把游戏过程中反映的那些内容和特点，以及自身获得的印象和观念概括在游戏的名称中了。在游戏的过程中，幼儿要运用语言来表现游戏的情节和内容，交流思想，商讨各种办法，这些都能促进语言的发展。幼儿之间的相互作用和语言交往为幼儿从同伴那儿学习新的词汇和概念提供了机会。与此同时，游戏又提供了重复练习语言及同伴互相学习的机会，这让幼儿学得有趣又自然。

3. 游戏与幼儿知识积累

游戏是幼儿学习的一种方法，通过这种方法，幼儿可以接收外部世界的信息，并对它们进行加工处理，使之适应自己内部的编码图式，幼儿通过游戏及玩具材料，可获得生活常识，形成知识的积累。如幼儿在玩积木、骑车、扔飞盘、玩沙、玩水、玩橡皮泥等游戏时，可初步构建形状、大小，同时，幼儿的理解力和预测物质世界的能力也得到提升。从另一个角度来看，幼儿游戏也是幼儿对现实生活的反映。幼儿往往按照自己的兴趣和意愿去接收来自外部环境的信息，并对其进行加工，使之适应自己的内部图式，以此来认识世界，进行知识积累。如游戏中，幼儿广泛地运用已有的知识经验，这有助于巩固加深幼儿的知识；使用多种多样的玩具和材料，并进行探索性试验，有利于幼儿认识和掌握各种物体的性能和用途，了解事物之间的相互作用和因果关系，获得初步的自然科技常识等。

4. 游戏与幼儿创造力培养

游戏是一种创造性的活动，以其特有的魅力吸引幼儿，让幼儿拥有无限想象的空间，对幼儿创造力的发展起着十分重要的作用。游戏反映着幼儿所接触到的自然界和社会生活中美好的事物以及艺术作品中的美好形象。游戏中，幼儿运用着玩具和游戏材料；使用着艺术语言；从事着音乐与美术的活动；还时常依据自己的意愿去装饰自己的建筑物，美化游戏的环境，并用语言、动作、歌舞等方式表现美、创造美，这些都有助于幼儿审美能力和美的创造力的发展。同时，游戏对想象力的发展有特殊的作用。幼儿要想象出游戏的情节发展和补充游戏的内容，创造性地反映所感兴趣的部分，以游戏材料，甚至以想象来代替真实物品。游戏是在想象的状态中进行的，没有想象就没有游戏的创造性，因此，游戏有力地促进幼儿想象力的发展。多姿多彩的游戏能够给孩子的心灵插上幻想的翅膀，有效发挥他们天真的童趣和无忧无虑的天性，并加深他们对未来的美好向往。游戏来源于生活，通过游戏，孩子们开始接触社会，学习基础的劳动、协作和人际交往。为了玩好游戏，他们会“挖空心思”，动脑筋、想办法，这就调动了他们的思维，激发了他们的求知欲和创造欲。

5. 游戏与幼儿情感发展

游戏是幼儿表达情感的一种方式，对幼儿的情感满足和稳定具有重要的价值。游戏是没有压力的活动，幼儿在游戏中可以不受压抑地实现自己的愿望，自然地表现自己的情感态度。[①] 在游戏中，幼儿可以自由支配物体，操作材料，大胆地创造，在创造的过程中获得自信和体验成功的愉悦感。幼儿通过游戏，产生成功与失败的经验，从而对自己的能力有所认识。成功的体验增强了幼儿的信心，促使他们认识到自身的价值，从而形成一种健康向上的心态。游戏通常需要两个或两个以上的幼儿共同参与，在游戏中，同伴之间的合作、协商使幼儿能考虑和接纳他人的观点，协调彼此的行为，为幼儿提供学习、理解和接纳他人的情感并在适当的时候表达自己的感情的机会。

二、幼儿游戏中健康教育的特点

陈鹤琴先生认为“游戏是儿童的生命”，可以给小孩子快乐、经验、学识、思想和健康，它具有重要的教育价值，应该成为儿童教育的重要方面。对于幼儿来说，除了吃饭、睡觉等生活活动之外，一日生活中的主要时间是在游戏，而且幼儿是以游戏来理解其生活于其中的自然、社会与人生的手段，因而游戏成为重要的教育手段，是幼儿获得发展的最佳途径。在幼儿游戏中开展健康教育，将健康教育游戏化，符合幼儿身心发展规律。游戏对幼儿来说，并不是一种娱乐与消遣，它是促进幼儿身心发展的主要途径，是幼儿的基本活动。幼儿游戏中的健康教育具有自主性、趣味性、社会性、虚构性、随机性、生活性、具体性的特点。了解这些特点，有助于更好地理解幼儿游

① 覃志刚，唐广勇，彭文军．幼儿游戏创编与指导．长沙：湖南大学出版社，2017.

戏中的健康教育。

（一）自主性

德国教育家福禄贝尔指出："自发游戏是幼儿内心活动的自身表现，是儿童最纯洁、最神圣的心灵活动的产物。"幼儿做游戏是出于自己的兴趣和愿望。如果游戏形式、材料和过程符合幼儿身心发展要求，他们就会对游戏产生兴趣，主动去进行。在游戏中，幼儿的各种活动几乎没有什么限制，他们可以自由地活动，从中得到快乐和发展。如简简单单的硬纸板箱，在幼儿的眼中却可以被随心所欲地想象为一间小房子、一辆汽车或一个家的门、一个超市的围墙，等等。

在幼儿游戏中，游戏的形式、材料以及游戏的开始、结束都由幼儿自己掌握，并按照他们自己的意愿、体力、智力来进行。当然，幼儿在游戏中会受到环境条件以及成年人和同伴的影响，不可能完全主动，这就要求在游戏过程中，这些影响要易于为幼儿所接受，易于转变为幼儿自己的愿望和动机。游戏是儿童自主自愿的活动，具有自主性，在游戏中，儿童可以自由选择，如"我想玩我就玩，不想玩就不玩""我想怎么玩就怎么玩"。也就是说，儿童可以按照自己的想法和愿望使用活动材料、选择使用活动材料的方式方法，儿童自己决定玩什么、怎么玩、和谁玩。

游戏对幼儿来说是"我要玩"而不是"要我玩"。游戏满足了幼儿的内部需要，是非强制性的活动。

（二）趣味性

趣味性是游戏自身固有的特征，每种游戏都含有趣味性，正是这一特征给幼儿的精神和身体带来舒适感、愉快感，使他们喜欢游戏。游戏与其他活动不同，它既不是强调性的社会义务，也没有实用的社会生产价值。它是一种娱乐活动，以本身的趣味性激起幼儿良好的情绪和积极从事活动的力量。趣味性是游戏的必要条件，有趣味才能吸引幼儿主动参与，并在游戏过程中获得愉快感和发展。

【案例 6–1】 我的抽屉我做主

大班教师为每个幼儿准备了一个抽屉来摆放自己的物品，但常常有小朋友打不开抽屉或找不到抽屉里的东西。教师们发现最主要的原因是孩子们抽屉里的东西太多或者没有分类整理。为了提高幼儿物品归类的能力，班里开展了"我的抽屉我做主"的角色扮演游戏，让孩子们扮演物品归类员，将自己的物品分类后再放到抽屉，同时通过小组比赛的形式评比出"最整洁的抽屉"。孩子们在这个充满了趣味性的游戏中学到了分类整理的技巧，还养成了自己整理物品的好习惯。

[想一想] 你还能想出更有趣的办法让孩子在游戏中养成良好的整理习惯吗？

趣味性游戏是健康教育活动顺利开展的必要条件。没有趣味性的活动，就无法吸引幼儿主动参与。案例中教师利用角色扮演游戏来进行健康教育，使幼儿在充满趣味性的游戏中积极主动地整理自己的抽屉，促进幼儿良好生活习惯的形成。教师应该根据幼儿的年龄特点开展适宜的健康教育活动，以促进幼儿的健康发展。

（三）社会性

幼儿并不是天生就会做游戏，只有当他们的体力、智力发展到一定水平，积累了一定的知识经验后，才会做游戏。时代、文化、地区、习俗以及人与人之间的关系都会影响幼儿的游戏，幼儿的游戏归根到底是对周围生活的反映。但幼儿的游戏并不是周围生活的翻版，而是通过想象，将日常生活中的表象形成新的形象，用新的动作方式去重演别人的活动。

【案例 6–2】 急救

早餐后，孩子们快乐地融入区角游戏中，不远处忽然传来一阵呼喊声“急救，急救，快让开！”同时，还伴随着救护车的鸣声。随即，“医院”挂号处的病人让出一条通道。

悠悠大声说：“有病人，快点急救！”挂号医生王梦芯站在一旁。华文杰医生一看，马上上前，拉起病人的手，说道：“快让病人躺下来！”悠悠又对华文杰补充了一句：“快点救救病人，他快要死了。快点给他补氧气！”华文杰听后，在材料区走了一圈，忽然，拿起一个大瓶和一个蓝色的水管，嘴里还一边说：“这用来做氧气桶！”于是，嘴巴对着水管吸了一口气，然后接到了病人的嘴巴上。这时，在一旁的张馨医生拿起一个小电脑，说道：“可以在电脑上看病人的心电图。”华文杰一会儿看看“病人”的眼睛，一会儿按按“病人”的胸口，说道：“这个病人好了！”张馨医生连忙说：“没好，没好，看这心电图。”她手上拿着一张纸，上面画着弯弯曲曲的线。华文杰看了半天，不说话。悠悠撑着腰，说道：“你们还没问我这病人怎么回事呢。我刚才开的士车，不小心撞到他了。你们一定要把他救过来！”张馨医生忙说：“病人心跳已经好很多了，别着急。”接着，又去拿棉花给“病人”止血。悠悠对华文杰说道：“这病人现在不危险了，就交给华医生了。我要去开的士了。”

案例中的“急救”角色扮演游戏是依据其中一个孩子曾目睹自己的爷爷被急救的经历展开的，游戏中孩子们大致了解急救的基本流程。游戏是幼儿社会生活的缩影，在此类游戏中，幼儿能够习得社会行为规范，掌握社会交往的技能，这正是幼儿游戏中健康教育的社会性特点。

（四）虚构性

游戏是假想的行为，儿童以这种假想的形式满足了自己渴望像成人一样进行社会实践的愿望。在游戏中，儿童的角色、情节、游戏行为、玩具材料均具有明显的假想性。儿童在游戏中充当现实生活中还不可能扮演的角色，如妈妈、爸爸、警察、医生、司机、售货员等；他们用常用的积木替代真实的物品，如饼干、菜肴、长枪等；他们甚至还会装扮成各种小动物。

儿童对游戏的假想是以现实生活为基础的，是现实生活与想象活动相结合的结果。但是，儿童在游戏中的情感体验是真实的，同时，他们也懂得什么是假装的。

【案例 6–3】 医院

场景一：家家和梵梵是医院里的小医生，他们戴上医生帽，正在摆弄医院的材料。露露来到医院坐下来，还没开口，梵梵就拿起针管说：“把手伸出来，给你打一针。”露露伸出手来，梵梵用力地在病人的手上扎了一针。

场景二：航航抱着娃娃跑到医院，着急地对医生说：“医生快点给宝宝打一针吧。”家家医生二话没说，拿起针管就在娃娃的屁股上打了一针。

从上述案例中，我们可以看到孩子们很喜欢玩医院的游戏，但是他们的游戏仅仅停留在摆弄医生使用的听筒、温度计、针筒这些游戏材料上，与同伴之间的交流比较少，而且也只是单一的打针游戏，这与幼儿的生活经验有很大的关系。幼儿虽然生病会去医院，但是对于医生是如何看病的并不了解，而小班幼儿又缺少交往的经验，因此使整个游戏内容单一、缺少交流，甚至有的时候还有点混乱。为了引导幼儿更好地了解医院的游戏，教师适时地介入是非常必要的。通过游戏中的健康教育增加幼儿的生活经验，虽说游戏具有虚构性，但是符合幼儿的年龄特点。

（五）随机性

随机教育是指在生活活动中，教师发现了教育计划之外的教育契机，而进行的不失时机的教育。生活中处处是教育，游戏是生活的反映，也常有意料之外的教育契机发生，教师应充分利用这样的契机对幼儿进行相关的健康教育。

【案例 6-4】 公交车

在班级中，部分幼儿是爷爷奶奶带着坐公交汽车来幼儿园的，有幼儿说“我今天是坐 61 路公共汽车来幼儿园的”，于是，马上引来一群小朋友，“我今天和我妈妈也是坐公共汽车来幼儿园的”，顿时班上就一窝蜂地炸开锅了，孩子们都兴致勃勃地说自己乘坐的交通工具。教师了解到公共汽车上角色简单：只有一个司机和乘客，这样就解决了小班幼儿混淆角色这一情况的发生，于是，教师抓住这一幼儿兴趣点，选择公共汽车作为这次游戏的主题。

上述案例中教师利用幼儿已有的生活经验对幼儿进行随机教育，围绕“公共汽车”主题开展游戏，用语言再现坐公共汽车的情景，反映自己对“公共汽车”这一主题的理解，从而建立并遵守游戏规则：在公共汽车站，一个跟着一个上车，上车主动投币。本次游戏的重点在于培养幼儿遵守常规、相互合作，经过提醒，部分幼儿的合作意识有所提高，不会只沉浸在自己的游戏中，这是一个进步。

（六）生活性

著名教育家陈鹤琴先生倡导：所有课程内容都要从实际生活与经验里选出来。他提出：“要还原孩子生活的本来面目，给孩子生活原貌，让他在生活中学习。”例如，筷子、牙刷被幼儿拿来当玩具玩，进行“就餐游戏”“刷牙游戏”时，可以让幼儿掌握抓握勺子、刷牙等技能。让孩子在生活中游戏，在游戏中学习健康相关的知识与技能，将生活、游戏和健康教育融合起来，这就是幼儿游戏中健康教育生活性特点的体现。

（七）具体性

幼儿的游戏是非常具体的，表现在游戏中都有角色、材料和动作，有游戏内容、情节和语言。游戏角色本身就是具体的形象，如孩子当妈妈时，她头脑中的形象可能就是妈妈，离开了这些具体的角色、内容、情节、动作、语言及玩具或者材料，幼儿的游戏就无法顺利进行。

第二节 幼儿游戏中健康教育活动的基本要求和实施策略

一、幼儿游戏中健康教育活动的基本要求

游戏是幼儿最主要的活动形式，也是幼儿教师对幼儿开展教育的最好方式。《幼儿

园工作规程》第二十九条明确指出：幼儿园应当将游戏作为对幼儿进行全面发展教育的重要形式。幼儿园应当因地制宜创设条件，提供丰富、适宜的游戏材料，保证充足的游戏时间，开展多种游戏，使幼儿在游戏过程中获得积极的情绪情感，促进幼儿的全面发展。幼儿游戏是幼儿园健康教育活动开展的重要形式和主要环节，幼儿游戏中的健康教育活动在组织与实施过程中应注意以下基本要求。

（一）幼儿游戏中的健康教育活动目标要明确具体

游戏是幼儿最基本的活动，是最经常、最适宜、最必需的活动。在游戏中开展教育活动之前，要制订明确的目标，再根据目标将游戏中健康教育活动的内容落实，促进幼儿健康发展，培养幼儿的健康认知与行为习惯，令其形成良好的心理品质和社会适应能力。例如，为了让幼儿学会团身翻滚等基本动作技能，教师设计了“赶小猪”的游戏，将废旧纸袋制作成小猪的衣服和纸棒，让幼儿在草坪上进行游戏，教师引导幼儿像小猪一样团身、侧身翻滚。没有明确的目标，教育活动便无从开展。

具体建议如下：

（1）观察每个幼儿的表现，看看游戏的难度和活动量大小是否适合幼儿。幼儿的体质存在个体差异，如果发现有的幼儿有过度疲劳的表现，如气喘吁吁、满头大汗等，可适当调整角色和游戏内容。同样，如果发现游戏太容易，幼儿不感兴趣，达不到增强幼儿体质的目的，也要及时转换游戏内容。

（2）观察幼儿的动作和姿势，及时予以纠正。在游戏中，动作必须到位，才能达到锻炼的效果。幼儿在游戏中，经常只注重情节的表演，追求游戏结果，而忽略了动作的正确性，这时教师要有语言提示或帮助纠正。

（3）注意游戏过程中的安全性。在游戏中，有时有的动作对幼儿来说有一定的难度，玩的过程中会出现失误或意外。所以，在游戏过程中，教师要注意场地、材料是否安全，要采取必要的保护措施，确保游戏安全、有序地进行。

（二）幼儿游戏中的健康教育活动材料要丰富适宜

游戏是幼儿整个快乐童年的主题，而游戏场所、玩具和游戏材料是幼儿开展游戏的物质基础，因此，要为幼儿创造物质条件，激发幼儿游戏的愿望和兴趣，让幼儿愉快地、尽情地游戏。在游戏中，丰富生动的游戏道具能激发幼儿游戏的兴趣和热情。例如，为了促进小班幼儿小肌肉精细动作的发展，教师在美工区提供各种纸张让他们撕纸，提供各种珠子让他们尝试串珠；为了让中班幼儿区分水果的酸甜苦辣，丰富孩子食品营养方面的感性知识，教师提供了各式水果，开展“酸甜苦辣”游戏；为了让大班的幼儿学会按类别整理自己的物品，教师提供了一些纸箱、盒子，供幼儿收拾和存放自己的玩具、图书或生活用品。

具体建议如下：

（1）设置固定的幼儿游戏中的健康教育游戏区，吸引幼儿进行游戏。教师可以根据幼儿的年龄阶段，设置医院、警察局、娃娃家等。

（2）根据幼儿的年龄阶段，为幼儿提供丰富的玩具材料。幼儿身心发展水平、知识经验不同，游戏的水平就不同。教师应该根据幼儿的年龄特点和发展水平，选择、投放、变换游戏材料。

（3）教师与幼儿共同布置场地、制作玩具、准备游戏材料。让幼儿参与创设是培养幼儿动手操作、进行创造的重要过程，也可以让幼儿真正成为游戏的主人。

（三）幼儿游戏中的健康教育活动设计要有趣味性

乐趣是游戏必备的品质。因此，在幼儿游戏中，教师指导本班幼儿进行教育活动时，要充分考虑活动的趣味性。富有趣味性的活动有多种形式，例如，幼儿教师通过同伴互助比赛的方式巩固幼儿穿裤子的生活技能。

具体建议如下：

（1）激发幼儿的生活经验，根据幼儿的年龄特点并结合幼儿游戏中健康教育的内容，设计情节、场景、游戏的方式，加深幼儿的自我保护意识及促进良好行为习惯的养成。

（2）鼓励幼儿积极参与游戏，融入游戏中去，抓住幼儿的兴趣点去设计幼儿游戏中的健康教育活动内容。

（四）幼儿游戏中的健康教育活动规则要明确

在幼儿游戏中开展健康教育活动时，要明确规则，保证所有参与者遵守规则，并规定不遵守规则的幼儿将退出游戏。例如，为增强小班幼儿自我保护能力和意识，教育幼儿在遇到危险或紧急情况时知道用“喊叫”的方式来求救，可以进行“喊妈妈”角色扮演游戏，并明确规则：当小兔遇到大灰狼时，喊叫求救后，兔妈妈出来救人，加一分；若小兔遇到大灰狼时，不喊叫则被大灰狼抓走，扣一分，最后得分多的幼儿会获得奖励。

游戏规则是规则类游戏的核心，如果不按规则进行游戏，游戏就失去了乐趣，甚至不能顺利进行，也就失去了应有的意义。在游戏过程中，教师要通过观察，注意幼儿遵守游戏规则的情况，如果发现个别幼儿不遵守游戏规则，要给以提醒。如大多数幼儿不理解游戏规则，要现场讲解、演示、重申规则，然后再进行游戏。

二、幼儿游戏中健康教育活动的实施策略

（一）创设游戏环境使健康教育情境化

陈鹤琴先生说过：“游戏是儿童的心理特征，游戏是儿童的工作，游戏是儿童的生

命。”从某种意义上说，游戏是幼儿在幼儿园最基本的活动方式，是获得发展的最佳途径，也是幼儿学习的基本方式。

幼儿的思维属于具体形象思维，更倾向于借助具体、形象的事物习得相关知识。因此，教师要根据健康教育目标创设游戏环境，如投放适宜的材料、营造良好的物质和心理环境氛围、保证充足的游戏空间和时间等。例如，为了让幼儿了解消防安全知识，教师设计了“消防员救火”情境，提供“水管”“消防车”“灭火器”等材料，让幼儿了解消防演习步骤及怎样逃离现场等，在情景中增强幼儿的自我保护意识。

（二）将一日生活中健康教育游戏化

《幼儿园教育指导纲要（试行）》指出：幼儿园应为幼儿一生的发展打好基础，为他们提供健康、丰富的生活和活动环境，满足他们多方面发展的需要，使他们在快乐的童年生活中获得有益于身心发展的经验。在幼儿的一日生活中，游戏也是幼儿最为喜欢、最能够接受的一种方式。同时又明确提出：幼儿园必须以游戏为基本活动。由此可以看出，幼儿园一日生活中健康教育游戏化势在必行，作为教师，应关注幼儿的生活，积极利用周围环境和社区资源，有机整合游戏素材，促进幼儿整体、和谐、主动、健康地发展。

游戏是幼儿活动的基本形式，是一种特殊形式的实践活动，游戏是解决幼儿身心发展内部矛盾的最佳形式。在游戏中，幼儿能自由而愉悦地感受和学习健康的态度、行为和习惯，体验身心放松带来的快乐，它是健康教育的主要方法。幼儿园游戏内容的选择要渗透着健康教育理念，依据幼儿不同的年龄特点和发展需要，不断地促进幼儿的动作技能发展。游戏内容可分为两种：一种是以粗大动作为主的游戏内容，这类活动一般在户外较大的空间进行，如走、跑、跳、投掷、钻爬等基本动作的掌握是通过幼儿相互追逐、大中型器械的练习以及部分的球类游戏来实现的，同时传统民间游戏中的钻圈子、跳皮筋、滚铁环（见图 6–5）、抖空竹、跳竹竿（见图 6–6）等，也符合幼儿的年龄特点；另一种是以精细动作为主的游戏内容，这类活动主要在室内通过双手进行，如在区域活动中开展串珠子、夹弹子、弹豆子、拍纸牌等活动。

游戏活动能够满足幼儿各种层次的需要，促进幼儿想象力和创造力的发展，有益于幼儿增强自尊心和自信心，使之具有成就感，还有助于幼儿学习社会交往技能，在交往中感知和理解同伴的情感，具有合作、共享、宽容等亲社会行为，能够自己解决与同伴之间的矛盾。同时，游戏结束后的分享评价活动也有利于培养幼儿的倾听与分享等亲社会行为。这些环节都很好地渗透了幼儿心理健康教育的理念。

图 6–5 滚铁环游戏

图 6–6 跳竹竿游戏

（三）师幼合力共建游戏规则

无规矩不成方圆。幼儿游戏中的健康教育同样需要遵守一定的规则，以保证活动的顺利进行，并在规则中促使幼儿形成良好的规矩。规则的制订不能由教师一人包揽，而应让幼儿参与其中，接受规则、遵守规则。幼儿游戏中的健康教育活动规则，可以帮助幼儿形成良好的习惯、规律的作息、良好的饮食规律等。例如，在去“医院”看病的角色游戏中遵守排队就医的规则；在娃娃家遵循一日三餐、规律作息的规则；在“不给陌生人开门”游戏中遵守不给陌生人开门的规则；在区域游戏结束时，遵守将玩具放回原位的规则等。这些规则无形中贯穿着健康教育的内容，能够帮助幼儿形成良好的饮食、作息、卫生及行为习惯。

（四）选择适宜的指导时机

成人在干预游戏时，常常失之偏颇，或者干预过多，或者放任自流。存在这些问题的原因是教师过分地强调游戏内容、情节的丰富等，忽视了对幼儿在游戏过程中心理因素的研究，而以成人的想象代替幼儿的想象，强制幼儿跟着成人的思路走。也就是说游戏的评价应注重幼儿的体现，教师能用更多的时间观察幼儿，会有助于他们对游戏的引导。

教师应欣赏儿童的游戏行为，注意幼儿彼此之间的交谈和彼此发出的指令内容，即注意儿童玩什么、说什么、做什么，这样有利于理解儿童的游戏行为。教师要看懂孩子的行为逻辑，不要急于用自己的思想去干预，即使让孩子尝试错误也是值得的。游戏本来就是一个自我教育的过程。教师不介入，孩子也会从游戏中获益。教师如果介入，就要在支持幼儿实现其游戏意愿的前提下进行。

每个儿童都有其自身独特的发展模式，只有通过观察，教师才能够充分了解幼儿对当前活动的兴趣、已有的经验或问题，才能够准确地做出是否介入以及如何介入的判断。例如，在餐厅游戏中，教师发现，当收拾玩具的音乐响起时，有一个小朋友竟然把玩具都倒在地上，这位教师很生气，准备上前批评教育，另一位教师制止了她并引导她进行观察，结果发现这个小朋友只是把“剩菜剩饭”倒掉后，再收拾玩具，并非故意将玩具撒在地上。如果教师没有观察就进行干预，就不会看到幼儿扮演服务员并负责任地整理餐桌的行为，进而错怪他。因此，要取得良好的干预效果，适宜的指导时机、指导方式是非常必要的，并且必须建立于观察之上，只有这样才能更好地发挥指导的作用，促进幼儿游戏中的健康教育活动顺利开展。

（五）将评价结果作为检验和衡量健康教育质量的依据

从狭义上讲，对幼儿游戏活动的评价是指针对幼儿游戏行为本身的评价，主要包括两个方面：对幼儿现有游戏发展水平的评价和对游戏活动教育作用的评价。通过评价幼儿游戏中健康活动的行为水平，了解幼儿身心发展的一般状况，检验健康教育活动的成果。例如，在小班的娃娃家游戏中，通过对幼儿的情绪、参与积极性、同伴交往情况、材料使用情况的观察，了解幼儿自我服务能力发展状况，以引导幼儿开展更具有针对性的游戏活动，真正实现自我服务。

健康教育活动是幼儿园实施素质教育的一个重要组成部分，基于渗透理念下的幼儿园健康教育，不仅体现在日常的健康教育教学活动中，而且需要适时地渗透到幼儿园的游戏活动中，在各层次上提高幼儿的健康认知，改善幼儿的健康态度，培养幼儿的健康行为。

第三节　幼儿游戏中健康教育活动的案例分析

【案例 6–5】　镖行天下（大班）

1. 活动目标

（1）发展跑、跨跳、平衡、钻、爬的能力，逐渐掌握综合训练的多种技能，增强动作的协调性和灵活性。

（2）让幼儿初步了解家乡的商道文化，激发幼儿对家乡悠久历史和中华武术的喜爱之情。

（3）培养幼儿的团队合作精神。

2. 活动准备

（1）课件、走镖纪录片、音乐。

（2）走镖路线场地。（推车、包袱、平衡木、呼啦圈、凳子、竹筏、高跷、花盆、古商城背景）

3. 活动过程

（1）导入活动。

1）播放课件，观看洪江古商城景点。

教师：“小朋友们，昨天我们一起浏览了古商城，你们能说说古商城有哪些景点吗？”

教师：“那你们最喜欢哪一个景点？”

2）播放走镖纪录片。

教师：“大家都很喜欢镖局，那你们知道吗，镖局里面的镖师走镖是很辛苦的，让我们一起来看看吧！”

教师：“刚刚我们看了镖局里的（武术操）镖师走镖。你们想当镖师吗？”

（2）热身运动。（武术操）

教师：“今天我们也来当小镖师，我们的口号是“镖行天下，勇往直前”！现在我们先来活动一下筋骨。”

（3）教师创设情景，引导幼儿发展跑、跨跳、平衡、钻、爬等技能。

教师：“当镖师没有点真功夫是不行的，小镖师们排好队跟我走，发展跑、跨跳、平衡、钻、爬等技能，必须眼观六路、耳听八方、身怀绝技，现在把我们的真功夫亮出来，小镖师们排好队跟我走。”

1）穿壁引光（钻）。

2）卧薪尝胆（爬）。

3）飞檐走壁（平衡木）。

4）龙腾虎跃（跨跳）。

5）播放音乐，课中休息（太极拳）。

教师：“刚才小朋友们练得很好，我们休息休息，养精蓄锐，等待命令。”

（4）游戏“镖行天下”。

第一项游戏：

1）讲解游戏规则。

教师："小镖师们，我们出镖了，我们的口号是：镖行天下，勇往直前。"

教师："这回出镖路线是带上货物，推着推车，背包过独木桥，水路放排，最后骑马过山到达终点。记住我们的货物不能丢。两人一队，分批出发。"

2）教师指导幼儿安全有序地开展游戏活动。

第二项游戏：

1）讲解示范游戏规则。

教师："上次我们走镖任务完成得很好，打出了名声，现在又接到了新的走镖任务，这次的任务更加艰巨，大家有没有信心？"

教师："这次任务时间紧急，要靠大家分工合作，先请四位镖师示范一下。首先请第一位镖师穿山越岭到达独木桥将货物传给第二位镖师，第二位镖师过独木桥到达山洞传给第三位镖师，第三位镖师穿过山洞到达悬崖边传给第四位镖师，第四位镖师跨越悬崖到达目的地，任务完成。"

教师：这次走镖分两组同时进行，先到的一组获胜！

2）教师引导幼儿自主、合作、有序地开展竞赛活动。

3）课堂总结，放松运动。

教师："通过今天的活动，现在我们成了非常出色的镖师，在江湖上已经赫赫有名了！大家辛苦了！我们庆贺一下吧。"

庆贺走镖成功，活动结束。

4. 活动评析

教师设计了镖师运镖的游戏活动，活动由易到难，充分调动了幼儿参与活动的积极性。从准备活动开始便融入情境，以游戏情境促进幼儿投入到活动中，为活动的顺利开展奠定良好的基础，在活动过程中给予幼儿充分的自由探究机会。

【案例 6–6】　小蚂蚁运粮食（中班）

1. 活动目标

（1）练习手膝着地自然协调地向前爬，尝试倒退爬，初步学会钻过 70 厘米高的障碍物。

（2）发展钻的能力。锻炼大肌肉力量，提高协调性。

（3）初步培养竞争意识，体验集体活动的乐趣。

2. 活动准备

（1）蚂蚁妈妈头饰 1 个，小蚂蚁头饰若干（与幼儿人数相等），大公鸡头饰 1 个；体操垫 6 块，分两排摆放；小篮子 2 个，枯树叶或枯树叶图片若干（为幼儿人数的 3~4 倍），散放在场地一端；长橡皮筋一条（挂上绿色纸树叶）。

（2）录放机，音乐光碟（背景音乐）。

（3）幼儿已储备了有关蚂蚁生活习性的相关知识。

3. 活动过程

（1）开始部分。

1）导入（教师戴上蚂蚁妈妈的头饰，幼儿戴上蚂蚁宝宝的头饰）

"今天阳光灿烂，宝宝们，让我们一起去美丽的大自然活动活动吧！"

2）教师带着幼儿们随欢快的音乐自由小跑来到户外活动场地（草坪），站好，一起做热身活动。

① 学小动物走、跑、跳。如小猫轻轻走、小兔蹦蹦跳、小马嗒嗒跑。

② 听口令活动身体各部位，特别是手腕、脚踝、腰等部位。

（2）基本部分。

1）练习各种不同方式的爬。

① 自由爬。（播放慢节奏的背景音乐）

教师："小朋友们，让我们去散步吧！"教师带领幼儿边念儿歌边自由爬行，提醒幼儿不要相互碰撞。（儿歌：今天天气好晴朗，小小蚂蚁真高兴，跟着妈妈来散步，手膝着地慢慢爬，一步一步慢慢爬！）

② 有序爬。（播放慢节奏的背景音乐）

教师："小朋友们，前面有一座小桥，让我们爬过去吧！"（鼓励幼儿一个接着一个有序地爬过体操垫连接而成的小桥）

③ 尝试倒退爬。（播放快节奏的背景音乐）

教师："小朋友们快听，什么声音？前面发生了什么事？让我们一起去看看。"（引导幼儿向前爬）"哎呀！是一只找食物吃的大公鸡！"（可由配班教师扮演，也可由幼儿扮演）"快向后退！"（引导幼儿练习向后倒退爬，强调动作要领，提醒幼儿不要相互碰撞）"听！声音没有了，让我们看看大公鸡走了没有。"（引导幼儿再次向前爬，如此反复 2~3 次）

2）游戏：小蚂蚁运粮食。

① 幼儿分成人数相等的两队，分别站在垫子（草地）前的起跑线上。教师交代游戏名称、玩法。

教师："小朋友们，冬天就要到了，让我们去运粮食回来准备过冬吧！一路上，我们要爬过草地、钻进树林里才能找到'粮食'"（枯树叶或枯树叶图片）。

② 请两名幼儿分别示范一次。引导幼儿观察，使之掌握动作要领和游戏

玩法。提醒幼儿注意，爬时双手双膝趴在垫子上，快速地向前爬；钻树林时不可碰到树上的树叶。最后幼儿来到树林里捡起一片枯树叶或枯树叶图片，放在小篮子中，然后从垫子两边跑回来。比比哪个队运的“粮食”多。

③ 幼儿做 3~4 次，直至把“粮食”全部运完。

④ 小结。教师表扬认真运粮食的“小蚂蚁们”，拥抱获胜队的每个幼儿，并告诉大家，今天的任务完成得很好，“蚂蚁妈妈”非常满意，因为有足够多的粮食过冬了！

（3）结束部分。

“小蚂蚁们”跟着“蚂蚁妈妈”随音乐做放松活动。（鼓励幼儿先自己拍拍手臂、膝盖，再互相拍拍手臂、膝盖）然后，“小蚂蚁们”跟着“蚂蚁妈妈”提着小篮子自然地走下场。

4. 活动延伸

（1）在户外活动中继续玩此类游戏。还可根据幼儿动作发展情况增添一些情节。

（2）建议家长在家里或带孩子去公园草坪上玩钻爬游戏。

5. 活动评析

中班的孩子特别喜欢钻爬，在日常生活中，由于安全、卫生等原因，教师和家长都不允许孩子尽情钻爬，而机械钻爬显得枯燥无味，难以引起幼儿的兴趣。此活动利用幼儿喜欢小动物的特点，让孩子们扮演聪明可爱的小蚂蚁，激发幼儿兴趣。依据循序渐进的原则，设计了自由爬→有序爬（一个接着一个爬）→尝试倒退爬→钻过障碍物爬等一系列活动，不断提高练习要求，逐步发展孩子们动作的协调性和灵活性。“小蚂蚁们”跟着“蚂蚁妈妈”一起游戏玩耍，在自然轻松的游戏氛围中既锻炼了孩子们的钻爬能力，又让孩子们感受到了集体活动的无穷乐趣，活动效果好。

【案例 6–7】 喊妈妈（小班）

1. 活动目标

（1）知道遇到危险或紧急情况时，可以用“喊叫”的方式来求助。

（2）积极参与活动，有自我保护意识。

2. 活动准备

小兔子头饰若干、大灰狼头饰一个、情景表演者（邀请一位配班老师扮演大灰狼）、篮筐一个。

3. 活动过程

（1）明确角色身份，引发幼儿兴趣。

（2）设置游戏情境，引发幼儿参与。

1）教师："好累好渴啊，兔妈妈去找点水，你们在这等着啊，妈妈马上就回来。"

2）执教老师离开，扮演大灰狼的老师（戴头饰）出现，做动作要抓小兔子回家。

3）观察幼儿的表现，根据幼儿反应继续游戏。

情况一：如果小兔子叫妈妈，兔妈妈立即出现，赶走大灰狼。

情况二：如果没有小兔子叫妈妈，则等大灰狼将小兔子抓走后妈妈再出现。

（3）根据幼儿在情境中的表现展开讨论。

情况一：

1）表扬刚才喊叫的小兔子。（遇到危险的时候可以马上喊妈妈）

2）提问这只喊叫的小兔子："刚才你是怎么喊叫的？让其他幼儿学一学。"（喊得响一点，妈妈才会听到）

3）启发幼儿想想还可以怎么喊叫？（遇到像大灰狼一样的坏人，除了喊妈妈，还可以喊自己家里的其他人或好朋友，大人听到了都会来帮助你）

情况二：

1）小兔子被抓走，可妈妈一点也不知道这儿发生了可怕的事情。

辅助提问："有什么办法才能让妈妈知道这儿有危险呢？"

2）"可以怎么喊叫？"一起学一学。

3）一起救出被抓走的小兔子。

（4）重复游戏情境，变换出现其他"动物"，再次观察幼儿在情境中的行为反应。

（5）总结并拓展相关经验。生活中遇到其他紧急情况也可以喊叫，如家里着火了，怎么喊；小朋友走路不小心掉到洞里了，怎么喊。只要小朋友学会了保护自己的方法，我们到哪儿都能保护自己。

4. 活动评析

教师运用情景游戏进行教学，充分激发了幼儿的兴趣，并根据游戏中小兔子遇到大灰狼的两种反应进行分析讨论，拓展幼儿应对危机时的经验，帮助他们学会通过喊叫来保护自己；通过交换动物角色等方式，幼儿逐步将经验应用于不同的场景，最后应用于实际生活中，真正地学会自我保护。

【拓展阅读】

自主游戏环境创设及材料投放中若干关系的正确处理

上海市黄浦区西凌第一幼儿园　杨思文

自主、开放的游戏环境是支撑幼儿自主游戏的基础，而自主性游戏中的玩具材料更是幼儿游戏的物质支柱，是幼儿游戏的工具，是教师引导的途径。因此，在组织自主性游戏时，我认为必须处理好如下几个重要关系。

一、正确处理小型材料与大型材料之间的关系

小型材料便于幼儿操作摆弄，能有效地推动情节发展。我在投放材料时会问自己：为什么要投放这些材料？对游戏的开展有什么帮助？然后我会观察幼儿对材料的反应，并及时调整与改进。如：在游戏“面包房”中，我发现现成的收银机抽屉小，又有几个按钮松动，幼儿对其不太感兴趣，有时干脆就不用，于是我及时抓住这个契机，引导幼儿观察收银机的构造，并引导幼儿在百宝箱寻找适合的材料，共同商讨制作抽屉的方法，奇怪的是一周过去了没有人去制作。经过观察，我发现幼儿刚进入中班，兴趣点集中在各类新的幼儿环境，我又把材料直接投放在“面包房”里，幼儿马上发现了，并立刻制作好抽屉进行使用，宽敞的抽屉可以存放许多钱币，幼儿很喜爱，每次游戏结束他们会打开抽屉自豪地向大家炫耀自己赚的钱。小型材料的可塑性较强，教师在投放小型材料时要根据幼儿的年龄特点及游戏的需要，适时、适地、适宜地进行投放，投放后还要细心地观察，反复地思考，仔细地琢磨，让幼儿与材料进行有效的互动，这样才能使幼儿的能力得以提升。

大型材料能让幼儿自娱其中，有助于提高游戏的兴趣性、拓展游戏内容。如：在小班主题活动“汽车嘀嘀叭叭”的开展中，教师根据幼儿的兴趣，在自主性游戏中为幼儿提供了大型盒子，并开好门窗，装上轮子，一辆公共汽车呈现在孩子们的面前，幼儿马上分角色扮演起司机、售票员和乘客，“开汽车”的游戏生成了。根据游戏的发展，有的幼儿为汽车装饰车身，还有的幼儿加入了“加油站”。游戏的内容扩展了，情节丰满了，幼儿游戏的兴趣也提高了。

小型材料的可塑性强，便于幼儿重组、改造和再建，能提升幼儿的观察、操作、创造等能力，而大型材料更会激发幼儿游戏的兴趣。教师要根据不同游戏内容的需要，有效地投放适宜的材料，将小型材料和大型材料有机结合，从而推动游戏情节的发展，提高幼儿游戏的兴趣。

二、正确处理开放空间与封闭空间之间的关系

开放的游戏环境能使幼儿在游戏中大胆想象，自主安排游戏空间，自由拓展游戏情节，能够突破由预先设置的游戏空间、材料而带来的思维定式的局限，也有助于幼儿与他人合作、协调、交往等能力的培养。如：我除了在教室里提供“百宝箱”，还在各个游戏主题中投放不同的材料，既满足了幼儿象征性活动的需要，又能让幼儿遨游

在想象的世界里，发挥其想象力和创新能力。如：我曾打破布局的限制，让幼儿自己创设游戏环境，幼儿竟把“娃娃家”设置到了阳台上，玩得可尽兴了。

孩子们有自己的“个人空间”和“私密空间”，封闭的游戏环境能让他们自主游戏，表达自我，因为“封闭”的空间对孩子们来说意味着安全、自由、个性化，在这样的游戏空间中孩子相对放松，不受拘束，心理压力得到了释放。因此，在游戏中我会创设一些相对封闭的空间来满足幼儿的需要。如：在“银行”的游戏中，教师打破原来在桌面开设银行的布局，将银行开设在大的盒子里，既满足了幼儿在封闭空间游戏的愿望，让幼儿更自主地游戏，又推动了游戏的发展。

开放的空间满足了孩子行为上的自由，而封闭的空间满足了孩子心理上的自由。在自主性游戏环境的创设中，教师应考虑如何让孩子在游戏中有归属感，在空间的“开放”与“封闭”之间形成一种合理的张力。

三、正确处理单一色彩和多元色彩的关系

游戏环境是教室环境的一部分，如何将游戏环境与教室环境有机融合、相互协调，色彩起着非常重要的作用。在同一空间中要使用多种颜色，就必须注意色调的变化。3~6 岁的幼儿好奇心强，喜欢鲜艳的色彩，但如果一味满足幼儿的喜好，将游戏环境装饰得过分艳丽，会使教室布局杂乱、零散，让幼儿始终处于兴奋状态，整体效果不佳。那怎样做既能使整个教室空间布局合理，色调结合完美，又能满足幼儿的游戏需要呢？我认为色彩的单一和多元要与幼儿游戏时的心境结合起来，单一色彩用于静，多元色彩用于兴，要闹中有静。

所谓“单一色彩用于静”是指当游戏内容需要幼儿静下心来完成时，游戏环境的色彩就要避免过分鲜艳。如：在游戏“棋道馆”中，教师以蓝色为主色，因为蓝色能使人镇静，身心舒畅。蓝色的塑料地板，蓝印花布装饰的墙面，加上黑白棋子的游戏标牌，创造了安静、清爽的游戏气氛，让幼儿一进去自然而然地会安静坐下与同伴对弈。“多元色彩用于兴”中的“兴”是指“兴趣”“高兴”“兴奋”。有的游戏内容需要热闹与欢快的环境，教师可以尝试运用多元的色彩，通过色彩跳跃和强烈的对比，突出游戏的主题，让幼儿感觉放松、自由和快乐，从而激发幼儿参与游戏的兴趣。如：在游戏“乐乐家具城”中，教师以快乐的“鲜黄”为主色，用棕黄、鲜红、鲜绿和鲜蓝等色彩加以点缀，突出家具展示厅温馨、祥和的气氛，增强了幼儿参与游戏的欲望。

“闹中有静”有两层含义：一是将单一色彩与多元色彩相互统一，如在小班的游戏中，教师创设了三个“娃娃家”，每个“娃娃家”教师用一种色彩来装饰，单一色彩的运用给幼儿区分与整理带来了便捷，但如果把它们整合起来看又是多元色调，将色彩巧妙搭配；二是指每个游戏主题环境要不同，使整个教室的色彩看起来相互搭配，这样即能区分各个游戏主题，也不会使整个教室的色彩看起来杂乱。

自主游戏环境的创设既是教师观念与审美能力的体现，也是推动幼儿游戏情节开展、提升幼儿能力的重要途径，它可以激发幼儿游戏兴趣，帮助幼儿树立正确的审美观，提高幼儿欣赏水平，使幼儿在游戏中获得愉悦，真正成为游戏的主角。

【考点聚焦】

本章内容在幼儿园教师资格证考试中尚未直接考查，但不排除未来出题的可能性，特别是活动设计题，应多加练习。幼儿游戏中的健康教育知识点如图 6–7 所示。

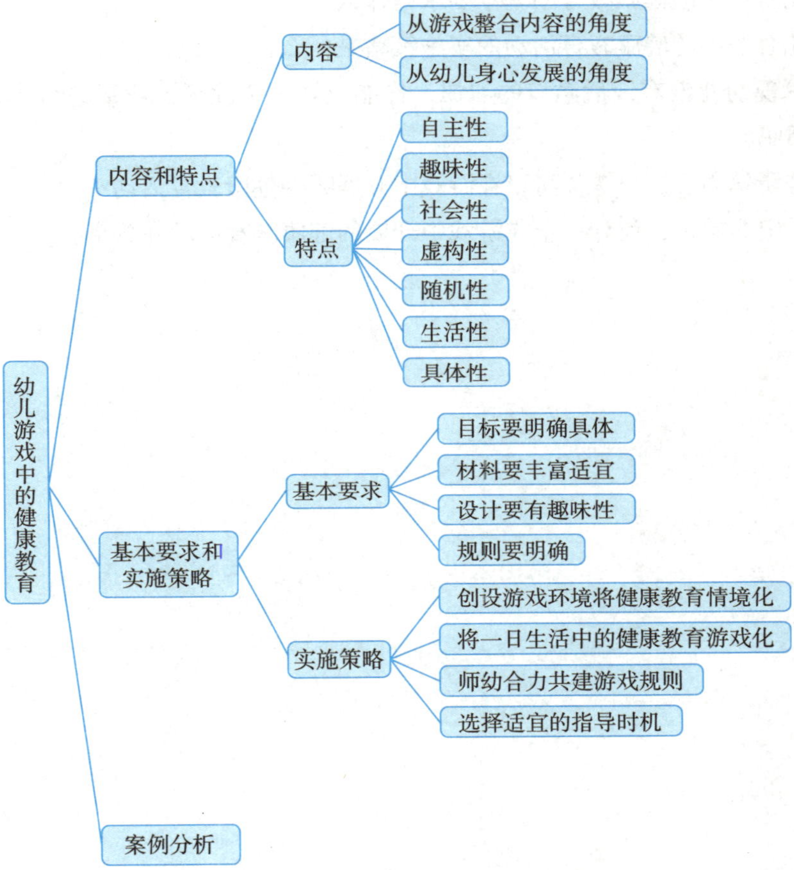

图 6–7　幼儿游戏中的健康教育知识点

【实践与训练】

1.“医院”游戏属于（　　）

A. 角色游戏　　B. 结构游戏　　C. 智力游戏　　D. 表演游戏

2. 在游戏活动中，儿童可以自由选择、自主决定，这体现了游戏具有（　　）的特点。

A. 娱乐性　　B. 自主性　　C. 虚构性　　D. 有序性

3. 以下不属于幼儿游戏中健康教育特点的是（ ）。

A. 自主性　　B. 趣味性　　C. 娱乐性　　D. 社会性

【思考与实训】

1. 幼儿游戏中的健康教育有哪些特点？

2. 幼儿游戏中的健康教育的内容包括哪些？

3. 幼儿游戏中的健康教育的基本要求是什么？

4. 幼儿游戏中的健康教育活动的实施策略是什么？

5. 你发现幼儿没有饭后漱口的习惯，你能设计一个健康游戏帮助幼儿养成饭后漱口的好习惯吗？

6. 结合所学内容，思考你可以在游戏中开展哪些健康教育活动？

7. 以小组为单位，设计一个在游戏中开展的健康教育活动并分享。

第七章　幼儿心理健康教育

【学习目标】

- 知识目标：了解幼儿心理健康教育的目标和内容；掌握幼儿心理健康教育的途径和方法；
- 技能目标：能够设计并组织幼儿心理健康教育活动；能够运用所学指导家长共同解决幼儿心理问题；
- 情感目标：在幼儿园活动的各个环节中，关注幼儿心理健康。

【学习重点】

- 根据幼儿特点组织开展幼儿心理健康教育活动。

【本章导读】

- 心理健康教育是幼儿健康教育的重要组成部分。我国先后颁布的《幼儿园工作规程》（简称《规程》）、《中国儿童发展纲要（2011—2020年）》（简称《纲要》）和《3~6岁儿童学习与发展指南》（简称《指南》）均提及幼儿心理健康的目标和发展特点，《规程》指出幼儿教育、保育的主要目标有：促进幼儿身体正常发育和机能的协调发展，增强体质，促进心理健康；《纲要》在健康领域的目标中指出在集体生活中幼儿情绪要安定、愉快；《指南》的健康领域“身心状况”部分有一个目标为情绪安定、愉快。及时对幼儿进行心理健康教育，创设有利于他们成长的环境和条件，控制和消除各种不利因素，不仅可以改善幼儿的心理障碍或行为缺陷，更为重要的是，有利于他们心理健康，培养健全人格，这对他们未来的成长具有重要意义。

【情景导入】

- 家宜是个刚满 3 岁的男孩，父母离异，九月份刚刚进入幼儿园小班。未读幼儿园前，由妈妈和姥姥带。刚入园时，家宜极不适应幼儿园生活，性格内向、胆小，很少和其他小朋友交往，不爱说话，有时会一个人哭起来。早上入园时，他总是拉着妈妈不肯进幼儿园，当看到老师希望他进入班级时，会哭闹得更厉害。
- 幼儿的分离焦虑和环境适应是很多幼儿园老师都会遇到的问题，尤其在幼儿园小班，这种问题会表现得特别明显。安抚幼儿的情绪、引导幼儿适应集体生活并乐于与人交往，培养幼儿积极的性格特征，需要幼儿教师长期的关爱和引导。

第一节　幼儿心理健康教育的目标与内容

学前阶段是人一生中心理发展速度快并且关键的阶段之一，心理健康对于幼儿来说尤为重要。在这个阶段，他们对外界环境和变化比较敏感，容易受到各种不良因素的影响或伤害。《关于幼儿教育改革与发展指导意见》中指出：要尊重儿童的人格尊严和基本权利，为儿童提供安全、健康、丰富的生活和活动环境，满足儿童多方面发展的需要；尊重儿童身心发展的特点和规律，关注个体差异，使儿童身心健康成长，促进体智德美等全面发展。可见，促进幼儿身心全面和谐发展，是幼儿教育的最终目的。

一、幼儿心理健康教育的目标

幼儿心理健康教育是根据儿童发展的心理特点，以维护和促进幼儿心理健康为核心目标，有目的、有计划、有组织开展的教育活动。

（一）总体目标

（1）引导适当地表达情绪情感。

（2）培养对他人的积极情感。

（3）教导与人交往的技能。

（4）培养愿意与人合作、分享的品质。

（5）增强积极的自我意识。

（6）培养一定的适应能力。

（二）各年龄阶段教育目标（见表 7－1）

表 7–1 各年龄阶段教育目标

年龄阶段	教育目标
0~3 岁	1. 婴幼儿情绪愉快，对周围人产生信任感。 2. 伴随与周围环境接触的增多，情感等心理活动逐渐发展，语言能力发展迅速。 3. 成人经常与婴幼儿交流，促进感知、言语、思维等方面发展。
3~4 岁	1. 幼儿情绪比较稳定，会用适当的方式表达情绪，初步学会排解消极情绪，喜欢与人分享。 2. 愿意与同伴一起玩玩具、合作游戏，能勇敢地玩一些户外大型玩具。 3. 初步了解男女在外形上的不同，知道并认同自己的性别角色。
4~5 岁	1. 经常保持愉快的情绪，喜欢幼儿园集体生活，能与同伴互相合作，团结友爱。 2. 自觉遵守活动的规则和要求，初步形成良好的日常行为习惯。 3. 关心周围的人、事、物，对亲人、朋友、老师持有积极情感。
5~6 岁	1. 经常保持愉快的情绪，知道引起自己某种情绪的原因，学会用积极的心态理解和帮助别人。 2. 勇敢对待挫折、困难。 3. 对力所能及的事情抱有信心，具有较强的竞争、合作意识。

【拓展阅读】

《3~6 岁儿童学习与发展指南》中情绪安定愉快和具有一定的适应能力的表现

1. 情绪安定愉快的表现（见表 7–2）

表 7–2 情绪安定愉快的表现

3~4 岁	4~5 岁	5~6 岁
1. 情绪比较稳定，很少因为一点小事哭闹不止。 2. 有比较强烈的情绪反应时，能在成人的安抚下逐渐平静下来。	1. 经常保持愉快的情绪，不高兴时能较快缓解。 2. 有比较强烈的情绪反应时，能在成人提醒下逐渐平静下来。 3. 愿意把自己的情绪告诉亲近的人，一起分享快乐或求得安慰。	1. 经常保持愉快的情绪。知道引起自己某种情绪的原因，并努力缓解。 2. 表达情绪的方式比较适度，不乱发脾气。 3. 能随着活动的需要转换情绪和注意。

2. 具有一定的适应能力的表现（见表 7–3）

表 7–3 具有一定的适应能力的表现

3~4 岁	4~5 岁	5~6 岁
1. 能在较热或较冷的户外环境中活动。 2. 换新环境时情绪能较快稳定，睡眠、饮食基本正常。 3. 在帮助下能较快适应集体生活。	1. 能在较热或较冷的户外环境中连续活动半小时左右。 2. 换新环境时较少出现身体不适。 3. 能较快适应人际环境中发生的变化，如换了新老师能较快适应。	1. 能在较热或较冷的户外环境中连续活动半小时以上。 2. 天气变化时较少感冒，能适应车、船等交通工具造成的轻微颠簸。 3. 能较快融入新的人际关系。

【拓展阅读】

日本《幼儿园教育要领》关于健康的表述

健康：积极在室内游戏，对各种活动有亲切感并乐于参与，掌握健康的生活节奏。通过与教师和小朋友的接触，带着安全感去行动；理解幼儿园的生活方式，自己去完善幼儿园的生活环境。

韩国《全国幼儿园课程》关于健康领域的表述

健康领域：保持正确积极的生活态度，通过参加各种愉快的体育活动保持心理健康。

英国《EYFS 早期学习与发展目标》关于个体、社会和情感的表述

个体、社会和情感：对重大的经历有着不同的情绪和反映；懂得什么是正确的，什么是错误的，以及为什么；考虑个人言行对自己及他人产生的后果。

澳大利亚《幼年学习大纲》关于儿童情感的表述

儿童情感：儿童拥有强烈的幸福感，体验到强烈的社会和精神幸福，对自己身体的健康越来越负责任。

南非《早期儿童发展服务纲要指南》关于儿童情感的发展的表述

儿童情感的发展：儿童说“我能”，这意味着他们可以做的事情；“我有”，意味着他们知道哪些人可以提供帮助；“我是”，意味着自己有哪些特点。

二、幼儿心理健康教育的内容

幼儿心理健康教育的内容是心理健康教育目标的具体化，幼儿心理健康教育内容的选择，一方面受幼儿健康教育目标的制约，另一方面，也要考虑幼儿的心理发展水平和心理健康状况。

（一）帮助幼儿理解情绪、学会表达情绪、适当调整情绪

情绪情感是影响幼儿心理健康的重要因素，积极的情绪情感是幼儿心理健康的重要标志。幼儿每天都会有各种各样丰富的情绪体验，一般成年人体验到的情绪大部分也已经为幼儿所体验。幼儿在日常生活中接触的很多人、经历的很多事情，都可能触发幼儿的情绪体验。

1. 为幼儿提供安全温暖的心理环境

安全温暖的心理环境是儿童安全感和人际信赖感的主要来源。因此，无论是家长还是老师，都需要为幼儿营造安全温暖的心理环境，包括以下内容：

第一，以积极的情绪影响幼儿。家长、教师都应该注意控制、调节自己的不良情绪，尽量以积极的、乐观的、阳光的精神状态教育幼儿，为幼儿创设安全的心理环境。不仅在与孩子相处、沟通时要注意调节自己的情绪，家长、教师还要注意当孩子在场时，自己与其他人相处、沟通的表现，尽量避免经常在孩子面前发怒、与人吵架等。面对孩子的进步，老师需要及时给予认可，并且接纳孩子的情绪，积极表达“这件事情真让人高兴”，为孩子的情绪贴上标签，并且为孩子树立良好情绪表达的榜样。处理孩子出现的“小问题”时，教师需要注意与孩子沟通时的态度。首先，教师要明白错误并不等于缺点。其次，教师和同伴需要用友善的态度与孩子进行沟通并对其错误事件进行包容和接纳，通过良好的沟通、分析使得孩子欣然承认自己的错误，及时修正错误并接受帮助。

第二，以欣赏的态度对待幼儿。幼儿处在身体、心理尚未发育完全的年龄阶段，需要一个接纳的外部环境。所谓的接纳，是指孩子能充分地感受到被接纳，能够感受到老师对他所涉及的内容有兴趣，感受到老师对他的欣赏。

【案例 7–1】

乐乐今天兴高采烈地来到教室，对着老师说：“老师老师，妈妈在幼儿园门口宣传栏看到我的照片了。”“真的呀。妈妈一定很高兴。”老师蹲下身子，摸摸乐乐的头，微笑着回应乐乐。“老师，妈妈说因为我画的兔子很漂亮，所以我的照片和小兔子一起挂在门口了。”“是呀，我知道乐乐很擅长画画，我还要请你帮忙，你的建议对我们很重要。”

老师接纳了乐乐的想法，认可了她的经历，肯定并欣赏她的特长。乐乐从中能够感受到老师对她的作品十分有兴趣，感受到了认可和欣赏。如果一位老师欢迎孩子，那么她和孩子们一起讨论生活时，她的样子总是能向孩子传达出她的诚挚、专心和享受其中，孩子也会清楚地感受到自己的想法、自己的故事，都是受到老师和同伴

的接纳并欢迎的。

2. 引导幼儿理解情绪、学会恰当地表达

识别并理解自己的情绪，对于发展幼儿情绪理解能力来讲是十分重要的，幼儿的情绪智力首先要建立在他对自己情绪的理解以及对他人情绪理解的基础上。情绪理解能力是幼儿社会性发展领域研究的重要内容。德纳姆的研究中发现，学前阶段的幼儿逐渐学会了识别表情和情绪情境，同时也逐渐能够用口头语言对自己和他人的情绪原因进行一致地、流利地解释。德纳姆等人的研究表明，情绪理解与幼儿社会能力和积极的同伴关系存在显著相关，幼儿的情绪理解能力越好，与同伴的交流就越多，越有可能对同伴表现出亲社会行为，也就越有可能被教师评价为社会能力高。例如，在受到别人的关爱、照顾时会感到心情愉快，反之则表现出与亲人不亲近、冷漠、紧张、恐惧等。

3. 引导幼儿适当调节情绪

良好的情绪调节能力，能够帮助孩子更快、更好地融入新环境，尽快适应规则，在日常交往中，与同伴、与老师相互依赖。情绪调节能力包括识别自己情绪的能力、控制不适宜的情绪、调节情绪体验、积极地思考方式四个方面。第一，对情绪进行调节，必须建立在认识情绪的基础上。第二，当孩子出现不适宜情绪时，老师及父母应该平和接受，并通过语言和肢体动作对孩子的当前情绪进行引导及调节，进而帮助孩子控制冲动，进行情绪调试，达成情绪平衡。当幼儿的情绪表现强烈而难以自制时，也可以适时转移注意力，用他们感兴趣的活动或玩具帮助其从消极情绪中走出来。第三，当孩子能够识别、察觉自己的情绪，并能够尝试控制不适宜的情绪表现之后，孩子开始需要尝试了解如何调节情绪体验，即当处于高度情绪化的时候，通过一定的方式让自己的情绪舒缓下来，尝试进行自我放松，让自己变得冷静。第四，具有良好的情绪调适能力的孩子能够用积极的思维方式去思考，协调自己的感觉、想法并且调整自己的行为以达到目的。

（二）帮助幼儿学习社会交往技能，与人和谐相处

儿童处理人际关系的能力是儿童社会化和社会适应的重要指标之一。三四岁的幼儿会日益频繁地参与到与他人的社会互动中。那些能较好地运用问题解决策略来处理人际冲突和人际矛盾的儿童，人际适应状况良好，在同伴中一般更受欢迎，更容易被同伴所接受。而成为攻击者和被攻击者的儿童，大都会人际适应不良，这是社会化程度低的一种表现。有效的社会问题解决可以帮助儿童缓解压力，调节消极情绪，控制攻击性行为的产生。

1. 提高亲社会行为能力

培养亲社会行为是帮助幼儿与人和谐相处的主要方面。在社会交往中，主要表现在分享、合作、助人、谦让、安慰、营救、捐献等行为中。在对孩子进行亲社会行为

教育时，应从以下三个方面入手。

第一，创设亲社会环境。教师可以在日常生活和游戏中尽可能多地给儿童创造合作和助人的机会，例如分小组完成任务，向儿童介绍一些需要他们提供帮助的现象或事件等。

第二，提供现场指导。提供现场指导主要针对那些在社交情境中无法自然产生亲社会行为的儿童。这些儿童即便他们有亲社会交往的意愿，也可能因为技巧的欠缺而无法顺利实施亲社会行为，这就需要教师更加细致地在亲社会行为产生的每一步中给予一定的提示和技术指导，从而提高孩子的应对能力。不仅要指导孩子如何采取他人的观点，如何识别他人的情绪，以及当自己需要他人帮助时如何发出合适的信号等，而且要指导孩子辨识在什么情况下需要助人，在什么情景下不要实施助人，怎样选择合适的方式来实施亲社会行为。

第三，提供角色扮演游戏。这种技术常见于游戏过程，成人可以通过让儿童扮演某个角色，从而暂时脱离自我中心，获得体会他人感受的机会，从而有效地在他认知中加入更多视角，使之理解复杂的社会规则。

2. 减少社交问题行为

幼儿的社交问题行为是他们人际适应中最主要的障碍，减少社交问题行为旨在提高孩子的社会交往意识和能力，从而适应人际关系环境。在幼儿园里，许多孩子采取求助、退让、暴力或其他攻击的方式来解决冲突。苏霍姆林斯基说过："任何时候都不要揭发幼儿不良的应受指责的行为，不要急于把儿童的缺点在集体面前当众宣布，应该让幼儿表现出克服缺点的内在的精神力量，让集体首先看到他好的方面，这就是教育的艺术。"当孩子之间发生冲突时，教师要教授孩子学会解决问题，而不是随意批评或安慰孩子。有效的策略是教孩子一种和平解决问题的步骤，它是一种非暴力解决问题的程序，早期环境能提供给孩子学习和练习解决问题技能的机会。

（三）引导幼儿形成良好的自我意识和性格特征

自我意识主要包括三种形式：自我认知、自我评价和自我调节。自我认知是自我意识的基础，包括对自己的生理认识和个性认识。自我评价是自我意识的核心，反映自我意识的发展水平。自我评价是随着身心成熟，在社会性发展和社会交往过程中逐渐形成的。幼儿自我评价能力的发展比较晚，一般在2~3岁才刚刚萌芽，小班孩子大多顺从成人的评价，将他人的评价作为对自己的评价。如他是因为"妈妈说我是好孩子"，所以认为"我是个好孩子"。另外，小班孩子的自我评价也具有非常明显的情绪化，往往根据自己的喜好而定，并且，其自我评价一般比较表面，如长得高、坐得直等。小班孩子的自我评价也比较笼统，如"我是乖孩子、好孩子、漂亮的孩子"等。中大班的孩子经过思考开始对自己有一定的独立评价，评价内容也比较具体，如"我是个好孩子，因为我帮助小朋友，听妈妈的话，睡觉很好"等。自我评价也从小班的表面评价发展到内部品质的评价，并且，开始有了一定的道德判断，能够对好与坏有一定的评价，但仍比较肤浅。自我调节是自我意识的意志成分，是指个体对于自己思想情感和行为的调节和控制，包括自制、自立、自主、自我监督和自我控制。幼儿自我调节能力是逐步完善的，如情绪控制发展的关键年龄在6~7岁，自制力发展的关键年龄在3~4岁和6~7岁，坚持性发展的关键年龄在6~7岁，独立性发展的关键年龄在3~4岁和7~8岁，动机控制发展的关键年龄在3~5岁，自觉性呈现波浪式发展。也有研究表明，孩子自我控制能力的发展存在着明显的性别差异，且所有差异都表现为女童分数高于男童。分因素来看，幼儿在自觉性、自制力、动机控制和坚持性四个因素上存在明显的性别差异。自我意识不强的幼儿，对挫折和冲突缺乏预测能力和处理技巧，往往造成任性执拗、攻击性行为和退缩性行为等。

性格是指表现在人对现实的态度和相应的行为方式中的比较稳定的具有核心意义的心理特征。性格的结构包括：态度特征、意志特征、情绪特征、理智特征。心理健康的幼儿，一般具有活泼好动、热情、勇敢、自信、主动、诚实、好奇好问等性格特征。幼儿性格的塑造，首先要重视家庭的因素，发挥家长的作用，强化榜样示范；同时，要注重集体生活和实践活动，加强思想品德教育，巩固良好的性格特征。

【拓展阅读】

安全感

著名人本主义心理学家马斯洛认为，安全感是决定心理健康最重要的因素之一，甚至可以被看作心理健康的同义词，是心理学最重要的概念之一。

社会文化精神分析的代表霍妮认为，儿童在早期有两种基本的需要：安全的需要和满足的需要。这两种需要的满足完全依赖于父母，当父母不能满足儿童这两种需要时，儿童就会产生焦虑。即父母如果不能满足儿童安全的需要，例如父母不能向幼儿提供持续的、稳定的、持之以恒的、前后一致的、合理的爱，幼儿就会缺乏安全感。

安全感是心理健康的基础，有安全感的幼儿才能有自信和自尊，才能与他人建立起信任的人际关系，积极挖掘自身的潜能。而缺乏安全感的幼儿更多地感到孤独和被拒绝，对他人通常持有不信任、嫉妒、傲慢甚至仇恨和敌视的态度，行为上也更容易出现逃避、退缩或攻击性的行为，较难建立起良好的人际关系。缺乏安全感也是多种心理疾病的隐患之一。

第二节　促进幼儿心理健康的途径与方法

一、幼儿心理健康教育的途径

幼儿心理健康教育，可以通过优化人文环境、开展各种活动、合理运用媒介材料等途径进行。家庭是幼儿社会化的主要场所。父母的教养态度、家庭成员之间的关系、孩子自身的各项特征等，都直接或间接影响幼儿的心理健康；同时，幼儿园教育和社区环境的影响也不可忽视。总体来说，家庭、幼儿园和社区紧密合作、共同努力，能够取得幼儿心理健康教育的良好效果。

（一）优化人文环境

优化人文环境主要聚焦于家庭和幼儿园，即亲子关系的优化和师幼互动的优化。

1. 优化亲子关系

父母在促进孩子心理健康，尤其是培育孩子安全感、亲密感、信任感等方面，起到重要作用。首先，要营造和谐的家庭气氛。如果家庭中缺失和谐的氛围，例如父母经常吵架，甚至产生肢体冲突，孩子就会有更多的恐惧体验；而在一个其乐融融的家庭中，孩子就会有更多的积极的情绪情感体验，他们更容易获得安全感和对他人的信任感。其次，要有充分的亲情陪伴。父母如果每天至少有 30 分钟的时间与孩子在一起游戏或者阅读等，都会让孩子体验到浓浓的亲情和愉悦的情绪。现在有不少“假日父母”，即父母平常都将孩子托付给保姆或者长辈照顾，自己则因为工作繁忙到周末才与孩子在一起。甚至在农村地区有不少留守儿童，因为缺失父母的陪伴，这些孩子可能陷入自卑等情绪，导致安全感很难建立。再次，父母与孩子要经常做亲子游戏（见图 7–1）。父母经常陪伴孩子游戏有助于孩子认知、情绪情感、意志、个性等多方面的发展。为此，父母可以多花点心思，设计一些简单的游戏或手工劳作等，让孩子在玩中学，增进亲子情感。

2. 优化师幼互动

幼儿园教师对幼儿的心理健康发展影响深远，在师幼互动中，教师应注意以下方面。首先，满足孩子爱的需要。幼儿的心理承受能力还比较差，他们的情感是真诚但脆弱的，极易受到伤害。他们对老师会自然地有种依恋感，希望老师会像爸爸妈妈一样喜欢自己、爱护自己。在游戏、午休时间，和孩子们说说笑笑、亲密互动，这是教师极易做到的事，而这些细节，对孩子往往会产生意想不到的效果。他会幸福地认为：老师喜欢我，老师和爸爸妈妈一样好。孩子这种爱的需要得到了满足，他感到安全、愉快、自信，自然能以良好的情绪投入活动中。其次，给孩子以鼓励的眼光。孩子往往在受到挫折后易灰心、情绪低落，其实如果他再努力一下，便有可能获得成功。给孩子以鼓励的眼光，使孩子在关键时刻不是退一步，而是向前跨一步，使孩子置身于充满鼓励与赞许的环境中，孩子会以愉快的心情接受挑战，以一种良好的心态去战胜困难。再次，给予孩子及时的帮助。当孩子尽其所能也不可能完成任务时，教师应给予具体的帮助，保护他们的自尊心不受伤害，同时又激励他们继续努力，赶上其他小朋友。当孩子以这种心态去面对自己的弱点时，他是积极向上的，这有利于达到预期的效果。最后，引导孩子正确交往（见图 7–2）。孩子在交往中发生争执、吵闹是不可避免的，一旦出现了不友好的言行，可能会影响孩子的情绪，造成紧张和不协调的气氛。因此，老师应重视孩子间的相互交往，注意培养孩子们互相关心、互相帮助、互相谦让的习惯，通过让他们体验交往中的快乐和受挫的不愉快，使孩子们在亲身感受中向往友好的交往。当孩子在交往中出现矛盾时，老师可设法引导他们与人为善、为他人着想。

图 7–1　亲子游戏

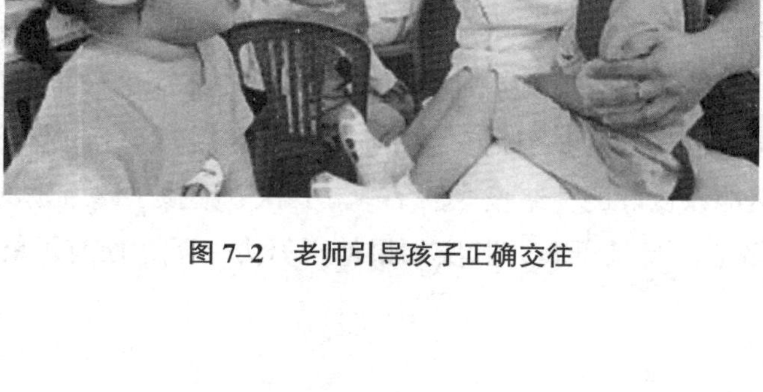

图 7–2　老师引导孩子正确交往

【案例 7–2】　乐乐不开心了

乐乐和辉辉一起开心地玩搭楼房的游戏，他们已经搭好了大楼的第一层，正准备搭第二层时，辉辉的爷爷来接辉辉了，乐乐开始生闷气，独自一人继续搭建楼房。

分析讨论：

教师可以从以下几个方面让孩子保持情绪的安定愉快。

首先，可以转移孩子的注意力。孩子专注某一事物的时间相对较短，因此，当孩子对某一事件有不良情绪反应的时候，教师可以通过转移其注意力的方法让孩子体验如何调节情绪。在上述案例中，乐乐一个人闷闷不乐地坐在还没搭好的积木旁，教师可以用愉悦的语调说："乐乐，你看，小平正在做飞机模型呢，你愿不愿意过去帮他一下啊？"如果乐乐对做飞机模型感兴趣，就会很容易把注意力转移到新游戏和新伙伴身上，而不再陷入失望的情绪中了。当孩子产生不良情绪时，经常帮助他们将注意力转移到高兴的事情上，会使他们逐渐学会主动地转移注意力。

其次，寻找适宜孩子情绪的对应源。在孩子发生不良情绪反应的过程中，教师若能较好地借助孩子感兴趣的人或物同样能调节孩子的情绪。如果乐乐非常喜欢画画，教师可以问："乐乐，你平时画画很棒的，你愿不愿意把你想和辉辉搭的房子画给老师看呢？"如果乐乐的好朋友晨晨还在幼儿园，教师也可以说："乐乐，辉辉已经回家了，不过晨晨在那边，你愿不愿意邀请晨晨一起继续搭房子呢？"将周围的人或者事物作为应对源，同样可以调节孩子的情绪。

最后，让孩子以适当的方式表达情绪。许多孩子在需求无法得到满足或遇到不高兴的事情时，都试图采用哭闹、发脾气等方式来解决问题，而当问题依然无法解决时，这种消极情绪会愈演愈烈。所以应该帮助孩子学会以一种可被人接纳又能达到较为满意结果的方式来表达情绪。如教师通过询问来让孩子适当表达自己的情绪——"乐乐，告诉老师，你为什么不高兴呢？"教师可以通过这种循循善诱的方式，让孩子学会适当表达并疏通自己的消极情绪，同时让他们明白，一味地发脾气只会损坏物品甚至伤害他人，自己不高兴的情绪一点都不会好转，从而逐渐学习运用比发脾气更好的方式来解决问题。

（二）开展各种活动

在心理健康教育活动中，要为幼儿选择和创设与他们生活密切相关的情境，针对培养一种情感品质与能力，开展一系列有目的、有计划的综合性活动，启发孩子在情境中积极实践、充分体验，用归因提炼等方法形成策略并加以运用。

选择和创设生动的情境、在情境中进行情感专题活动，贴近孩子已有经验，让孩子在情境中充分“体验”是孩子在情感教育活动中非常重要的学习方式。特别是情感态度类的学习，不是简单地“讲道理”就能奏效的。一般来说，态度不是“教”出来的，也不是可以脱离其他内容而独立存在的，它是伴随着活动过程而产生的体验。让孩子在情境中充分体验，符合孩子直接感知、实际操作和亲身体验的学习特点。

（三）合理运用媒介素材

绘本、音乐、美术、戏剧、手偶、指偶及木偶剧都可以成为促进幼儿心理健康的有效途径。

有学者探索了运用不同手段与媒介促进幼儿情绪能力发展的可能性与可行性。林宜好运用行动研究的方法，探索了如何运用创造性戏剧在幼儿园集体教学情境中促进幼儿情绪能力的发展，结果表明，创造性戏剧活动的实施能够增进幼儿在情绪知识上的学习。郑伊甜采用个案研究的形式探讨了音乐活动对幼儿情绪调节能力发展的影响成效，以及音乐活动对幼儿情绪调节能力发展的促进历程。经过 14 周的音乐教学活动之后，研究结果表明，3 名个案研究中的孩子感受自我及他人情绪的能力皆有提升，通过乐器玩奏、歌唱、音乐欣赏及故事引导等音乐活动，3 名孩子的情绪调节能力也有所提升。

另外，选用适当的绘本也是行之有效的途径。绘本因其画面温馨、语言抚慰人心、角色形象生动等特点，易于被孩子接受。家长、教师应注意选择一些涉及情绪、爱及生命等主题的经典绘本，其内容贴近孩子的年龄特点和心理特征，适宜孩子阅读。格斯派等提出了六项适宜孩子阅读的绘本选择标准：第一，吸引人的图画；第二，有趣的故事内容，故事中的主角和情境与现实生活接近；第三，故事内容在孩子所能理解的范围，即符合孩子认知能力的理解；第四，故事内容丰富有趣，让孩子看了能够有开心的情绪，达到其效果；第五，故事结构扣人心弦；第六，呈现故事的语言浅显易懂。在开展幼儿园健康活动的过程中，教师可依据孩子心理健康指标关注孩子的特点，创设温馨适宜的心理环境，挑选合适的优质绘本，并运用有效的心理辅导策略培养孩子积极的情感，增强孩子情绪调适能力，形成良好的个性品质。

二、幼儿心理健康教育的方法

促进幼儿心理健康的方法很多，在实际教育教学活动中，只有科学、合理、灵活、创造性地运用教育方法，才能真正实现幼儿心理健康教育的目标。

（一）榜样示范法

榜样示范是促进幼儿心理健康最重要、也是最主要的方法。父母、教师甚至同伴的榜样作用，都会对幼儿产生重要的影响。当外界出现不良刺激时，幼儿的心理压力就会增大，可能进一步导致心理失调，引起悲伤、失望、愤怒、恐惧等一系列情绪问题。社会学习理论学家班杜拉认为，人类的大部分学习是直接学习榜样的过程，即观察学习。在观察学习的过程中，人们获得了示范活动的象征性表象，并将表象存储于大脑，而婴幼儿最重要的学习方式就是观察学习，比如他们会观察别人是怎样进行一个动作的，当他们的动作发展成熟时，就会应用观察所学到的方法，做出相同的动作。成人，尤其是父母与教师，是孩子最重要的示范楷模。不管示范者知不知道自己的行为正在被孩子观察，也不管孩子是否已注意到并且能记住示范者的行为表现，示范仍然发生了。所以，成人要注意示范自己的情绪表达，为孩子的情绪表达提供正确合适的观察学习的榜样。

（1）帮助幼儿建立快乐、愉悦的人际关系，首先需要教师的引领示范。教师可以利用一日生活中的多个环节向孩子示范，比如：与孩子说话时表现出专心倾听的态度，与家长和谐尊重地相处，来园和离园时对孩子和家长表示欢迎，对个别缺席孩子进行针对性问候等。来园时，当一个缺席几天的幼儿进入教室后，教师可以蹲下来以欢迎的口吻对他说："好高兴看到你来了，我们都好想你啊！"并适时地加入一些肢体接触，如拥抱、轻拍孩子背部等。"你好久没来了，现在你回来了，请问你今天打算选择什么游戏区角？和谁一起玩呢？"

（2）善于激发幼儿在活动中的兴趣与好奇心，同时在一日活动的各环节中表达对孩子某些行为的兴趣与好奇，从而起到正确示范作用。比如：教师在巡视和个别指导孩子操作学习的同时，也对孩子的游戏内容和作品表达兴趣与好奇感。"让我猜猜看你搭的是什么"科学活动中，教师对某些现象和结果的产生表现出想要继续探索的兴趣。"为什么是这样呢"自由游戏时，对孩子合作的过程和完成的内容表现出好奇和感兴趣的情绪，"明明，谁是你的好朋友呢？洋洋是你的好朋友吗？洋洋，你是明明的好朋友对不对？让老师猜猜，你们这对好朋友干了什么了不起的事？喔！你们合作拼出了一个汽车！是不是觉得自己很棒呢？"教师在活动中示范真诚好奇、感兴趣的情绪，不仅能让孩子感受到教师对自己的关注和认可，更能引发孩子产生相似的情绪体验，从而使他们对活动更积极投入，进行更深层次地互动。

（3）无论是成人还是孩子，都会体验到不同程度的挫折感。挫折是一种主观感受，且每个人对挫折的适应能力也大不相同，它受个体生理条件、已有经验及对挫折的直觉判断等因素的影响。教师可以在教学中适时地创设各种难度的活动，让孩子体验挫折并思考挫败感产生的原因，积极示范遇到挫折和解决困难的过程，从而提高他们的耐挫力。教师很有必要直观地示范产生挫折时的消极体验以及想办法解决问题后产生的自豪感。幼儿可以在观察中学习到：成人也会和自己一样因为一些困难沮丧，但是成人不会哭闹、发脾气，而是想办法尝试解决问题，这样才能够让困难迎刃而解，体验到成功的喜悦。

（4）激发、培育幼儿面对挑战时的自信心。自信心的产生是幼儿自我意识不断成熟和发展的标志，是幼儿人格发展的一个重要方面，对认知发展、社会性发展等都有积极作用。研究表明，幼儿期是促进人的自信心发展的重要时期。教师可以通过设计基于儿童已有经验但又有一定难度的活动，帮助孩子积累克服困难、增强自信的经验。在活动的开始，教师用真诚的语气向孩子们预知可能遇到的困难，同时也用积极鼓励的话语向孩子们表述克服困难后取得成功的愉快体验。对于那些害羞或更容易畏缩的孩子，教师在此过程中还要给予更多积极的评价，包括动作爱抚、语言鼓励、点头微笑、奖品表彰等多种形式。

【想一想】 中班幼儿小明，不敢靠近充了气的气球，如果你是他的带班老师，你能用什么办法激发他的勇气？

（二）游戏引导法

通过游戏，幼儿可以学会与同伴协商、分工、合作、谦让、竞争等，锻炼了交往能力，对幼儿形成良好的性格有很大的促进作用。游戏中，个别胆小、害羞、懦弱的幼儿，可能不敢与同伴交往，教师应适当鼓励他们大胆加入游戏中，并在游戏过程中对他们进行不断的鼓励和表扬，让幼儿逐渐克服胆怯的心理。在幼儿投入游戏之后，教师也可以给予适当的帮助，让他们体验成功的乐趣，培养幼儿的自信心和社会交往技能。

另外，教师也应在部分游戏中制定规则，将游戏与规则融为一体，让幼儿逐渐从被动遵守规则转变为主动维护规则，学会约束、控制自己的行为，体验遵守规则在集体生活中的重要性，提高幼儿的自控能力，培养良好的意志品质。

（三）情景表演法

情景表演是指让幼儿以表演的方式，思考和表现在不同的生活情景或社会情景中，做出行为对策的教育方法。情景表演的主题源于孩子生活实际，它能帮助孩子认识到一定情景中可能遇到的问题和冲突，并对之做出合乎社会行为规范的反应。在运用这一方法时，家长或教师要注意引导孩子积极思考，发散思维，锻炼他们判断是非的能力，增强解决问题的能力。

（四）行为训练法

行为训练是指让儿童对已经学过的技能和行为进行反复练习，加深儿童对某个行为或技能的理解和掌握，从而形成稳定的行为习惯。在运用这一方法时，家长和教师要注意行为练习的兴趣性、持续性和指导性，这样才能取得良好的效果。

（五）讲解评议法

讲解评议是指组织幼儿参加心理健康教育的过程中，向孩子传递、讲授有关心理健康的一些粗浅的知识，可以借助故事、图画等配合讲解，以提高孩子的认知水平，帮助孩子改善对情绪、行为、性格等的态度；通过提出问题、发表意见、共同交流而引发较一致的认识。讲解时，教师注意言语要生动有趣、形式要活泼多样，切合孩子的已有经验和生活实际，符合孩子的年龄特征。组织评议时要注意，允许孩子发表不同的看法，评议可以是在同伴之间的，也可以是在孩子和成人之间的，应该鼓励孩子表达自己真实的情绪和情感，以及对他人发表看法。

【案例 7–3】 孩子面对家长重复的提问不耐烦了

不少家长在接孩子放学时，一看到孩子，就迫不及待地问："今天老师都教了什么啊？""把老师教的故事给妈妈讲一遍。"孩子面对家长每天单调重复的提问，有时会很不耐烦。

分析讨论：家长只关注孩子的学习，不重视孩子的集体生活，忽略孩子的感受。这些家长很少询问孩子在幼儿园是否过得开心，很少关心孩子跟其他小朋友相处的情况，或者在幼儿园又玩了哪些新游戏。

教育建议：教师要采取一些措施，让家长关心孩子在幼儿园的生活，并主动参与进去。比如：组织亲子运动会，让家长与孩子共同参与，这样不仅能够增进亲子乐趣，还能提高家长对体育锻炼的重视。另外，教师可以建议家长锻炼孩子适应生活环境的变化，适应集体生活。比如：经常带孩子接触不同的人际环境，参加亲戚朋友聚会，和不熟悉的小朋友玩，让孩子较快适应新的人际关系。

第三节 幼儿心理健康教育活动的设计与指导

一、幼儿心理健康教育活动的设计

心理健康教育活动设计的基本思路是：围绕关键经验确定活动目标、做好活动准备，根据活动目标选择活动内容，根据幼儿的特点和教育规律设计实施过程，围绕关键经验进行针对性评价。[①]

① 叶平枝．幼儿园健康领域教育精要．北京：教育科学出版社，2015.

（一）确定活动目标

确定心理健康教育活动的活动目标，实际上就是挑选所要训练的孩子的某一心理素质或心理特征。因为个体的心理特征有许多，在一次教育活动中，不可能对所有的心理特征都加以培养，面面俱到反而无所适从，必须有针对性地、有选择地加以培养。以小班心理健康教育活动“我好害怕”为例，活动目标为：害怕的感觉人人都会有，要大胆说出自己内心的恐惧；能够想办法消除害怕的情绪，尝试战胜害怕，或者寻求帮助。

【练一练】 观看视频《当我害怕时》，尝试归纳该活动的活动目标。

（二）选择活动内容

围绕活动目标，针对活动对象的心理特点和知识水平来设置活动内容。如：解决问题能力训练——“我该怎么办”；合作意识的培养——“小动物抬水比赛”；自信心的提高——“说出我的优点”；应对挫折——“如果我失败了”……

（三）做好活动准备

活动准备包括教师对活动内容、方法、途径进行选择，以及对环境的创设和玩教具的准备，儿童对知识和能力等方面的准备等。如小班心理健康教育活动“我好害怕”的活动准备包括：图画书《我好害怕》、事先让孩子和家长讨论并记录自己害怕的事或物、打针的情境等。

（四）设计活动过程

活动过程的不同部分有不同的作用。“导入部分”在于吸引孩子的注意力，调动孩子的兴趣和情绪；“基本部分”中，教师要考虑活动环节的先后顺序，要考虑何时且如何提问，以启发孩子思考。要考虑手段和方法的选择运用，以激发孩子在活动中的主动性。教师的活动设计是有目的、有计划、有步骤的活动，但只是活动过程的大致预演，在实际活动中，还会不断出现新的情形、新的问题和新的教育机会，这就要求教师在教育活动中不仅要注意既定目标的达成，还要注意教育活动的生成，敏锐发现新的、有价值的教育契机。

（五）选用适宜方法

幼儿园心理健康教育活动的组织方法主要有榜样示范、游戏引导、情景表演、行为训练、讲解评议等。在活动结束前，教师要注意引导孩子表达自己的活动体会，帮助孩子总结、归纳，及时内化活动经验。

【练一练】 观看视频《独一无二的我》，尝试归纳该活动的活动方法。

二、幼儿心理健康教育活动的案例分析与指导

【案例 7–4】 我会找快乐（小班）

1. 活动目标

（1）认识到生气是每个人都有的情绪，但是我们可以用各种方法来降低它对自己和他人的伤害程度。

（2）体验生气时不同解决办法对自己和他人的不同影响，选择正确的情绪控制方法。

（3）通过阅读故事，辨别生气时正确和错误的做法，学会用正确的方式疏导自己的不良情绪。

2. 活动准备

绘本《我不生气》的多媒体课件、画纸、画笔。

3 . 活动过程（见表 7–4）

表 7–4　活动过程

活动环节	具体措施	师生互动
活动导入	通过猜谜，导入活动。 （谜语：两只耳朵长又尖，短短尾巴翘后边，两只眼睛像玛瑙，一张嘴巴分三瓣）	教师提问、孩子回答。
基本部分	1. 引起情感共鸣。 （1）教师展示相关多媒体课件中的图片一（图片：生气的兔子），讨论并模仿小兔子的表情。 （2）教师展示相关多媒体课件中的图片二，讲述故事，分析小兔子为什么生气。 2. 认知情绪。 3. 后果体验。	教师提问、孩子回答、教师总结。 活动：邀请小朋友模仿小兔子生气的表情。 教师讲述故事。 引导孩子思考自己生气的事情有哪些。 教师提问孩子生气时的感觉。 教师继续讲述故事。 教师继续讲述故事。 教师提问小兔子的做法对不对？为什么？ 带领孩子模仿生气跺脚。 引导孩子思考自己生气时的做法是否正确。 教师总结。

续前表

活动环节	具体措施	师生互动
	4. 解决不良情绪的措施。	教师提问小兔子是否有更好的办法可以消气。 教师继续讲述故事。 教师带领孩子模仿小兔子深呼吸。 教师提问小兔子消气的方法有哪些？这些办法好不好？为什么？
结束部分	总结消气的好办法。	教师总结。 教师分发纸张，让小朋友绘画出消气的好办法。 孩子分享绘画内容，并且粘贴在分享栏。

幼儿故事

我不生气

小兔子今天穿了一身它最喜欢的萝卜装去上学。结果，它的小伙伴看到萝卜装，笑得肚子都疼了。下午，小兔子在沙地里堆沙堡，一只小灰兔一不小心踩下去，然后头也不回离开了，小兔子感到很生气。当小兔子生气的时候，它的肚子就像装有一个大火球，就要爆炸了；当小兔子生气的时候，它使劲地叫，结果把邻居都吵醒了；当小兔子生气的时候，它使劲地跺脚，它的脚都跺得发麻了，地球都在发抖；当小兔子生气的时候，它使劲地踢，结果一脚把玩具踢到了墙上，“啪”的一声，玩具碎了。小兔子生气的时候，最好静静地做点什么，比如来一次深呼吸。小兔子把凉凉的空气吸进肚子里，感觉肚子里生气的火球好像没那么烫了；小兔子生气的时候，找到一个它喜欢的地方，抱着喜欢的玩具，安安静静独自待着，慢慢地，它发现肚子里的火球，好像变小了；小兔子生气的时候，还去找关心它的人，说说它为什么生气，说着说着，它似乎把肚子里的火球吐了出来，感觉一点儿都不生气了。

案例分析：

1. 选题分析

小班孩子主要使用回避、投射的策略来调节和控制自己的不良情绪，如转移注意力、自伤自怜、迁怒于玩具等，这些应对策略对孩子自身及其他相关环境都造成一定的负面影响，因此为自己的不良情绪寻找合理的宣泄渠道，能够被社会认可和接纳是该年龄段儿童心理健康的重要内容。

2. 活动目标

该活动的三个维度目标为认知目标、情感目标和能力目标。首先，认知目标突出了对不良情绪的认识，使孩子学习合理看待不良情绪；其次，情感目标突出了孩子对不良宣泄方式的感受，从而引导孩子接纳合理的宣泄方式；再次，能力目标使孩子学会辨别和使用合理的宣泄方式应对不良情绪。三个目标均紧紧围绕不良情绪的控制这一主题而展开，领域明确，具有较强的针对性和准确度。

3. 活动过程

在活动开始之初，教师选择与主题角色相应的“小兔子”作为导入，但不足在于没有引发孩子学习主题内容——情绪控制的最初兴趣，建议改为更能与该主题相结合的导入活动，可以从孩子的实际生活事件中获得素材。

在引起情感共鸣和认知情绪阶段，教师采用绘本故事情节作为问题情境，并利用提问来唤起孩子的类似生活经验，使孩子与该学习主题之间建立实际联系。同时，教师并没有把故事全部呈现给孩子，而是边呈现边组织孩子讨论，将问题情境抛给孩子，调动孩子的好奇心，激发孩子参与活动的热情。

在后果体验阶段，教师根据故事情节设计了一系列情绪宣泄的不合理方式让孩子体验，并引导他们认识到不良方式的后果，从而使孩子在具备了感性经验的基础上自主做出理智的判断，主动认识到不使用不良方式宣泄情绪的原因。

在解决情绪措施阶段，教师不仅考虑到了应该让孩子了解“什么是不合适的”，更应该让孩子知道“什么是合适的”，从而使孩子直接获得正向经验。使孩子获得核心经验——处理不良情绪的办法有很多，只要是不伤害自己、不影响他人、不损坏物品的都可以。这个总结为孩子处理不良情绪提供了经验，有利于学习经验的迁移。

在结尾活动阶段，教师并不拘泥于故事本身所提供的解决办法，设计了一个绘画游戏作为学习效果的评估手段，检验孩子是否能够灵活地选择自己的情绪控制方式。这一做法既达到了还原孩子实际生活的目的，又获得了学习评价的内容。

4. 活动评析

该活动主要以“导入问题情境—认识问题元素—提出假设—实践检验各种假设—获得问题解决办法—推广经验”的流程来进行课堂环节的架构，是一种问题解决导向的教学方式。各阶段环环相扣，按照思维的过程先分析、比较，再综合、概括，最后抽象出来的核心经验可以迁移至未来生活的相关方面。就教案本身而言，基本能够实现三个维度的教育目标，从而引导孩子学会良好的情绪控制的方法。

【案例 7–5】 心情播报员（中班）

1. 活动目标

（1）理解他人的情绪情感，萌发互爱情感。

（2）能体验到自己的情绪情感，学会转换自己的不良情绪。

（3）发展孩子的想象力和创造力。

2. 活动准备

（1）前期经验准备：让家长带孩子看电视播放的天气预报。

（2）纸电视机一台，小动物头饰若干，大、小话筒各一个，心情图片若干。

3. 活动过程（见表 7–5）

表 7–5 活动过程

活动环节	具体措施	师生互动
活动导入	谈论天气，引发兴趣，提出主题。	与孩子谈论天气。 教师示范播报天气预报。 教师提问、小结天气预报的作用。
基本部分	通过听听、想想、说说心情预报，帮助孩子理解他人情绪。 （1）请配班老师播报心情预报："各位观众，大家好！我是森林电视台的主持人机灵猴，现在播报心情预报。今天森林里大部分小动物心情晴天，只有狮子心情雨天，并伴有八级脾气。心情预报播报完毕，谢谢大家收看，再见！" （2）让孩子议议心情预报，引导孩子充分发挥想象力、创造力，培养互爱、互助的情感。	教师提问，引导孩子思考心情预报如何播报，有哪些注意事项；孩子回答；教师小结。 教师提问：狮子心情不好，可能因为什么事？引导孩子大胆想象、完整表述。 教师出示背景图及狮子生病的图片；引导孩子思考生病后有什么心情。 教师提问：森林里其他小动物听到预报会怎样做？引导孩子充分发挥想象力和创造力，激发孩子的互助互爱情感。 教师出示小动物来看望狮子的图片；教师小结狮子的感觉和心情的变化。
结束部分	学说心情预报，体验成功的快乐。	教师总结。 教师出示其他小动物图片，孩子观察小动物的心情，并用心情预报进行播报。
活动延伸：请孩子将自己每日的心情画出来，并在区角中进行展示。		

案例分析：

1. 选题分析

情绪情感教育无论在孩子的日常生活教育中还是主题教育活动中，都应是一个不被忽视的主题，而且越来越受到老师和家长们的重视。本选题源于对中班孩子情绪情感教育的要求，目的是帮助孩子理解、体验别人的情绪情感。本选题对于培养孩子的想象力和创造力及语言表达能力和互爱互助的情感具有重要意义。

2. 活动目标

本次活动目标设计主要包括能力目标和情感目标。虽然只包括了二维目标，但是目标设计符合中班孩子的年龄特点和实际的情绪情感发展需要。

3. 活动过程

本次活动导入部分，教师通过与孩子讨论天气，引发孩子参加活动的热情和兴趣，引出主题。这一环节主要是让孩子了解什么是天气预报，天气预报对我们的生活有什么作用。

基本部分的第一个环节，通过听听、想想、说说心情预报，帮助孩子理解他人情绪。本环节的作用是承上启下，创设了“森林电视台”这一情景，通过主持人的播报，将天气预报和小动物的情绪情感变化联系起来；第二个环节通过让孩子议议心情预报，引导孩子充分发挥想象力和创造力，激发孩子的互爱互助情感。

结束部分，让孩子当“心情播报员”，学说心情预报，一方面体验小动物情绪情感的变化和表达，同时也体验当播报员的乐趣。在本次活动过程中，需要孩子主动参与的环节很多，因此要注意为他们创设一种宽松的氛围，让孩子能够积极主动地参加活动，充分调动孩子的想象力和创造力。

4. 活动评析

该活动将天气和心情结合起来，巧妙地将孩子感受别人情绪与天气预报联系起来，让孩子投入到情景中去，更好地体验和感受各种变化的心情，使孩子懂得在日常生活中保持愉快的心情，这样有利于身体健康，懂得当别人心情不好时关心他人，萌发孩子相互关爱的情感。

【案例 7–6】 我的兔子朋友（大班）

1. 活动目标

（1）认识到自己的好朋友会有状态不佳的时候，但应该支持他。

（2）体验和朋友在一起相互支持、相互友爱的感觉。

（3）能够通过提供帮助、鼓励、陪伴等方式在朋友状态不好的时候继续支持他。

2. 活动准备

绘本《我的兔子朋友》、自制话筒一个。

3. 活动过程（见表 7–6）

表 7–6 活动过程

活动环节	具体措施	师生互动
活动导入	1. 情景模拟导入。 （模拟内容：两名教师扮演一对好朋友，A 老师把 B 老师的图画纸弄到了地上，虽然闯了祸，但是 B 老师依然帮助 A 老师捡起来，收拾好） 2. 引出绘本。	教师提问：B 老师没有责怪 A 老师，为什么？孩子回答；教师小结。 教师提问“支持”的意思并解释（支持就是在好朋友做错事时不怪他，而是主动帮助他、鼓励他、陪伴他，和他一起解决困难，给他加油）。 教师讲述。
基本部分	1. 讲述绘本故事．教师一边讲一边提问，帮助孩子理解故事。 2. 游戏与讨论。 （1）讲解游戏规则：先请 3 个孩子单脚跳并绕过桌子，然后 2 个孩子两人三足进行接力。提示孩子在游戏时注意安全。 （2）进行接力游戏：将孩子分成两大组（根据情况设定每组人数，并且尊重孩子的意愿进行分组，如果两边人数不均，教师再进行调整），然后进行障碍游戏接力赛，包括单脚绕桌子跳和两人三足两个障碍赛。 （3）比赛结束后采访孩子，谈一谈自己在比赛中的感受，面对小组中有拖后腿的队友，自己的做法和感想是什么。 3. 再次游戏。	教师讲述、穿插提问（如果你有一个经常闯祸的朋友，你会怎么办？）、孩子回答、教师总结。 教师一边讲解、一边请配班老师示范。 教师组织孩子为队友加油。 教师采访（先采访输的小组，再采访赢的小组）：问题一——你们觉得刚刚是什么原因让你们输 / 赢？问题二——刚才的比赛中有同伴太慢，你们是怎么做的？问题三——为什么会这么做？ 教师引导孩子给跑得比较慢的孩子加油鼓劲，观察孩子面对同伴失败的表现，积极鼓励那些表现出支持朋友言行的孩子，并检验教学成果。
结束部分	活动总结。	教师总结。

案例分析：

1. 选题分析

大班孩子之间在游戏和生活中保持相互信任的关系十分重要，长期、稳定而亲密的友谊关系由此产生，这与 5 岁前孩子的伙伴关系多以及是否在一起玩的随机性大不相同。亲社会行为作为一种善意，是成就爱和友谊的重要因素，善意能让双方都产生积极的情感,从而提供一个让孩子融入社会情境的入口。与不擅长与人合作的孩子相比，社会性发展好的孩子表现出的善意行为可以帮助他们在社会冲突中获利，这又增强了他们出现善意行为的可能性，也容易在需要别人帮助的时候获得援手，而不经常帮助别人、不擅长与人合作的孩子在遇到麻烦的时候只能自己应付困境。本次活动选题源自大班儿童亲社会行为发展的需求，符合该年龄段儿童的心理发展特点。

2. 活动目标

该活动的三个维度目标为认知目标、情感目标和能力目标。首先，认知目标突出了对朋友境遇的认识，使孩子学习合理地看待朋友的得势与失势，保持对朋友稳定的支持关系；其次，情感目标突出了孩子对朋友的接纳，从而使朋友体验到真正的关怀；再次，能力目标突出了孩子在面对朋友失势时可采取的具体支持策略。三维目标均紧紧围绕“支持”这一主题而展开，具有较强的针对性和准确度。

3. 活动过程

在活动开始部分教师使用了一个紧扣主题的模拟活动来让孩子作为第三者客观地看待生活中经常发生的这种现象，发表观点和感受，做出价值判断，这一价值判断的结论便成为本次活动的主题。由此看来，教师并不急于直接点题，而是通过儿童生活实际来引发儿童对这一主题的探索欲望，让儿童自然而然地表达出对这一主题的学习热情。值得注意的是，“支持”是一个比较抽象的概念，教师考虑到儿童对这一概念的理解是有难度的，但由于这是本活动的核心内容，所以教师并没有绕过这个概念，而是专门对这一概念进行了具体的解释，并在之后的活动中以多种形式来诠释这一关键词。

在讲述故事阶段，教师首先回顾了故事的主要情节，并提炼出引发主题的重要问题：“如果你也有一个经常闯祸的朋友，你会怎么办？”，在孩子从客观的第三人称分析出主题思想后，教师马上将这一学习成果迁移到孩子自身的生活经验中，引发孩子对自己生活的反思，使学习主题具有了现实意义，同时也检验了孩子从认知上是否能把所学的内容用于实际的问题解决当中。

在游戏和讨论阶段，教师采用了生动的接力竞赛的游戏来进一步检验孩子的学习效果，通过观察孩子对同伴失败的态度、言行来推测孩子是否掌握了“支持”的含义，虽然在讲故事中已经有一次检验，但主要是存在于头脑认知层面的，会受到社会赞许性的影响，而在实际操作活动中，孩子在其中的情感和行为表达会更加真实地暴露他们对事物的理解和掌握程度，且通过多种形式来理解和练习“支持”，防止理论与实践脱节，如“想一套、做一套”，使孩子的学习知行合一。另外，游戏进行了两次，也是具有教育意义的，孩子可以在第二次经过提示后的游戏中调整自己对同伴的认识和态度，从而修正行为，使学习效果得到进一步巩固。

4. 活动评析

该活动主要以“情境导入—认识主题—检验新认知—检验新态度与行为”的流程来进行课堂环节的架构，是一种信息加工导向的教学方式。各阶段环环相扣，按照信息输入与输出的基本过程，从导入开始，教师有意抽取出最具学习意义的核心信息“支持”引发孩子的关注，再到通过故事正式认识“支持”的含义，输入此新信息，并与已有观念相结合产生一定的意义联系，然后通过真实情境的演练从三个渠道——认知、态度和行为分别检验出对这一信息的加工程度。就教案本身而言，基本能够实现三个维度的教育目标，从而引导孩子学会以支持的方式来对待朋友，营造安全温暖的心理环境。

第四节 幼儿常见的心理问题及应对策略

幼儿期是个体社会化的初始阶段。这一阶段的发展，对学前期甚至今后一生的发展都是极其重要的。此时所造成的任何心理上的障碍或偏差，都会给幼儿今后的发展和教育埋下隐患。美国心理学家艾吉兰教授指出：“心理上受过伤害的儿童，在其成长中的心理阻滞，甚至比在肉体上受过伤害的儿童更大。因为心理上的伤害是对儿童自尊心的破坏”。幼儿本身天真单纯、活泼可爱、好奇心强，这些特点可能造成的一些心理冲突常常被成人忽视。有些孩子性格内向，如果受到心理伤害，就可能会整天郁郁寡欢，烦躁不安，时间长了容易引起抑郁症等心理疾病；而对于外向的孩子而言，如果他们心理上经常受到伤害，就可能会以攻击性、报复性、破坏性、恶作剧等行为来向外界发泄内心的不满。

一、幼儿常见的心理问题

（一）睡眠不安

睡眠不安是幼儿常见的睡眠问题，表现为睡眠时经常翻动、肢体跳动、反复摇头、无故哭闹、磨牙、讲梦话等。有的不愿上床睡，要抱着走动，或是迟迟不能入睡、浅睡或早醒。睡眠不安的主要原因是幼儿心理压力过大，过于焦虑或紧张。此外，不良的睡眠习惯也会加重睡眠不安的情况。

（二）夜惊

夜惊的主要表现为幼儿入睡后不久，在没有受到任何外部刺激的情况下，突然大声哭喊，并从床上坐起，或两眼直视，或两眼紧闭，表情非常惊恐。此时很难唤醒，对他人的安抚、拥抱等不予理睬。持续一段时间后，幼儿又自行入睡，醒来后什么都记不起来。夜惊以5~7岁的儿童较为多见，男童的发生率高于女童。心理因素及环境因素常常是夜惊的诱因。如父母吵架、亲人伤亡、生活中遇到困难，都会造成幼儿精神紧张；又如睡前看了恐怖片、听了恐怖故事，或被家长呵斥后入睡等，都会影响孩子情绪；另外，卧室温度过高、手压迫前胸睡觉、晚餐过饱、患肠道寄生虫病等也可导致夜惊。

（三）情绪焦虑

个体在预感潜在的危险或不幸时，会产生强烈的负性情绪和紧张的身体症状，这就是一种焦虑状态。幼儿的焦虑常表现为过度烦躁，焦虑不安，伴有睡眠不好、做噩梦、讲梦话、食欲不振、气促、出汗、尿频、头痛等自主神经功能失调的症状。幼儿中最常见的焦虑则是分离焦虑，即幼儿与依恋对象分离时产生过度的焦虑情绪反应。一旦依恋对象离开，则表现出烦躁不安、哭喊、发脾气，甚至出现头痛、恶心、呕吐等躯体症状，但无相应的躯体疾病，当重新与依恋对象在一起时，症状完全消失。

不良的环境、不恰当的教育方法是导致或加重幼儿焦虑反应的重要原因。如父母对某些危险估计过高，常给孩子一些多余的劝告、威胁、禁令等，使他们整天焦虑不安；父母没有针对孩子的年龄特点而过分严厉或过分溺爱等，也可能引起孩子焦虑的情绪。

（四）恐惧情绪

恐惧是指向当前的危险情绪，具有强烈的逃离倾向，伴有交感神经系统的全面启动。由于幼儿和他们所处的环境是不断变化着的，在某个年龄阶段属于正常的恐惧，几年之后可能是不适当的，甚至成为一种心理障碍。如果恐惧对幼儿的日常生活影响较小，而且只持续几周，这种恐惧可能是正常发展的一部分；反之，幼儿处于持续的、极度不安的恐惧状态中，则会影响幼儿的心理健康。表现为：对某些物体或特殊环境产生异常强烈、持久的恐惧，明知恐惧对象对自身无危险，但无法控制恐惧与焦虑情绪，内心极度痛苦；有回避行为，往往有逃离恐惧现场的行为；自主神经系统功能紊乱，如心慌、呼吸急促、出汗、血压升高等。

关于恐惧发生的原因说法不一。精神分析派认为，这是由潜意识冲突产生焦虑，然后移置和外表化于所害怕的物体和境遇所致。相互影响学说认为，恐惧是发生和保持在特定的家庭人际关系和社会关系之中的。另有学者认为，恐惧与患儿存在的素质因素有关，如个性内向、胆怯、遇事易产生焦虑等。经历或目睹过意外事件也是造成恐惧的原因之一。

（五）屏气发作

屏气发作又称呼吸暂停综合征，是指幼儿在遇到发怒、惊恐、不如意的事或剧烈哭闹时，突然出现情绪爆发，随即发生呼吸暂停的现象。屏气发作时，由于屏气导致高碳酸血症和脑缺氧，而且哭泣时脑血管收缩和继发性呼吸道痉挛，使心跳减慢引起血流量减少，最后出现昏厥及抽搐。屏气发作一般发生于6个月至3岁左右的婴幼儿，3~4岁以后逐渐减少，6岁以上很少出现。屏气发作的原因除了与情绪因素有关外，还与机体缺铁有关，发病的幼儿中有相当一部分的病例同时患有缺铁性贫血。

（六）暴怒发作

暴怒发作多数发生在幼儿的欲望和要求得不到满足时，通过特殊的声音和行为来引起别人的注意，在被劝阻和关注时常常会变本加厉，只有在要求得到满足和彻底不被理睬的时候才会有所收敛。暴怒发作时，幼儿的各种过火行为短时间内往往无法劝阻，情绪失控，大喊大叫、哭闹、尖叫、在地上打滚、用头撞墙、撕扯自己的头发或衣服，伴有骂人、踢打或攻击别人，而自己很少受伤害；还会出现呕吐、遗尿或者屏气发作。男女都可发生，没有明显的性别差异。暴怒发作的主要原因是幼儿的需要得不到满足。当然，也可以通过模仿和学习他人而获得和强化。幼儿暴怒发作的维持和发展与父母及他人对待其暴怒发作的态度和结果有关。

（七）攻击行为

攻击行为是指有意想要伤害他人的心理或身体的行为，表现为儿童在遭受挫折时采取打人、咬人、扔东西等方式引起别人的对立或争斗。这类行为多见于男童，在学前期和学龄初期的儿童中较为常见，到学龄后期日渐减少。同伴攻击行为会对孩子产生示范作用，另外，周围环境的不良影响（比如格斗游戏等）、家长不正确的教育思想等都可能引发攻击行为的出现。

（八）退缩行为

退缩是指与他人相处时表现出胆小、害怕或局促。大多数幼儿在陌生环境中可表现出短暂的退缩，随着时间的推移，能够较快适应新的环境。而有退缩行为的幼儿，适应新环境困难。他们从不主动与其他小朋友交往，沉默寡言，在人多的场合，他们总是静坐一旁，这种行为多见于5~7岁的儿童。退缩行为的出现，与幼儿后天的教育和环境因素有关。家长的过度娇宠、过分保护与退缩行为的形成有直接关系。

二、幼儿常见心理问题的应对策略

（一）应对幼儿睡眠不安

睡眠不安一般不需要特殊治疗，通过缓解幼儿的精神压力，调节作息时间，多参加户外活动即可取得明显效果。

（二）应对幼儿夜惊

对于躯体有疾病的孩子，要尽早治疗。在确保幼儿并未患身体疾病后，一般不需要特殊治疗。只需要想办法消除心理诱因，改善不良外部环境，培养幼儿良好的睡眠习惯及起居规律。随着年龄的增长，大部分幼儿的夜惊会自行消失。

（三）应对幼儿情绪焦虑

预防和矫正幼儿的焦虑，应从改善环境和教育方式入手。首先，父母应根据孩子的年龄、智力水平等对其有合理的要求，既不溺爱、也不苛求；其次，要从各方面帮助幼儿树立克服困难的信念，培养孩子形成坚强的意志和开朗的性格；最后，父母也应当完善自我、改变自我，以良好的教育方式帮助幼儿健康成长。

（四）应对幼儿恐惧情绪

对于恐惧的矫治可采用暴露疗法，即通过不同形式逐渐呈现不同等级的、令幼儿恐惧的情景或物体。不同的形式包括：呈现现实的情景或物体、计算机虚拟的情景或物体、角色扮演、通过想象或观察他人在面对这些情景或物体时的表现等。临床研究表明，暴露疗法结合支持疗法、认知疗法、松弛疗法及音乐与游戏疗法，一般可取得较好的疗效。症状严重的患儿需要辅以药物治疗。

（五）应对幼儿屏气发作

在幼儿屏气发作时，首先，应尽量消除会引起幼儿紧张的各种因素；其次，正确教养，不溺爱孩子，在孩子屏气发作时，家长要镇静，待其恢复后转移其紧张情绪；严重的患儿，应该适当补充铁剂，纠正贫血，同时注意合理膳食。

（六）应对幼儿暴怒发作

暴怒发作的治疗原则是家长必须对孩子有正确的教育观念，用合适的方法爱孩子，溺爱和迁就只会妨碍教育。对于正在发作的幼儿可以尝试以下方法：

（1）冷处理。当暴怒发作时，切莫向幼儿发火，要采取冷处理的方法，当幼儿发现自己达不到目的时便会自然平息。向幼儿发火，一方面会使他的情绪更加激动；另一方面也会让他误以为这是解决问题的正确方式，以后也会用同样的方式对待别人。

（2）转移注意力。如果幼儿因想要玩而暴怒发作，可以用他喜欢看的动画节目或者其他感兴趣的事情来吸引他，转移注意力。待其暴怒发作过后再给以安慰，并加以教育。

（3）暂时隔离。如果幼儿的暴怒发作无法控制，可将他安置在一个房间内，在暴怒发作消除数分钟后再解除隔离。但要随时注意观察，防止孩子自伤、撞伤、触电、跳楼等意外情况发生。

（七）应对幼儿攻击性行为

矫治幼儿的攻击行为，应注意改变亲子之间、师生之间以及同伴之间的关系，对这些关系中的紧张因素进行分析，指导幼儿正确处理和解决各种关系。在有些情况下，可采用暂时隔离法进行治疗。

（八）应对幼儿退缩行为

要矫治退缩行为，从小就要培养幼儿的交往能力，父母既不能溺爱孩子，也不能以粗暴的态度对待孩子的过失。对待有退缩行为的幼儿，父母要态度温和，有耐心，多用鼓励的方法，让孩子在心情放松的情况下发展社会交往的技巧，一步一步建立自信心。

【拓展阅读】

经常拥抱可以消除宝宝的恐惧

小宝宝出生后，周围有许多因素可以引起宝宝的恐惧或焦虑，从强烈的噪声或光线直至人体本身。世界是陌生的，宝宝需要一些时间来适应环境，但是如果能够充分得到母亲的爱抚和帮助就会容易得多。因此，建议母亲敞开你的怀抱，用身体亲近宝宝。

对于宝宝来说，没有比母爱更珍贵更重要的精神营养了。这不仅仅因为宝宝生活环境的巨大变化，更重要的是宝宝已经是个懂得母爱，并能用哭声和微笑来呼唤母亲爱抚的、具有初步智慧和情感的人了！新生儿尝过躺在妈妈怀里的滋味后，他就会体验到与母亲身体接触带来的舒适感和温暖。事实上，宝宝天生就喜欢与母亲接触，这不仅可以促进宝宝发育，而且还能使宝宝感到安全、舒适和温暖。宝宝最喜欢的是母亲温柔的声音和笑脸。当母亲轻轻呼唤宝宝的乳名时，宝宝就会转过脸来看她。因为当还在子宫里时，宝宝就听惯了她的声音。出生第一天，当宝宝睡醒时，宝宝就会紧盯着母亲的脸，特别是眼睛。通常情况下，宝宝经常会哭哭啼啼的，但被亲人轻轻抱起后，哭声便会渐渐停止，泪水也不再流了。这是因为抱者的体温，仿佛把暖意传至他的心中。听来玄妙，但事实是，轻抱宝宝有利于其成长发育。当宝宝哭泣时，如果妈妈把他抱起来摇一摇或踱一踱步子，往往就能使他安静下来。很多朋友认为，宝宝哭时，不要立刻就去抱他，而应当培养他的意志，否则孩子越抱越要抱，会把宝宝惯坏的。其实不然。出生后半年内，宝宝是不会因为他一哭就抱他而被惯坏的。相反，你要对他的哭闹及时做出反应，以满足他的需要，尽管有时哭也是活泼型宝宝消耗精力的一种需要。当我们抚摸宝宝的身体时，他就会踢脚，咯咯地叫，身体变得圆圆鼓鼓的，他会很兴奋，因为身体接触让他感到非常愉快。

【考点聚焦】

本章知识在历年教师资格证考试中，一般与学前教育学、幼儿心理学等相关科目知识点结合成题目，题型有单选题、论述题。在学习中，要重点掌握幼儿常见心理问题及应对策略，以及如何设计、指导幼儿心理健康教育活动。教师资格证考试中幼儿心理健康教育知识点见图 7–3。

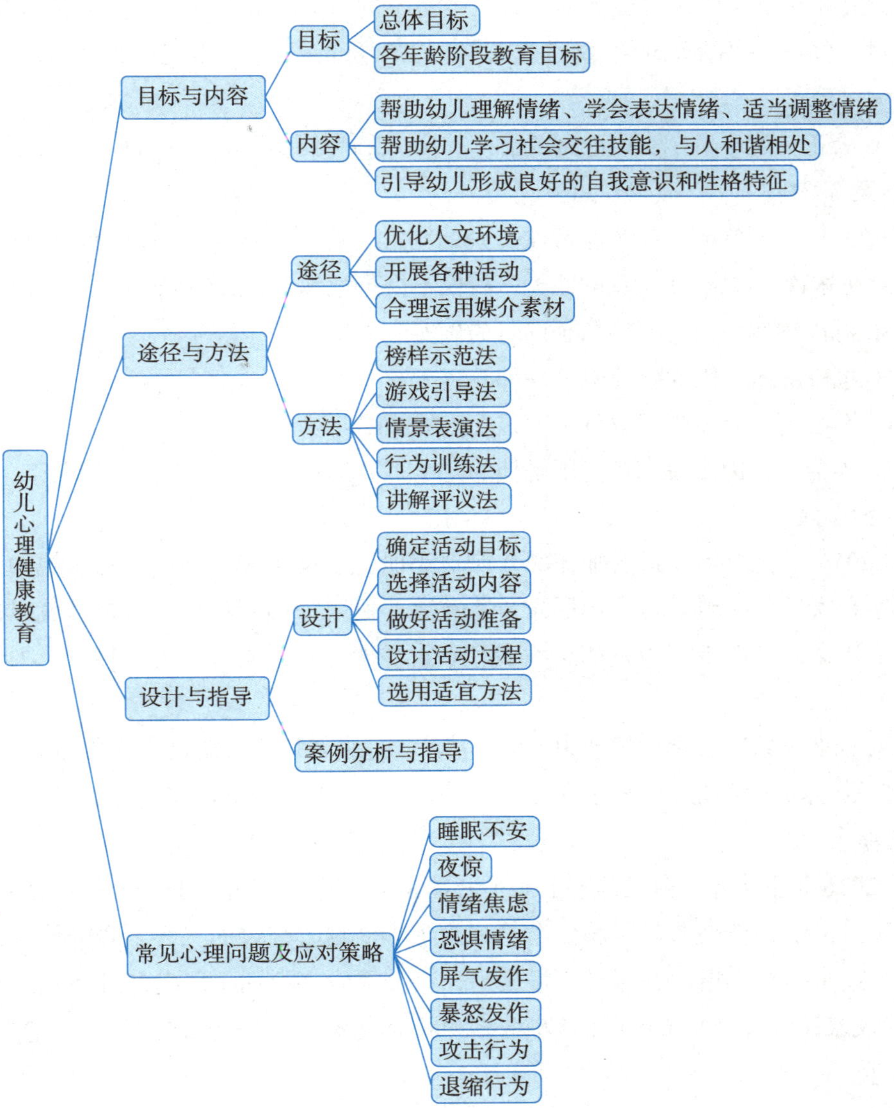

图 7–3　幼儿心理健康教育知识点

【实践与训练】

1. 请以“找朋友”为主题，设计一个幼儿健康教育活动，旨在帮助幼儿学会主动交朋友。

2. 请以“我的身边有超人”为主题，设计一个幼儿健康活动，旨在帮助幼儿在必要时主动寻求他人帮助，学会团结友爱。

【真题再现】

1.（2014 年下半年）涂鸦活动中，贝贝笔下的卢老师奇丑无比，有同伴讥笑贝贝，卢老师对有些不高兴的贝贝笑着说：“宝贝，你把我的头发画得卷卷的挺好看的。”卢老师的行为体现了（　　）。

A. 公正待生　　B. 正面激励　　C. 严于律己　　D. 严慈相济

【答案】 B。

2.（2016 年下半年）冬冬经常欺负别的同学，有一天他又让琪琪哭了。张老师很生气，对东东说：“如果你是我的儿子，我恨不得打死你。”张老师的行为（　　）。

A. 可以理解，因为有些孩子的行为确实令人生气

B. 可以理解，因为批评也是一种教育

C. 不恰当，应该先了解孩子问题发生的原因

D. 不恰当，因为东东毕竟不是他的儿子

【答案】 C。

3.（2016 年上半年）张老师在幼儿园对小朋友态度亲和，耐心细致，她的工作得到了领导和家长的一致好评，小朋友也喜欢她，可是一回到家里，张老师就只想安静休息，不让家人开电视，稍不如意就会和家人吵架，常常弄得心力交瘁，下列说法正确的是（　　）。

A. 张老师缺乏心理调控能力　　B. 张老师家人缺乏体谅之心

C. 张老师的情绪反应很正常　　D. 张老师善于转移负性情绪

【答案】 A。

4.（2016 年下半年）白老师班上的小楷是农民工的孩子，小凯担心自己说话有口音，不愿意开口说话，性格非常腼腆。白老师给予小楷耐心细致的关怀，夸赞他说话的声音好听，逐步引导小楷说普通话。慢慢地，小楷愿意多说话了。白老师还找到小楷的家长，建议家长多鼓励小楷说话，让小楷多和同龄人玩耍。小楷越来越愿意和他人交流，性格开朗多了。

问题：从教育观的角度，评价老师的行为。

【思考与实训】

1. 当幼儿在游戏中与同伴发生冲突时，作为教师要如何利用这一契机帮助孩子提升管理情绪的能力，从而促进其社会性发展？

2. 结合所学内容，思考你可以为害羞的孩子做些什么。

3. 以小组为单位，设计一个心理健康领域的活动方案并展示。

第八章　幼儿健康教育评价

【学习目标】

- 知识目标：掌握幼儿健康教育评价的概念；掌握幼儿健康教育评价的内容及方法。
- 技能目标：能够对幼儿健康教育活动进行评价；能够运用幼儿健康教育评价实施教育活动。
- 情感目标：树立正确的幼儿健康教育观。

【学习重点】

- 掌握幼儿健康教育评价的内容及方法；能够对幼儿健康教育活动进行评价。

【本章导读】

- 在幼儿园中，我们常常能看到健康教育活动，但是，怎样的健康教育才是好的健康教育呢？我们又该如何评价呢？

【情景导入】

- 某高校组织一年级新生到幼儿园见习，在见习中，学生观摩了“体育活动”。有两位学生就体育活动进行评价，一个学生说：“这个体育活动组织得太好了，动静结合，小朋友一点儿都不会累。”另一个学生不同意这种观点，认为这个体育活动组织环节松散，活动量不够，达不到锻炼身体的目的。

问题：你对此有何看法？

第一节 幼儿健康教育评价概述

幼儿健康教育评价是依据一定的标准和程序，选择有代表性的评价参数，有计划、有目的地做出科学调查和价值判断，是考核幼儿健康教育的重要方面，它是科学制订幼儿健康教育计划的基础和依据。通过评价，能够把握幼儿健康教育的客观现状，准确发现存在的问题，及早采取干预措施，改善幼儿的健康水平，促进幼儿健康发展。

一、幼儿健康教育评价及其作用

（一）幼儿健康教育评价的概念

“评价”一词最初出现在汉语时泛指衡量人物、事物的作用或价值，1929 年美国教育家泰勒提出“教育评价”这一概念，旨在根据教育目标评价教育效果。

幼儿健康教育评价是指在系统、科学和全面地收集、整理幼儿健康教育信息的基础上，对幼儿健康教育的整体规划的评价，对幼儿健康教育目标、内容、组织形式和方法，对进行健康学习的幼儿，对进行健康指导的幼儿园教师及其他相关人员整体规划性评价。

（二）幼儿健康教育评价的作用

幼儿健康教育评价是幼儿健康教育目标管理的重要内容，是保证幼儿健康教育质量的关键。

1. 有利于检验健康教育计划和方案的可行性

评价一般要通过调查、收集资料、统计分析、对照目标和标准进行比较，最后得出较客观的评价结果。这样，既可以了解健康教育计划和方案的成功之处，又可以发现存在的问题，如根据幼儿生长发育指标即身高、体重、血红蛋白等检查结果，对照营养教育计划的目标、内容和标准，即可检查健康教育计划的可行性。

2. 有利于幼儿园健康教育工作规范化管理

评价既包括上级机关或组织自上而下的监督检查，也包括同行专家、社会鉴定和自我评价，通过评价，一方面，促使幼儿园必须按照健康教育目标、标准和要求进行规范化管理；另一方面，有利于及时总结经验，发现问题，尽快纠正。[①]

① 顾荣芳，侯金萍．幼儿园健康教育．北京：人民教育出版社，2014.

3. 有利于促进幼儿健康教育改革的进一步深化

幼儿健康教育是一门新兴学科，探讨幼儿健康教育的评价对于相关理论的构建具有重要的意义。由于健康教育涉及各种学科，有些相关学科的基本原理在健康教育的实践中还处于探索应用阶段，通过评估可以不断总结健康教育的规律，探索幼儿健康教育的最佳方案、途径和方法，从而丰富和完善幼儿健康教育理论体系。

此外，幼儿园健康教育的评价结果，还可以为行政、教育、卫生、科研部门提供参考的依据。如一年一度的优秀幼儿园考核评定，幼儿健康教育的评价是评定优秀幼儿园的重要内容之一。

二、幼儿健康教育评价的主体

评价主体就是评价者。在幼儿健康教育评价中，评价与管理和保教工作相比，前者既是引领性的工作，更是一项考量专业性的活动。如果将评价工作交给并不十分专业的人员完成，不仅会浪费人力、物力，还可能误判误导，带来不必要的矛盾。所以，选择评价者的主要依据就是评价者的能力和专业水平。例如，评价幼儿的健康行为，必须由对幼儿健康行为的指标、标准、评价方法等方面比较熟悉的人员来评价方能较好地完成任务，如果仅凭经验进行评价，就会顾此失彼、误导误判。

一般而言，管理者往往是幼儿健康教育评价的主体，他们制订评价计划，搜集可以反映保教人员健康教育水平和问题的各种资料，最后还要对保教人员的健康教育水平进行评价，并敦促相关工作人员进行相应的改变。但是，如果这一过程只是管理者的单方行为，往往收效甚微。而要提高健康教育评价的实效，真正达到发展课程、了解效果等评价目的,必须在评价过程中与保教人员密切合作。双方必须达成这样的共识：幼儿健康教育评价不是对幼儿或者对教师进行评级打分，而是为了促进幼儿健康行为的发展，改进教育教学质量，发展自己的课程体系。在此过程中，参与各方都是评价的主人，目的是为了改进工作。

对幼儿而言，他们也不是被动的评价客体。他们的健康水平尤其是健康行为习惯反映了健康教育的效果，他们对健康教育环境、活动及教师教育行为的反应是他们做出的“行为评价”。如：我们认为一套方法对培养幼儿良好的饮食习惯很有用，但在实际教育中，幼儿对这套方法不感兴趣，更不积极主动，那么，这种教育方法的有效性和适用性就值得怀疑。所以，幼儿既是评价的客体，也是评价的主体，他们不是用语言和观点来评价，而是用自己的行为表达自己的观点。我们可以通过对幼儿行为的解读来判断健康教育的效果和状态。

三、幼儿健康教育评价的方法与过程

在幼儿健康教育实施过程中，应根据幼儿身心发展的特点，以及健康教育的内容选择适宜的评价方法。

（一）幼儿健康教育评价的方法

1. 自我报告

自我报告的主体为幼儿教育工作者，根据幼儿健康教育的要求，幼儿教师或其他幼儿园工作人员报告个人对于健康项目的相关认识、兴趣、态度和行为，对自己的健康教育工作的效果进行总结。自我报告常用于了解幼儿园的健康教育总体情况以及幼儿卫生习惯等方面，如幼儿的饮食习惯、用餐次数、食物偏好等。

2. 问卷调查

问卷调查是了解幼儿健康常识、卫生习惯的很好方式，可以在短时间内收集到大量的信息。问卷调查的对象为家长或教师，问卷调查的目的可以是健康教育活动前的基础了解，也可以是健康教育实施后对幼儿在认识、态度及行为等方面变化的调查。

3. 幼儿园环境卫生实地调查

幼儿园环境卫生实地调查的重点在于清洁和安全。清洁方面主要包括：幼儿园的整体环境的清洁；饮用水和洗手水的设备及卫生；厨房及其用具的卫生；活动室、卧室、厕所空气质量的测定。安全方面主要包括：幼儿园总体的安全保卫工作；幼儿园大型玩具的安全检查；幼儿园自然灾害的预警机制，等等。

4. 幼儿常见病、多发病的抽样调查

幼儿常见病、多发病的发病率，也是幼儿健康教育的评价指标之一，调查人员可以通过对幼儿常见病、多发病的抽样调查，来了解幼儿园健康教育的实施情况。

（二）幼儿健康教育评价的过程

幼儿健康教育评价的过程包括：确定评价目的，设计评价指标，确定资料收集的方法，收集资料，分析整理资料，实施评价、形成评价结论，以及及时反馈修订等环节。这些环节形成一个新的循环，有些环节相互重叠，划分界限不明显。

1. 确定评价目的

每一项评价都有特定的目的，确定评价目的意味着评价者先形成自己的评价概念，明确所要进行工作的真正含义，以及期望获得的信息和所要解答的问题，评价过程的一切活动都必须紧紧围绕其目的，否则将导致精力和财力的浪费。

2. 设计评价指标

设计评价指标时，需要收集幼儿健康教育过程中能够使儿童健康状况发生变化的有关资料，如幼儿生长发育指标、幼儿健康档案、幼儿健康教育活动方案、学前教育机构的健康管理制度，并确定评价指标。制定可靠的评价指标是整个评价过程中技术性最强的环节。

3. 确定资料收集的方法

调查法、比较法、观察法、统计分析法等是收集评价资料的基本方法，其中调查法是收集资料的最基本方法，包括问卷法、测验法、访谈法及专题调查法等。在确定资料收集方法时，应该根据评价目的需要和客观情况灵活准确地进行选择和确定，有时可以将多种方法结合使用。

4. 收集资料

实施评价前，应该进行相应的准备工作，如确定评价小组成员，建立评价表格；应该让被评价者理解评价工作的目的，让评价者按照评价方案实施评价。这样收集的资料才能相对比较客观、公正、有目的性。收集资料既要有熟练的技术，更要有认真的态度，要根据已经确定的资料收集方法进行操作。在资料收集过程中对幼儿健康态度的资料收集最为困难，需要运用观察法或者日常行为记录法进行补充。

5. 分析整理资料

运用各种方法收集的资料和数据需要经过整理、加工、分析和统计处理，才能说明健康教育评价所要阐述的问题。评价者可以采用定量、定性的方法进行全面分析。

6. 实施评价、形成评价结论

在全面分析资料的基础上实施评价，总结经验教训，找出发展中存在的问题，并且检查本次评价的效度和信度，才能够形成对评价对象的评价结论。评价结论是以评价目的为出发点，将现象和经验进行归纳和综合，找出规律性的东西，发现、分析与诊断幼儿健康教育工作中存在的问题和不足。

7. 及时反馈修订

根据评价结论可以发现问题，并且进行信息反馈，及时对幼儿健康教育计划或方案提出修改意见。整个评价过程到此告一段落，并通往下一个循环，这样可以将幼儿健康教育推向更高层次和水平。

四、幼儿健康教育评价的原则

（一）实效性原则

评价必须注重实际效果，这是幼儿健康教育评价的最大特点。实际效果评价重点包括：一是通过幼儿健康教育活动的开展，重点评价幼儿的知识、态度、行为习惯的改善情况，其中以健康行为习惯的形成率为最重要的评价指标；二是注重评价幼儿生长发育水平、身心健康状况、疾病的控制情况等，从而分析健康教育的效果。

实效性原则是由幼儿健康教育的特殊性决定的，幼儿健康教育的效果既包括幼儿身心状况发展，也包括幼儿健康知识的掌握。在评价中，要注意从多方面对幼儿的健康知识的掌握情况、幼儿身心发展水平进行全面的了解，从而确定幼儿健康教育的实际效果。

（二）综合性原则

综合性原则是指综合运用多种评价方法、多种评价指标，综合分析健康教育各要素的协同作用和效果。

评价方法的综合运用主要体现在评价健康教育活动时，要根据评价对象的特点选择不同评价类型、评价时间和方法，进行过程、影响和终极的综合评价。在评价中可以运用自我评价和外在评价相结合的方式；评价时间上可以分为活动前、活动中、活动后，即采用诊断评价、形成性评价和终结性评价相结合的方式；评价方法的选择上要符合评价对象的要求，如对幼儿身心发育水平的评价，可以结合身体检查方面的生理指标及幼儿日常的表现等多方面来进行。

在评价幼儿健康教育内容的效果、影响幼儿健康状况的影响因素时要选择多种指标进行综合评价。幼儿健康教育内容的效果表现在很多方面，评价时应综合多种指标来进行分析，如幼儿饮食习惯的教育效果既要考查幼儿对良好饮食习惯知识层面的了解，又要考查幼儿在日常生活中的表现，必要时还应结合幼儿在家庭中的表现综合判断；影响幼儿健康状况的因素分析，也应综合考虑生理性、教育性、社会性因素。

（三）客观性原则

客观性原则是指要客观、科学地确定评价标准，不能主观臆断或掺杂个人感情，标准一经确立，就不能在评价过程中随意改变，不因评价对象不同而随意改变评价标准。客观性原则是幼儿健康教育评价的基本原则之一。在进行评价时，应排除主观情绪色彩，从公平、公正的立场出发，按照客观的评价标准对幼儿健康教育情况做出客观的判断。只有站在客观立场上做出的公正判断，才具有评价的效用，其结果才具有可信性。如某幼儿园的健康教育活动评价中，园长和教研主任在评价时因为跟某个幼儿教师关系密切而给予较高的评价，这样的评价结果就违反了客观性原则，还会引起其他教师的反感，丧失了评价的本来意义。

（四）定量与定性相结合的原则

定性与定量相结合的原则是指在幼儿健康教育评价中既要使用定性评价，也要使用定量评价，两者互相补充。

定量分析广泛应用于幼儿健康教育评价中，特别是幼儿的生理发育指标、体育活动指标等方面。定量分析可使健康教育评价尽量客观、科学。如在评价幼儿的身心状况时，《3~6 岁儿童学习与发展指南》对于不同年龄幼儿的身高体重都有明确的数值范围，可以通过身体检查对照指标来评价幼儿的发育水平。

定性分析在幼儿健康教育中的应用也非常广泛。教育现象异常复杂，有的可定量测量，有的只能定性描述，如教师对于幼儿健康教育活动的组织策略、内容选择的依据等，就很难用量化的标准来进行判定，而需要结合理论知识进行定性分析。

幼儿健康教育内容广泛，有的需先定性再定量，有的可以直接定性，有的需先定量再定性，把定量测量转化为定性测量，所以必须将定量与定性测量结合起来，这才是进行科学的教育评价的完整方法。

（五）评价与指导相结合的原则

幼儿健康教育评价是对被评价对象取得的健康教育的完成状况进行判定，目的在于肯定成绩，找出问题，明确方向，提高教育质量。

在幼儿健康教育评价中，既要重视评价功能，也要重视评价目的。幼儿健康教育的评价并非单纯地对幼儿健康教育的实施情况给予一个优或劣的评判，其最终的目的是通过评价，了解幼儿健康教育活动中的成绩和问题，从而有根据地解决问题，促进幼儿健康教育活动更好地发展。

第二节 幼儿健康教育评价的内容与实施

幼儿健康教育评价的内容主要有：幼儿健康发展的评价、幼儿健康教育工作者素质的评价、幼儿健康教育活动的评价、托幼机构健康环境与健康服务的评价等。

一、幼儿健康发展的评价

（一）幼儿健康知识、健康态度、健康行为的评价

1. 幼儿健康知识的评价

关于幼儿健康知识的评价，通常要采用前后对照测试的方法。一般根据某项健康教育活动的内容对幼儿进行口头测试，了解其对健康知识的知晓率。

2. 幼儿健康态度的评价

关于幼儿健康态度的评价，主要是指对幼儿执行和保持健康行为的态度所进行的评价，如幼儿对刷牙行为的支持率 。

3. 幼儿健康行为的评价

关于幼儿健康行为的评价主要是对幼儿良好的生活、卫生、品德行为习惯的形成率进行的评价。

值得注意的是：从知到行要经过许多不同的层次，是一次既复杂又困难的过程。就知识、态度、行为三者比较，其转变的时间及难度是不同的。知识上的转变比较容

易达到态度上的转变，因受感情的影响，态度改变比知识改变困难些，历时也长些；行为上的转变比前二者更困难，更费时。因此，在评价时应考虑各方面因素，特别是在对行为改变进行定量评价时，其指标不宜定得太高。

（二）幼儿生长发育与健康状况的评价

生长发育是幼儿及青少年期所特有的生理现象，它既包括身体方面的变化，也包括心理方面的变化。

1. 生长发育指标

（1）生长发育形态指标。幼儿生长发育形态指标常用来评价幼儿生长发育的水平和速度。生长发育形态指标是指身体及其各部分在形态上可测出的各种量度（如长、宽、围度以及重量等）。对幼儿来说，最重要和最常用的形态指标有身高、体重和头围、胸围等。

体格生长偏离是幼儿生理的异常发育，主要包括低体重、消瘦、肥胖和身材矮小。其中，低体重是指幼儿的体重比相应年龄组人群按年龄的体重均值数低两个标准差以下；消瘦是指幼儿的体重比相应年龄组人群按身高的体重均值数低两个标准差以下；肥胖是指体重超过按身高计算的标准体重 20% 以上，超重 20%~30% 为重度肥胖；身材矮小是指幼儿身高比相应年龄组人群按年龄的身高均值数低两个标准差以下。导致幼儿体格生长偏离的原因是复杂的，包括遗传因素、营养因素、疾病因素、体质因素、心理因素等。

【拓展阅读】

幼儿生长发育形态指标

（1）体重：是指人体各器官、组织及体液的总重量。在一定程度上代表幼儿的骨、肌肉、皮下脂肪和内脏重量及其增长的综合情况，是最易获得的反映幼儿体格生长与营养状况的指标。

正常足月新生儿出生体重平均为 3 千克左右，出生后 3 个月是出生时的 2 倍。1 岁时体重约为出生时的 3 倍，2 岁时达 4 倍。幼儿的体重可用以下公式估算：

1~6 个月：体重（千克）= 出生体重（千克）+ 月龄 ×0.6（千克）

7~12 个月：体重（千克）= 出生体重（千克）+ 月龄 ×0.5（千克）

1~10 岁：体重（千克）= 年龄（岁）×2（千克）+ 8（或 7）（千克）

应定期为幼儿量体重，以检查幼儿是否发育正常。新生儿应在出生后 8 小时内测出体重；1~6 个月，每月测一次；6~12 个月，每 2 个月测一次；1~2 岁，每 3 个月测一次；2 岁以上，每半年测一次。

（2）身高（长）：指从头顶至足底的垂直长度。身高常被用以表示全身生长的水平和速度。身高方面表现的个体差异比体重所表现的更大。

新生儿出生时身长平均为50厘米，出生后第一年增长最快，1岁时约为出生时身长的1.5倍，即75厘米；第二年增长速度减慢，平均每年增长10厘米，2岁时的身长约为85厘米，2岁以后，儿童的身高可用以下公式估算：

2~7岁身高（厘米）＝年龄（岁）×5（厘米）＋80（厘米）。

（3）头围：经眉弓上方、枕后结节绕头一周的长度。头围表示颅骨及脑的大小与发育程度，是反映幼儿脑发育的重要指标，也是脑积水、小头畸形等的主要诊断依据。

新生儿头围平均值为34厘米，1岁为45厘米，2岁为47厘米，3岁为48厘米，5岁为50厘米。对头围的测量在出生后前2年意义重大。

（4）胸围：沿乳头下缘绕胸1周的长度。胸围表示胸膛的容积以及胸部骨、胸肌、背肌和脂肪层的发育情况，在一定程度上表明身体形态及呼吸器官的发育状况，也能反映体育锻炼的效果。

新生儿胸围平均为32厘米，比头围小1~2厘米，1岁左右与头围大致相等，1岁后超过头围，若小儿超过1岁半，胸围仍小于头围，则说明生长发育不良。营养物质摄入不足，缺乏体育活动以及疾病造成的胸廓畸形均会影响胸围的增长。

（5）坐高：是从头顶至坐骨结节的长度。坐高可表示躯干的生长情况，与身高比较时可说明下肢与躯干的比例关系。坐高占身高的比率随年龄增长而降低。

（2）生长发育生理功能指标。生长发育生理功能指标常用于评价幼儿身体各系统、各器官的生理功能。生长发育生理功能指标指身体各系统、各器官在生理功能上可测出的各种量度，如肺活量（呼吸系统的基本指标）、脉和血压（心血管系统的基本指标）等。对幼儿来说，常用的有脉搏、血压、肺活量等。此外，生理功能的评价指标还有视功能（包括视力、色觉、眼位等）、听力检查、实验室检查（包括红细胞计数、血红蛋白、血糖、肝功能等）等。

2. 动作发展及体能评价①

幼儿动作发展是幼儿健康成长的重要组成部分，幼儿健康教育就是要使幼儿积极参与各种形式的体育活动和户外游戏，并在活动与游戏中发展幼儿的走、跑、跳等各种基本动作，从而不断增强身体素质，提高运动能力。幼儿动作发展评价涉及两个方面：大肌肉动作和小肌肉动作。

大肌肉动作是大肌肉群所组成的随意动作，常伴有强有力的大肌肉的收缩、全身运动神经的活动以及肌肉活动的能量消耗。在幼儿期，比较常见的大肌肉动作有走、跑、跳跃、爬、钻等。小肌肉动作也称精细动作，是由小肌肉群组成的随意动作。幼儿的小肌肉动作主要是手的动作，包括指尖动作、手指屈伸以及眼手协调等。

3. 身体疾病或缺陷评价

通过幼儿患病率、发病率的变化，可以了解幼儿健康教育的效果。如有无贫血、

① 胡惠闵，郭良菁. 幼儿园教育评价. 上海：华东师范大学出版社，2009.

佝偻病、龋齿、斜视、弱视等常见疾病，有无脊柱弯曲异常、扁平足等常见的姿势缺陷等。这里的患病率是指在某一个时间点上患某种疾病的人数占全体人数的百分数，如在同时间的健康检查中获得的幼儿龋齿人数占总受检人数的百分比，即为龋齿的患病率。发病率是指在一定时间内（如一年），某群体或某地区每 100 人中新发的病例数。发病率多用于病程短，又有重复感染的疾病，如急性传染病、外伤等。另外，还可通过月病假率（病假率指一段时间内请病假的幼儿人数占幼儿总人数的比例）等来反映幼儿的健康状况。

通过上述评价指标，幼儿园对幼儿进行定期（每学期一次）或不定期（如入园前专题调查、发生疾病后）的健康检查，将检查结果与正常标准相比较，可以对幼儿的生长发育指标达成情况进行全面评价，也可以对实施幼儿健康教育的前后结果进行比较，以此了解幼儿健康教育的效果，但后者在实际应用时要考虑长效影响等多方面因素。

4. 心理健康评价

幼儿心理健康评价是运用心理学的方法对幼儿的心理状态和行为表现进行评价。学前儿童心理评价是为了能正确地把握幼儿心理发展状况，并从群体幼儿中分别出有行为问题和心理障碍的个体，从而有针对性地实施早期教育，对心理障碍进行早期干预。幼儿心理健康评价常见的方法有：临床精神状态检查、心理行为症状的量表评定、智力发育筛查测试等。

二、幼儿健康教育工作者素质的评价

幼儿健康教育工作者既要具有幼儿教师的基本素质，又要具有健康教育工作者的专门素质，只有这样才能胜任幼儿健康教育工作，才能有目的、有计划地设计与实施幼儿健康教育，提高幼儿健康生活质量，增强幼儿健康体质。

（一）具有扎实的卫生学知识和基本的健康教育技能

教师具有扎实的卫生学知识和基本的健康教育技能包括掌握幼儿的生理发育特点，并能根据幼儿的生理发展特点进行合理的保育；掌握营养与膳食的知识并能合理地设计幼儿的食谱，组织幼儿进餐；掌握常见疾病及传染病的基础知识并能进行相关的护理与预防；掌握常见意外事故的紧急处理技术；掌握幼儿心理疾病的干预措施；掌握幼儿的学习特点、运动负荷原则，科学地组织幼儿健康教育活动；制订并执行幼儿一日生活制度，做好晨间检查、健康检查、疾病预防、卫生消毒等工作；具有一定的观察力，善于观察与评价幼儿生长发育与健康状况、卫生行为习惯、生活自理能力、社会交往能力及个性特征。

（二）能够科学制订幼儿健康教育计划

幼儿健康教育的成败与对整个过程是否有周密的计划、计划是否合理可行有很大的关系。健康教育计划的制订，应该体现科学性、可行性和灵活性的特点，使计划更好地发挥其教育作用。健康教育计划的制订要符合教育目标、教育规律和幼儿身心发展规律，要从“幼儿园课程是帮助幼儿获得有益的学习经验，促进其身心全面和谐发展的各种活动的总和”这一认识出发，能对幼儿的发展产生积极作用的活动应尽可能地纳入教育计划中。

幼儿园健康教育计划，从内容上划分包括：有目的、有计划地设计与组织的幼儿健康教育活动、幼儿自由选择的活动、幼儿一日生活的安排、幼儿学习环境的提供、家长工作和与社区的联系等；从目标的层次上划分包括：学年计划、学期计划、月计划、周计划、日计划及具体活动计划。这些计划是相关的有机整体，教师设计的幼儿健康教育计划可以体现出教师所持有的教育观念及所具有的教育决策能力。①

教师在制订健康教育计划时应避免以下几种情形：一是为应付领导检查而“写”计划，对计划的价值、作用缺少正确的认识，因此工作一忙就把写计划的工作挤掉了，当领导检查时不求质量，随便写写。二是盲目照抄。抄其他班计划或抄自己班已用过的计划，抄某些参考书中别人发表出来的计划。这些计划有些内容根本不符合本班的实际情况。三是写计划时习惯从教师自己的角度来思考问题，而忽视了幼儿发展的需要和规律。

（三）能够合理地组织与实施幼儿健康教育计划

教师在组织与实施幼儿健康教育计划过程中要能贯彻保教结合原则，充分利用日常生活、体育活动、集中活动等环节，培养幼儿良好的生活卫生习惯、饮食习惯、自理能力和自我保护能力。

教师能根据目标和内容合理安排教学环节，注意使教学环节递进性推进，层次清楚，过渡自然；能根据教育教学计划做好活动准备，运用适宜的组织形式和多样的教学手段组织教学活动，突破重难点，并帮助幼儿梳理、提升经验。

教师能营造平等、融洽的氛围，关注幼儿的学习过程，及时调控、回应，并做到面向全体与个别指导相结合。

（四）具有反思与评价幼儿健康教育的能力

教师应具有反思自己健康教育教学水平的能力，通过反思自己幼儿健康教育教学活动，总结优秀教育经验，改进不足，采取更有效的措施来改善幼儿健康教育工作。

评价能力主要是指教师以幼儿为对象，对幼儿的活动、幼儿在教育中的受益程度和所达到的水平进行判断的能力。对幼儿健康发展进行评价，其最终目的是使教师（包

---

① 冯晓霞．幼儿园课程．北京：北京师范大学出版社，2001.

括家长等）了解每个幼儿，从而选择适合幼儿的健康教育，即根据每个幼儿的健康发展水平、个性特点、兴趣爱好、学习方式等方面的个人独特性，提出不同的健康教育要求，采取不同的教育方法等。这就要求教师通过多种手段获得幼儿健康发展方面的丰富信息后，对照评价标准，确定每个幼儿的健康发展状况，并在此基础上制订个别指导计划，以便在健康教育进程中加强对不同幼儿的个别指导。

三、幼儿健康教育活动的评价

（一）活动目标的评价

1. 活动目标的定位

幼儿健康教育活动目标定位时应注意活动目标与教育内容、教育对象相适宜。教师要考虑教育活动的目标是否建立在了解本班幼儿现状的基础上，此外，制订活动目标时应该从知识、能力、情感三个维度进行考虑，目标的难度要适中。

2. 活动目标的表述

目标的表述应该清晰、准确，具有可操作性。目标表述的行为主体要一致，目标表述应突出幼儿的主体地位。

3. 对活动目标达成度的评价

活动结束时要逐条对照目标是否都实现了。活动目标达成度的评价是一个比较困难的过程，因为它涉及教育活动的即时效应和发展的潜在性问题的关系。过于注重即时效应，可能会使幼儿失去个性及多方面发展的机会。

（二）活动准备的评价

对活动准备的评价可以从以下四个方面进行：活动场地的准备，活动材料的选择及利用，知识经验的准备，学习情境的创设。

1. 活动场地的准备

在开展户外体育区域活动之前，教师要对活动场地做全面规划：准备开设哪些活动区，应设在哪个具体位置，需多大空间，对周围环境有怎样的要求等。教师应根据活动提供的材料和活动的内容，事先估计本活动幼儿可能会有哪些玩法，并从安全的角度科学地对活动场所进行适当的分区，以便安全地管理。例如，大班体育活动“花样玩球”，活动的核心目标是引导幼儿运用所提供的材料（绳子、呼啦圈、高尔夫球棍和园内自制的跳跳板、跑车等）进行花样玩球，教师要预先估计本活动可能会出现哪些玩法，并根据这些玩法进行分区设置，如可以将该活动分成跳跳板区、跑车区、呼啦圈区、高尔夫球区等，进行分区管理。

2. 活动材料的选择及利用

活动材料是教育意图的物质载体，它本身的特性及由这些特性所规定的活动方式往往决定着幼儿可能获得什么样的学习经验，获得哪些方面的发展。幼儿园的活动材料的选择要注意安全、卫生、无毒、对幼儿无伤害。材料可以来源于日常生活中的各种物品、当地的自然资源和安全的废旧材料，这样可以让幼儿学会珍惜和利用资源。材料的利用率要高，力求一物多用，材料的种类和数量要丰富。

3. 知识经验的准备

经验即经历、体验，泛指由实践得来的知识或技能，它是人在实践中通过直接接触外在而获得的对各种事物的初步认识。教师准确地找到新的"经验点"，即把握幼儿的"最近发展区"，是活动成功的关键所在。要找准新的经验点，就要求教师在进行新的教育活动前必须了解幼儿先期已经掌握了哪些与本活动相关的知识技能，具备了哪些能力。

4. 学习情境的创设

幼儿的学习兴趣与学习愿望总是在一定的情境中发生的，适宜的情境能够引发幼儿参与活动的兴趣。在教学活动设计中，教师可以根据教学内容、幼儿的年龄和生活经验，并借鉴一些常见的生活事件，去创设一个个生动而真实的、可亲身体验的、科学而有效的模拟生活情境，让幼儿与情境中的人、事物、事件相互作用，从而建立起连接教学与生活的桥梁。如在"我是环保小卫士"的健康活动中，教师给幼儿出示了被污染的环境这一场景，由此激发幼儿讨论的兴趣。

（三）活动内容的评价

（1）对活动内容的评价主要应关注内容是否既适合幼儿的现有水平，又有一定的挑战性；既符合幼儿的现实需要，又有利于其长远发展；既贴近幼儿的生活来选择幼儿感兴趣的事物和问题，又有助于拓展幼儿的经验和视野。

（2）对活动内容的评价应了解活动的内容是否能调动幼儿学习的积极性，教育内容、要求能否兼顾群体需要和个体差异，使每个幼儿都得到发展，都有成功感。

（3）对活动内容的评价需要考虑活动内容选择过程和活动进行过程中出现的有价值的信息以及能否把这些有价值的内容纳入活动中，这是衡量活动内容的一个很重要的指标。

（4）对活动内容的量的判定，主要评价活动内容是否有超载现象，活动内容是否能在有效的教学时间内完成。

（5）对活动内容的质的判定，主要是从活动内容对幼儿发展的作用和价值方面进行评价。

（四）活动过程的评价

（1）是否遵循幼儿的学习特点和认识规律，幼儿健康教育活动的组织要考虑幼儿的学习特点和认识规律，各领域的内容要有机联系、相互渗透，要注重组织和实施过程中的综合性、趣味性、活动性，寓教育于生活、游戏之中。例如，在组织幼儿体育活动中，由于幼儿身体娇小，力量小，一般不安排专项的动作练习内容，要避免机械的动作练习和单调枯燥的身体素质专项练习，因为这样容易造成局部机体的过度疲劳，对幼儿的生长发育不利。特别是组织小班的体育活动时，教师应灵活运用多种方法和组织形式，促进幼儿身体各部分得到全面锻炼。

（2）能否科学、合理地安排和组织，在时间安排方面是否有相对的稳定性与灵活性，是否有利于既形成秩序，又能满足幼儿的合理需要，照顾到个体差异。

教师在活动的组织实施中的角色和地位如何，幼儿是否有适当的自主选择和自由活动时间。组织活动中的时间浪费现象和消极等待现象是否存在，通过观察和评定集体行动和过渡环节，有助于判断这种现象是否存在。例如，在组织幼儿体育活动时，应遵循“低强度、高密度”的组织原则，这在客观上要求教师组织体育活动应尽量减少幼儿等待的时间，尽量通过提高活动密度达到锻炼的效果。

注意活动开展的层次性与条理性，遵循由易到难、循序渐进的原则。例如，教师在组织户外体育活动时，一般要先选定户外活动要求幼儿完成的动作，如走、跑、跳、爬等，动作选定后，接着再编排动作的次序，先完成什么动作，再完成什么动作。在评价动作的编排时，要考察教师是否注意到动作的前后顺序、动作的难易程度等相关问题。

（3）活动中能否观察、倾听和引领。教师能否随时关注幼儿的需要，以关怀、接纳、尊重的态度与幼儿交往，教师能否关注幼儿在活动中的表现和反应，如幼儿参与活动的程度、注意力集中程度、情绪是否愉悦、运动后是否有稍微出汗，等等，并敏感地察觉他们的需要，及时以适当的方式应答，形成合作探究式的师幼互动。

教师能否耐心倾听，努力理解幼儿的想法与感受，支持鼓励他们大胆探索与表达，教师的语言和动作示范能否发挥引领的作用，尤其是组织室外的早操、体育教学活动和户外活动时，要求教师口令铿锵有力，语言规范、简洁，动作示范正确、得体、大方。

（4）活动组织方式、方法是否得当。活动是否以游戏为主要手段，注重游戏的教育性。活动方法、手段、形式的选择和使用，是否符合内容需要和幼儿实际。教师能否面向全体，因材施教，分类指导，能否妥善处理偶发事件。

（5）活动延伸的评价活动结束后，首先要评价教师是否想到了还需要进行活动延伸，再评价教师使用的活动延伸的方法是否具有可操作性，是否对幼儿的长期发展起到积极的作用。

（6）活动反思的评价。活动反思就是教师以已经展开的活动为思考对象，对活动的目标、内容、组织、评价等环节以及由此产生的结果进行审视和分析的过程。

四、托幼机构健康环境和健康服务的评价

（一）托幼机构健康环境的评价

托幼机构健康环境包括物质环境和心理环境。托幼机构健康环境的创设，既可促进幼儿的身心健康和生长发育，又有利于开展幼儿健康教育活动，幼儿在美好和谐、健康的环境中自由、充分地活动，在活动中认识周围环境中的事和物，学习与人交往，陶冶性情，增强环保意识，使幼儿养成热爱生活、珍惜生命、关心他人、爱护公共卫生和生态环境等行为习惯。

1. 物理环境的评价

托幼机构物理环境方面的评价主要包括幼儿基本用房及活动场地等空间条件及其合理使用情况；玩具、教具、家具、设备的拥有及其利用状况；室内外环境的通风、采光、绿化、安全、卫生状况。物质环境评价指标有环境绿化面积、环境清洁卫生状况、环境细菌数量、采光系数、人工照明强度、儿童用房面积、家具大小颜色等。

托幼机构应配有幼儿活动室、幼儿厕所、盥洗室、保健室、办公用房和厨房等。有条件的可单独设音乐室、游戏室、体育活动室和家长接待室等。寄宿制托幼园所应设寝室、隔离室、浴室、洗衣间和教职工值班室等。幼儿园的各种用房的具体面积规定可参考《城市幼儿园建筑面积定额（试行）》。托幼机构应配备适合幼儿特点的桌椅、玩具架、盥洗卫生用具，必要的教具、玩具、图书和乐器等。幼儿园的教具、玩具应有教育意义，并符合安全、卫生的要求，此外，幼儿园要有与其规模相适应的户外活动场地，必要的游戏和体育活动设施，创造条件开辟沙地动物饲养角和种植园地等，根据幼儿园特点进行绿化与美化。

总之，托幼机构的环境应安静、整洁、优美，室内光线充足，通风良好，空气新鲜。

2. 心理环境的评价

托幼机构心理环境方面的评价主要包括教师与教师之间、教师与幼儿之间、幼儿与幼儿之间的关系是否融洽；是否充满爱与温暖的情感气氛；是否有利于幼儿与人交往、互助、合作；是否能够经常地满足幼儿的各种合理的需要；能否针对不同幼儿的需要与特点，进行个别照顾、个别指导和个别咨询等。

营造宽松自由、接纳理解、尊重支持的氛围，使幼儿获得安全感，情绪稳定，主动愉快地参与各种活动。保证充足的户外体育活动时间，提供丰富的器材、宽敞的场地，创设游戏情节，满足所有幼儿运动的需求。器材安排要体现出层次感，满足幼儿个体差异及对运动需要的不同兴趣爱好，满足幼儿自我评价的需要，提供、创设丰富的符合健康领域教学内容要求的情境、环境，鼓励幼儿主动地思考和解决问题，从而增强健康意识，养成健康习惯。

（二）托幼机构健康服务的评价

托幼机构健康服务是指托幼机构为了保证幼儿健康提供的一系列卫生保健措施和活动。如对幼儿进行健康状况、生长发育的检查，身心疾病的防治、心理咨询、预防接种、营养餐的供给等。托幼机构健康服务可促使幼儿正常生长发育，预防疾病的发生，保证幼儿身心健康，还可以使幼儿养成良好的行为习惯，懂得基本的健康和疾病知识，掌握自我保健的简单技能。托幼机构健康服务的评价包括制度建设常规评价、卫生消毒常规评价、健康检查常规评价、生活作息制度管理评价、疾病防治常规评价和安全工作常规评价等几个方面。

【拓展阅读】

《幼儿园工作规程》（2016 年 3 月 1 日施行）（部分）

第四章　幼儿园的卫生保健

第十七条　幼儿园必须切实做好幼儿生理和心理卫生保健工作。

幼儿园应当严格执行《托儿所、幼儿园卫生保健管理办法》以及其他有关卫生保健的法规、规章和制度。

第十八条　幼儿园应当制定合理的幼儿一日生活作息制度。正餐间隔时间为 3.5~4 小时。在正常情况下，幼儿户外活动时间（包括户外体育活动时间）每天不得少于 2 小时，寄宿制幼儿园不得少于 3 小时，高寒、高温地区可酌情增减。

第十九条　幼儿园应当建立幼儿健康检查制度和幼儿健康卡或档案。每年体检一次，每半年测身高、视力一次，每季度量体重一次；注意幼儿口腔卫生，保护幼儿视力。

幼儿园对幼儿健康发展状况定期进行分析、评价，及时向家长反映结果。

幼儿园应当关注幼儿心理健康，注重满足幼儿的发展需要，保持幼儿积极的情绪状态，让幼儿感到尊重和接纳。

第二十条　幼儿园应当建立卫生消毒、晨检、午检制度和病儿隔离制度，配合卫生部门做好计划工作。

幼儿园应当建立传染病预防和管理制度，制定突发传染病应急预案，认真做好疾病防控工作。

幼儿园应当建立患病幼儿用药的委托交接制度，未经监护人委托或者同意，幼儿园不得给幼儿用药，幼儿园应当妥善管理药品，保证幼儿用药安全。

幼儿园内禁止吸烟、饮酒。

第二十一条　供给膳食的幼儿园应当为幼儿提供安全卫生的食品，编制营养平衡的幼儿食谱，定期计算和分析幼儿的进食量和营养素摄取量，保证幼儿合理饮食。

幼儿园应当每周向家长公示幼儿食谱，并按照相关规定进行食品留样。

第二十二条　幼儿园应当配备必要的设备设施，及时为幼儿提供安全卫生的饮用水。

幼儿园应当培养幼儿良好的大小便习惯，不得限制幼儿便溺的次数、时间等。

第二十三条　幼儿园应当积极开展适合幼儿的体育活动，充分利用日光、空气、水等自然因素以及本地自然环境，有计划地锻炼幼儿肌体，增强身体的适应和抵抗能力。正常情况下，每日户外体育活动不得少于1小时。

幼儿园在开展体育活动时，应当对体弱或有残疾的幼儿予以特殊照顾。

第二十四条　幼儿园夏季要做好防暑降温工作，冬季要做好防寒保暖工作，防止中暑和冻伤。

1. 制度建设常规评价

制度建设是否齐全，执行是否有力，包括学年、学期卫生保健工作计划（包括月重点计划）；卫生保健制度：各种资料齐全，记录完整、清楚、准确，如出勤登记表、传染病登记表、疾病登记表等；对资料进行统计和科学分析，并以此为依据做好卫生保健工作，如体格发育评价、膳食评价等；保健室建设：定期检查计划、制度落实情况，有总结，有记录；落实岗位制，卫生保健工作职责明确，责任到人。

2. 卫生消毒常规评价

卫生消毒是预防疾病发生以及切断传染病传播途径的一项重要措施。托幼机构要建立并严格执行卫生消毒制度。卫生消毒常规包括通风换气常规、环境卫生常规、个人卫生常规（包括幼儿和工作人员的个人卫生常规）、炊事卫生常规、清洗消毒常规。对卫生消毒制度进行的评价首先是检查其内容是否全面，其次要对消毒的用品、方法、周期或频率、时间进行评价。

3. 健康检查常规评价

托幼机构健康检查是指对幼儿和工作人员进行的定期或不定期的体格检查。通过健康检查，了解幼儿的生长发育和营养状况是否达到正常的标准，以便尽早发现幼儿的疾病和生理缺陷，并进行干预和矫治：对体弱幼儿建立档案，加强管理。幼儿健康检查在时间上包括新生入园体检制度、幼儿定期体检制度、晨检和全日观察制度；在内容上包括对体重、身高、头围、胸围、肺活量、脉搏、血压、眼睛、耳朵、鼻、口腔与咽喉扁桃体、胸部、背部和四肢等进行检查。

健康检查常规除了对检查时间和检查内容进行规定外，还包括对各种检查项目的检查方法做出规定。因此，对托幼机构的健康检查常规进行评价时，考察重点在于其内容是否全面、落实是否到位，对检查结果的分析处理措施是否及时合理。

4. 生活作息制度管理常规评价

托幼机构必须严格遵守规定的作息制度。托幼机构制订生活作息制度主要有两个依据：一是充分考虑自身条件和幼儿的具体情况；二是根据本地区的气候、习俗、地理环境等。托幼机构生活作息制度中最主要的是一日生活作息制度。幼儿一日生活中的常规有：晨（午、晚）检常规、饮水常规、如厕常规、洗手常规、进餐（早、午、晚）

常规、睡眠常规、伙食常规、上课、游戏和户外活动等。生活作息制度管理评价要围绕这些方面来展开。

5. 疾病防治常规评价

疾病防治常规评价包括预防传染病、防治常见病和多发病、加强体弱幼儿管理等。预防接种是预防和消灭传染病综合措施的重要组成部分。托幼机构应建立预防接种制度，严格按照规定的接种种类、剂量、次数、间隔时间等进行预防接种，防止漏种、错种或重复接种，有效地预防幼儿疾病。隔离制度是托幼机构控制传染病传播和蔓延的一项重要措施，托幼机构应配备专门的医务室和隔离室，建立完善的隔离制度并严格执行。

6. 安全工作常规评价

安全工作常规评价包括园舍设施、物品放置、药物管理、环境创设、户外活动、用电安全、消防安全、接送制度、交接班制度、保教人员带班要求、安全教育、外出活动和安全事故报告制度等。

一要定期检查托幼园所环境、设备、房舍、场地、大型玩具设施、防火、防电设备、交通安全等，要有专人负责，并做好记录。可采用成立安全小组，每月检查幼儿园设施、设备安全完好情况以及安全制度的落实等工作的方法。

二要检查维修全园设施（墙、巷、下水道、厕所管道、门、窗、自来水龙头等）、电器设备（空调、电话、报警器、电扇、电视机、插座、电脑等）、用电线路、运动器械等，并做好记录。

三要关注食品、药物的管理和幼儿接送等问题。以加强幼儿接送制为例，幼儿离园时，托幼园所要负责查看家长有无幼儿接送卡，有接送卡的可直接入园；对未带接送卡的家长，确认后方可允许其入园接送孩子；在非接送幼儿时间，门卫在接到班主任或医务室的通知时，家长才能准予接出幼儿，从而防止发生各种意外事故。

四要建立并严格执行各班的交接班制度。交接班时负责人员的责任包括清点幼儿人数、交接幼儿健康情况，并在交接本上记录幼儿在园时发生的任何异常情况，无论发生的事情大小、后果如何。

五要加强幼儿安全教育。经常对幼儿进行安全教育，使他们逐步积累生活经验，知道哪里有危险，有什么危险，应当怎样做才可以有效避免意外事故的发生等。

【拓展阅读】

《幼儿园工作规程》（2016 年 3 月 1 日施行）（部分）

第三章　幼儿园的安全

第十二条　幼儿园应当严格执行国家和地方幼儿园安全管理的相关规定，建立健全门卫、房屋、设备、消防、交通、食品、药物、幼儿接送交接、活动组织和幼儿就寝值守等安全防护和检查制度，建立安全责任制和应急预案。

第十三条　幼儿园的园舍应当符合国家和地方的建设标准，以及相关安全、卫生等方面的规范，定期检查维护，保障安全。幼儿园不得设置在污染区和危险区，不得使用危房。

幼儿园的设备设施、装修材料、用品用具和玩教具材料等，应当符合国家相关的安全质量标准和环保要求。

入园幼儿应当由监护人或者其委托的成年人接送。

第十四条　幼儿园应当严格执行国家有关食品药品安全的法律法规，保障饮食饮水卫生安全。

第十五条　幼儿园教职工必须具有安全意识，掌握基本急救常识和防范、避险、逃生、自救的基本方法，在紧急情况下应当优先保护幼儿的人身安全。

幼儿园应当把安全教育融入一日生活，并定期组织开展多种形式的安全教育和事故预防演练。

幼儿园应当结合幼儿年龄特点和接受能力开展反家庭暴力教育，发现幼儿遭受或者疑似遭受家庭暴力的，应当依法及时向公安机关报案。

第十六条　幼儿园应当投保校方责任险。

【拓展阅读】

1. 幼儿身体保健水平目标（见表 8–1）

北京市某幼儿园制定的相关指标

表 8–1　幼儿身体保健水平目标

项目	3~4 岁	4~5 岁	5~6 岁
（一）大肌肉动作			
走	①会甩动双臂走。 ②会手脚动作协调地走。 ③会不扶着、一步一级走下楼梯。	①会按节拍变速走。 ②会灵活地变向变速走。	
跑	①会一个跟着一个自然地跑。 ②会手脚协调地向指定方向跑。 ③会变换方向跑。	会听信号变速跑。	会灵活躲闪跑。
跳	①会双脚跳上跳下。 ②会连续向前跳。	①会单脚跳、左右跳。 ②会双脚左右行进跳。	会助跑跨越障碍跳。

续前表

项目	3~4 岁	4~5 岁	5~6 岁
钻、爬	①会手膝着地向前、向后、向侧爬。 ②会在攀登架上爬上爬下。	①会侧身连续翻滚。 ②会正侧面钻和手脚协调地攀登。	会灵活地翻滚、钻爬、攀登。
投	①能向上、向前投物。 ②能自抛自接物。	①能投准相距 2 米的目标。 ②会相互抛接球。	能在进行中相互抛接球。
平衡	①会单足跳。 ②会走平衡木（25~35 厘米宽）。	①会平衡地原地转圈。 ②会在平衡木上做简单动作。	会用多种器具做平衡。
综合动作技能	会滚球、打排球，会使用大型运动玩具。	①会用几种方法拍球。 ②会使用多种运动器具。	①会运动器具的多种玩法。 ②掌握跳绳、推铁环等较复杂活动的技能。
操节	①会一个跟着一个走圆圈队形、做模仿操。 ②会按节拍做操。	①会简单分队、动作准确地做操。 ②会按音乐节拍做韵律操、器械操。	会变队形做体操。
（二）小肌肉动作			
结构造型	①会用积木等材料堆高、延长、围拢。 ②会插接或拼接简单造型。	①会使用辅助材料。 ②能用多种材料建造较复杂的造型。	会建造大型成组造型、复杂造型。
美工技能	①会用印章、纸团、手掌印画。 ②会画、折、粘简单作品。	①会使用多种工具材料。 ②会印染、涂色、拼、剪等多种技能。	会用多种工具材料制作较复杂的作品。
（三）自我保健			
卫生	①会正确使用手绢。 ②懂得打针、吃药能防病、治病。	①养成个人卫生习惯。 ②懂得简单防病常识。	懂得眼睛和牙齿的保健。
安全	①不跟陌生人走，不远离成人。 ②不摸危险物。	①不玩危险游戏，不去危险地方。 ②懂得交通安全。	会处理简单危险。
（四）生活能力			
穿衣	①会解扣、脱衣。 ②会穿衣、穿鞋、戴帽、按按扣。 ③会扣扣子、拉拉链。	①会穿脱、折叠衣服、整理被褥。 ②会系鞋带。	

续前表

项目	3~4 岁	4~5 岁	5~6 岁
进餐	①会用勺吃饭、不洒饭。 ②会漱口、擦嘴、不挑食。	①会用筷子。 ②会分发整理餐具、收拾桌子。	懂得简单营养知识。
盥洗	①会自己如厕，会用肥皂洗手，会擦手。 ②会自己洗脸、擦油。	①会刷牙。 ②养成饭前洗手的习惯。	会自己洗脚、洗袜子。

2. 幼儿体育活动指标（见表 8–2）

表 8–2　幼儿体育活动指标

情感态度指标	①喜欢参加体育活动，爱好体育游戏，在活动中感到很愉快，会自发练习动作。喜欢当众表现自己的身体本领，并有克服困难的愿望和自信。 ②喜欢听、看体育比赛及体育明星的事，萌发爱祖国的情感，初步形成为国争光的意识。 ③喜欢参加幼儿园组织的各类体育活动，建立同伴间的合作意识，并能克服困难，坚持锻炼，有坚持锻炼身体的愿望和集体荣誉感。
认知发展指标	①知道走、跑、跳、钻爬、攀登、平衡、支撑等动作都能锻炼身体，它能代表基本动作发展的情况，是身体健康的一个重要标志。 ②了解各种体育器材、设备的名称及玩法，有粗浅的自我保护意识。 ③了解一些常见的体育活动的测试内容及规则。
动作技能指标	①会协调地进行走、跑、跳、钻爬、攀登、平衡、支撑等各种形式的基本动作，能完成不同类型的体育游戏、体育活动，并能遵守游戏规则。 ②有一定的自我管理及相应的帮助能力。 ③积极参与整理运动器械和用具，能在活动结束后，将物品器械放回原处。

3. 幼儿疲劳程度的表现（见表 8–3）

表 8–3　幼儿疲劳程度的表现

观察方面		轻度疲劳	中度疲劳	非常疲劳
活动中	面色	稍红	相当红	粉红或者苍白
	汗量	不多	较多（特别是肩、背部分）	大量出汗（特别是躯干部分）
	呼吸	中速稍快	显著加大	呼吸急促、节律紊乱
	动作	动作准确，步态轻稳	动作摇摆不定	动作失调，步态不稳，反应迟钝
	注意	注意力集中	能集中注意力，但不稳定	注意力分散，已经转移
	情绪	情绪愉快	略有倦意	精神疲乏

续前表

观察方面		轻度疲劳	中度疲劳	非常疲劳
活动后	食欲	饮食良好，食欲增加	食欲一般，有时略有降低	食欲降低，进食量减少，甚至有恶心呕吐现象
	睡眠	入睡较快，睡眠良好	入睡较慢，睡眠一般	很难入睡，睡眠不安
	精神	精神爽快，情绪好	精神略有不振，情绪一般	厌倦练习，精神恍惚，心悸

【考点聚焦】

幼儿园教育评价是幼儿园教育活动的基本反馈机制，是深化教育改革，提高教育质量的有效手段。本章的知识点不多，在复习时也较容易把握。在教师资格考试中可能会以选择题的形式出现，这是针对本章的知识考试，也可以以材料分析题的形式出现，考查学生利用评价手段发现问题及提出建议的能力，所以在复习时要吃透知识，并将知识内化，进而达到灵活运用的程度。教师资格证考试中幼儿健康教育评价知识点如图 8–1 所示。

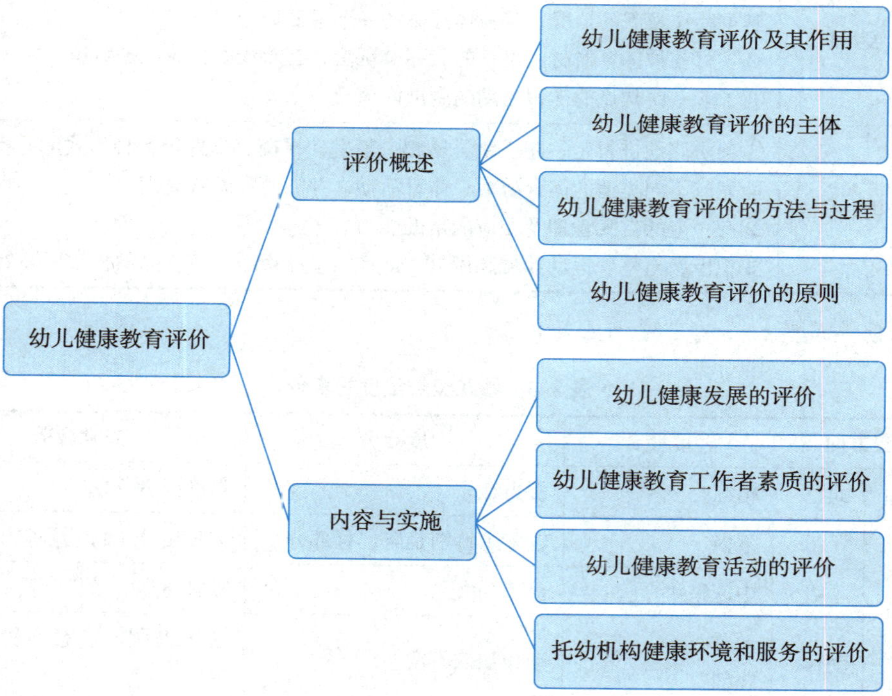

图 8–1　幼儿健康教育评价知识点

【实践与训练】

1. 简述幼儿健康教育评价的原则。
2. 结合实际分析幼儿健康教育评价内容有哪些？
3. 请结合实际说明幼儿健康评价的步骤和要求。
4. 在实习过程中，观察幼儿园中健康教育的实施情况，并做出简单的评价。

【真题再现】

1.（2014 年下半年）评估幼儿的最佳发展方式是（　　）。

A. 平时观察　　B. 期末测查　　C. 问卷调查　　D. 家长访谈

【答案】 A。幼儿通过日常生活活动获得发展，因此日常的观察是评估幼儿发展的最佳方式。

2.（2015 年下半年）评价幼儿生长发育最重要的指标是（　　）。

A. 体重和头围　　B. 头围和胸围　　C. 身高和胸围　　D. 身高和体重

【答案】 D。生长发育的形态指标是指身体及其各部分在形态上可测出的各种量度，如身高、体重、坐高、肩宽、头围等，其中身高和体重是最重要和常用的形态指标。

【思考与实训】

1. 幼儿园教育评价的作用是反馈作用、诊断作用和（　　）。

A. 促进作用　　B. 积极作用　　C. 反思作用　　D. 纠偏作用

【答案】 A。幼儿园教育评价的目的是了解教育的适宜性、有效性，以便调整和改进工作，促使每一个幼儿发展。因此幼儿园教育评价是提高教育质量的必要手段，幼儿园教育评价主要有反馈作用、诊断作用和促进作用。故正确的选项是 A。

2. 以下选项中，（　　）不属于对幼儿园教育活动的评价。

A. 教育活动目标　　B. 教育活动内容

C. 教育实施评价　　D. 教育活动过程

【答案】 C。对幼儿园教育活动的评价主要包括对活动目标的评价、对活动内容的评价、对活动方法的评价、对活动环境与材料的评价、对活动过程的评价以及对活动效果的评价。故正确的选项是 C。

参考文献

[1] 叶平枝，徐宝良 . 学前儿童健康教育与活动指导 . 长沙：湖南大学出版社，2015.

[2] 许铁梅，赵永利 . 学前儿童健康教育 . 南京：南京大学出版社，2015.

[3] 庞建萍，柳倩 . 学前儿童健康教育 . 上海：华东师范大学出版社，2008.

[4] 顾荣芳 . 学前儿童体育与健康教育 . 苏州：苏州大学出版社，2002.

[5] 何淑艳，代军，包海英 . 学前儿童健康教育 . 北京：北京理工大学出版社，2017.

[6] 李姗泽 . 学前儿童健康教育 . 北京：中央广播电视大学出版社，2008.

[7] 荀增强，刘建伟，罗萍，等 . 幼儿园健康教育与活动指导 . 北京：北京师范大学出版社，2017.

[8] 杨旭，康素洁，颜香华 . 幼儿园健康教育活动设计与指导 . 长沙：湖南大学出版社，2013.

[9] 覃志刚，唐广勇，彭文军 . 幼儿游戏创编与指导 . 长沙：湖南大学出版社，2017.

[10] 艾桃桃，刘凤英 . 学前儿童健康教育 . 长春：东北师范大学出版社，2018.

[11] 丁海东 . 幼儿园游戏组织与指导 . 长沙：湖南大学出版社，2019.

图书在版编目(CIP)数据

幼儿健康教育活动与指导 / 艾桃桃，赵聪，覃湘荔主编. —北京：中国人民大学出版社，2019.9
实践应用型学前教育专业规划教材
ISBN 978-7-300-27416-4

Ⅰ. ①幼… Ⅱ. ①艾… ②赵… ③覃… Ⅲ. ①学前儿童-健康教育-幼儿师范学校-教材 Ⅳ. ①G613.3

中国版本图书馆CIP数据核字（2019）第194599号

实践应用型学前教育专业规划教材
幼儿健康教育活动与指导
主　　编　艾桃桃　赵　聪　覃湘荔
副 主 编　赵一璇　覃小珊　梁　焱　杲红霞　王燕归　陆英明　张　瑜　何彩云
参　　编　梁梦琳　黄妙兰　刘琼凤　秦冬梅　王美实　韦枘妮　刘宪伟　张　筠
You'er Jiankang Jiaoyu Huodong yu Zhidao

出版发行	中国人民大学出版社		
社　　址	北京中关村大街31号	**邮政编码**	100080
电　　话	010-62511242（总编室）		010-62511770（质管部）
	010-82501766（邮购部）		010-62514148（门市部）
	010-62515195（发行公司）		010-62515275（盗版举报）
网　　址	http://www.crup.com.cn		
经　　销	新华书店		
印　　刷	北京密兴印刷有限公司		
规　　格	185mm×260mm　16开本	**版　　次**	2019年9月第1版
印　　张	13.75	**印　　次**	2021年1月第3次印刷
字　　数	320 000	**定　　价**	38.00元